AF383807

HISTOIRE

DE

LA VILLE ET DU PAYS

DE GORZE,

DEPUIS LES TEMPS LES PLUS RECULÉS

JUSQU'A NOS JOURS.

Par Jⁿ. B^{te} NIMSGERN.

Miror aquæductus sex millibus isse per arcus,
Invisit matrem cum filiâ Gorziâ Mettim ;
Non alti montes, non imæ denique valles,
Inter currentis non impetus ipse Mosellæ,
Impedière viam, quid vidi operiosius unquam ?
Ars mittebat aquas, quas tu natura negabas,
Donec sola vias rupit longœva vetustas
Laudem structuræ retinent hodièque ruinæ.
SIGEBERT GEMBLACENCIS.

Avec gravures, sceaux et monnaies.

METZ,

SE VEND CHEZ LECOUTEUX, LIBRAIRE, place Napoléon, 8.

—

1853.

HISTOIRE

DE

LA VILLE ET DU PAYS

DE GORZE,

DEPUIS LES TEMPS LES PLUS RECULÉS

JUSQU'A NOS JOURS,

PAR M. N***.

Prospectus.

Qu'est-ce que l'histoire, sinon le spectacle le plus vaste et le plus imposant qu'on puisse offrir à l'imagination, puisqu'elle représente à la fois tous les âges et qu'elle a le monde pour théâtre?

Si l'histoire de son pays est la première que l'homme doive étudier, que de raisons doivent nous porter à étudier la nôtre, nous qui, par la place importante que nous n'avons cessé d'oc-

cuper, nos guerres continuelles et notre contact
avec tant de peuples, avons toujours eu une si
grande part à tous les événements des puissances voisines !

Il n'est pas une famille qui ne s'intéresse à
l'histoire de son pays ; presque toutes ont payé
l'impôt du sang et prodigué leurs bras pour
concourir à la grande mission civilisatrice que
nous poursuivons depuis si longtemps.

Toutes seront fières de lire, dans le travail
que nous leur offrons aujourd'hui, les noms des
braves qui sont tombés sous le sabre opiniâtre,
ou qui ont mérité de nobles récompenses, en
illustrant ces combats religieux.

L'auteur de cet ouvrage a visité le pays de
Gorze dans une position qui lui a permis de recueillir des renseignements précis sur l'état des
choses, sur les mœurs des habitants, et de juger
les guerres gorziennes sur le champ de bataille.
En publiant le fruit de ses études, il croit payer
une dette à son pays et faire une œuvre utile
pour tous.

Après avoir tracé le drame brillant de la prise
de Gorze, M. N*** nous conduit de victoires en
victoires, à travers tous les épisodes de la guerre :
ses récits, toujours empreints de la couleur locale, sont d'une saisissante vérité ; de graves ré-
flexions philosophiques découlent de chaque fait.
Patriote avant tout, il n'a voulu écrire ni un
panégyrique ni une satire ; mais guidé par un

esprit d'honorable indépendance, dont tout le monde lui saura gré, il dit, avec une égale franchise, le bien qu'il a vu créer, comme les fautes qu'il déplore.

L'habitant messin trouvera dans ce livre le tableau fidèle de son courage, de son dévouement, de ses glorieuses fatigues; les hommes sérieux y verront une œuvre de bonne foi; le peuple y reconnaîtra les noms de ses ancêtres.

Enfin, il considère les faits en historien, et non en partisan; il juge les hommes sur l'intention de leur cœur, et non sur la couleur de leur drapeau. Nous n'entendons pas autrement le vrai libéralisme, et cette politique est celle de l'Évangile. — Ajoutons que ce livre est écrit, d'un bout à l'autre, sur les pièces originales.

CONDITIONS DE LA SOUSCRIPTION.

L'histoire de la ville et du pays de Gorze, imprimée sur papier et en caractères pareils à ce prospectus, formera un beau volume in-8° de 200 pages environ.

Ce volume se divisera en quatre parties, savoir:

Ire Partie. Appréciation générale de l'histoire du pays de Gorze.

IIe Partie. Abbaye. (Ici l'auteur rapporte les chartres qui intéressent son histoire, quelquefois avec traduction.) — Une liste complète des abbés de cette célèbre abbaye, depuis son origine, avec des notes sur chacun d'eux. — Une liste des villages sous le nom de la terre de Gorze, etc.

IIIe Partie. Guerres du Protestantisme. — Une très-bonne notice remplie de détails nouveaux et inédits sur Guillaume Farel. — Chanson, etc.

IVe Partie. Statistique. — Monuments du pays de Gorze. — Pélerinage à Saint-Thiébault.

Illustrée

De trois jolies gravures tirées à part du texte, représentant le portrait de Guillaume Farel, une vue de l'Église et du Château de Gorze.

Prix de l'ouvrage, 2 fr.

On souscrit chez **M. LECOUTEUX**, *Libraire, place Napoléon, 8, à Metz.*

N. B. La liste alphabétique de messieurs les souscripteurs sera imprimée à la fin du volume.

Metz, imp. de Ch. DIEU et V. MALINE.

HISTOIRE

DE LA VILLE ET DU PAYS

DE GORZE.

GUILLAUME FAREL.

HISTOIRE

DE

LA VILLE ET DU PAYS

DE GORZE,

DEPUIS LES TEMPS LES PLUS RECULÉS

JUSQU'A NOS JOURS.

Par Jn. Ble NIMSGERN.

Miror aquæductus sex millibus isse per arcus,
Invisit matrem cum filià Gorziâ Mettim ;
Non alti montes, non imæ denique valles,
Inter currentis non impetus ipse Moseliæ,
Impedière viam, quid vidi operiosius unquam ?
Ars mittebat aquas, quas tu natura negabas,
Donec sola vias rupit longæva vetustas
Laudem structuræ retinent hodièque ruinæ.
SIGEBERT GEMBLACENCIS.

Avec gravures, sceaux et monnaies

PARIS,

BORRANI et DROZ, Libraires-Éditeurs,
Rue des Saints-Pères, 7.
DUMOULIN, Libraire des Villes et Provinces,
Quai des Augustins, 13.

1853.

Metz, typographie de Ch. DIEU et V. MALINE.

A Monsieur le Baron TAYLOR,

Commandeur de la Légion d'honneur,

Membre de l'Institut.

Monsieur le Baron,

Il se produit dans le monde littéraire un phénomène dont les écrivains doivent se préoccuper, et qui, pour être expliqué, exigerait une plume plus expérimentée que la nôtre. Ne faisons que constater un fait.

On leur a reproché, avec plus ou moins de justice, la futilité de leurs productions, que distinguent d'ailleurs de savantes hyperboles, une verve rabelaisienne, un talent d'imagination qui a obtenu de puissants effets. A l'heure qu'il est, le roman et son attirail de pièces légères expient cruellement le succès d'enthousiasme de nos dernières

années. Le public français est un usurier qui prête
ses faveurs à un taux ruineux ; il demande aujour-
d'hui un compte sévère de ses applaudissements,
et n'accueille qu'avec scepticisme les efforts,
quelque consciencieux qu'ils soient. Ce revirement
s'est étendu à la littérature sérieuse. Dépouillée
des attraits du genre romantique, elle perd le fruit
de ses labeurs ; on lui a fait un crime de n'être
point frivole, de ne tenir que le langage de la vé
rité. Cela est surtout vrai pour les études historiques en province.

L'auteur qui se renferme dans le cadre d'une
localité obscure a donc à redouter l'écueil d'une
publication malheureuse. En supposant qu'il découvre quelques matériaux dans l'ingrate pous-
sière des bibliothèques, il n'a souvent entre les
mains que des détails insignifiants et sans consistance, aucun élément de succès. Où trouver, en
effet, le charme, l'inattendu des épisodes ? Comment transportera-t-il dans le domaine de la réalité
les teintes brillantes de la fiction ? Comment développer, sur une scène étroite, ces grandes idées,
ces images émouvantes qui font la vitalité d'un
livre ? Tel est le problème qui nous était posé, et
que nous nous sommes efforcé de résoudre, en
conservant aux faits leur rigoureuse exactitude.

Voici une petite ville dont l'illustration remonte
à des temps assez anciens, et qui est demeurée
jusqu'ici sans historien. Il est évident que l'on ne
peut donner le titre d'histoire à quelques fragments

isolés sur le pays de Gorze, recueillis par les Bénédictins qui, sauf quelques magistrats de Metz,
sont à peu près les seuls historiens de la Lorraine
pendant la dernière période du XVIIIe siècle, et
ne traitent guère que les affaires ecclésiastiques.
On comprend que ces documents, très-utiles d'ailleurs, ne peuvent satisfaire aux exigences actuelles.
Nous pouvons donc affirmer que la ville de Gorze
ne connaît point son histoire. Cette lacune regrettable est assez généralement reproduite dans notre
département, si riche en souvenirs, et qui présente
aux touristes les paysages les plus beaux, les plus
accidentés de France.

Bien que la dure nécessité ait altéré les mœurs
patriarcales des Gorziens, il leur reste encore quelque chose du respect pour l'autorité, du patriotisme et des traditions religieuses de leurs ancêtres.
Lors de l'invasion de 1814, il y eut des actes de
bravoure qui pourraient figurer dans les belles
pages de notre histoire. Voici, en attendant mieux,
un trait caractéristique que nous fournit l'époque
de Louis XVI, à la naissance du Dauphin.

Le 22 octobre 1781, le nonce Pamphile Doria
était venu féliciter Sa Majesté sur l'heureuse délivrance de la reine, et faire hommage de la layette
au royal enfant. (Elle était de soie verte brodée
d'or, à grandes franges). Après le cérémonial,
l'envoyé de Pie VI se rendit dans la salle des gardes,
où était allé l'attendre le roi, muni d'un rouleau
qu'il lui remit avec un sourire de bon augure,

prononçant ces mots sur un ton d'affectueuse malice : « Son Eminence a fait hommage de la layette ; il est juste que je lui offre mon présent, qui est aussi une layette, à la différence qu'au lieu d'être de soie et d'or, elle est étoffée en papier. » Le nonce dénoua aussitôt le cordonnet qui l'entourait : c'était une lettre patente le nommant abbé commendataire de Gorze. Le monarque avait escompté largement l'hommage rendu à sa progéniture : le bénéfice de l'abbaye comportait la maîtrise de trente-deux villages, quelque chose comme 45,000 livres de revenu. De son côté, le nonce Doria ne savait point paraître mécontent d'une faveur et tenait mal le masque de l'humilité. Grande liesse! il tombe aux genoux de Sa Majesté et dépose sur les royales mains d'ardents baisers...........

....

.....Le 28 juillet 1783, le prince abbé venait prendre possession de son bénéfice. Arrivé à Metz, il descendit à l'hôtel abbatial de St-Arnould, qui servait provisoirement de résidence à Mgr de Montmorency, en attendant l'achèvement du nouveau palais épiscopal commencé sur l'emplacement de l'ancien. Deux jours après, Son Eminence, escortée des dignitaires et d'un détachement de troupes, alla loger à Frescaty, château de plaisance de l'évêque, à deux lieues de la ville. Mgr de Montmorency, madame de Choiseul, abbesse de Saint-Louis, la maréchale de Broglie, M. Forestier, colonel de la milice des villages du pays messin, présidaient à cette réception, qui se fit avec une certaine pompe. Le lendemain, vers midi, on partit pour Gorze : dans un premier carrosse se trouvaient le nonce et Mgr de Montmorency; dans le second, madame de Broglie, l'abbesse de Choiseul et la baronne de Mohr de Waldt, doyenne du chapitre de Saint-Louis. Lorsque les équipages furent parvenus au bac de Novéant, les laquais descendirent, prirent les chevaux au mors, et l'on se mit en devoir de glisser les lourds véhicules sur le bateau, auquel avait été adaptée une parure de circonstance; délivré de ses liens, il s'avance avec effort sur la longue nappe d'azur qui le sépare de l'autre rive, où se pressent des essaims de populations accourues pour fêter le prince. Les gens de Gorze, jaloux de donner les premiers une démonstration de bon vouloir et zèle respectueux pour leur nouveau seigneur, n'attendirent pas que le bac vînt à attérir, impatience dont ils durent se repentir. Une arme imprudente laisse échapper une explosion dans ces rangs que l'ardeur électrise; ils poussent soudain un *vive Monseigneur !* répété avec un formidable ensemble par tous les tenanciers de l'abbaye, et saluent par une décharge de mousqueterie, qui donne le signal d'un feu roulant, nourri des mille détonations des trente-deux villages; un instant devancés par les Gorziens, ils couvrent le bruit en faisant feu et flamme à qui mieux mieux. Ces roulements qui grondent et éclatent parmi les collines, arrivent comme la foudre à l'oreille des chevaux ; effrayés, pris de vertige, ils méconnaissent le dangereux élément qui les supporte, se cabrent, entraînent les carrosses et mettent ainsi les personnages à deux doigts de leur perte. Les bateliers parvinrent heureusement à arrêter les roues, qui déjà montaient sur les bords ; l'attelage fut contenu tant bien que mal, et de vigoureux coups de ferret firent aborder rapidement. Lorsque le désordre se fut dissipé, les notabilités gorziennes se présentèrent au-devant du prince et des personnes de sa suite, exprimant leurs regrets de l'accident et offrant les vœux du district. Déjà tout ce monde, pour ne point comprimer les élans d'une joie plus sincère qu'ingénieuse, s'était composé un visage souriant et tranquille ; la députation gracieusement accueillie, les carrosses reprirent leur course, le prince se tenant à la portière et rendant avec courtoisie les saluts de la foule. Les ovations continuèrent jusqu'à l'avenue du château de Gorze, où M. l'intendant-général de l'abbaye lui adressa le discours de bienvenue ; puis il lui remit les clefs de cette royale demeure qui, sur le soir, étincela de feux et d'illuminations. La cérémonie d'investiture fut suivie d'un festin, pendant lequel le nouvel abbé fit dresser, devant le portail, une table pour les pauvres ; ils reçurent force gâteaux et pièces de monnaie. Le lendemain, le prince abbé, accompagné de la sécularité, allait visiter les environs, donnant partout sa bénédiction et exprimant son admiration pour les beautés alpestres de cette contrée hospitalière ; il se tint pour fort satisfait des gens de Gorze, et lorsqu'au bout de quelques semaines il retourna à la cour de France, où l'attendait le chapeau de cardinal, il témoignait à nouveau de leur cordialité et trempe de bon aloi.

Le pays de Gorze peut revendiquer une large part de l'admiration des étrangers. Il a vu construire un aqueduc dont les ruines éloquentes attestent le passage du colosse romain dans nos contrées. Cet aqueduc, destiné à conduire les eaux de Gorze à Metz, est, d'après le témoignage de Montfaucon, l'un des plus imposants travaux que les Romains aient exécutés dans la Gaule. Les investigations de M. Victor Simon, célèbre archéologue du département, sont venues compléter nos documents sur cette construction, dont une partie, détruite depuis de longs siècles, se dirigeait vers l'ancien palais impérial ou *Cour d'or*, au point culminant de la ville de Metz.

Sur l'ancienne route romaine de Scarpone, qui passe par Saint-Privat, un peu au-delà de Saint-Ladre, une excavation, résultant de l'enlèvement d'une partie d'une maçonnerie, fut remarquée par M. Simon ; d'après sa position et ses dimensions, il put constater que c'était une des piles de l'ancien aqueduc. A quelques pas plus loin, il aperçut la base d'une autre pile encore intacte ; elle avait 1 mètre de hauteur, 1 mètre 85 centim. de largeur et 2 mètres 50 centim. de longueur ; elle était fondée, comme les piles des arches de Jouy, sur un lit de pierres se terminant en pointe et reposant immédiatement sur le sol. Après plusieurs recherches, M. Simon fut péremptoirement fixé sur la direction de l'aqueduc, qu'il suivit jusqu'à environ 1 kilom. 5 hectom. d'Augny. A partir de ce point, l'aqueduc se dirigeait à travers les terres dans la direction du sud-ouest, pour gagner les bois voisins de la ferme d'Orly, direction indiquée par les religieux bénédictins; il trouva dans ces champs des restes de piles distantes, de parement à parement, de 3 mètres 33 centim. Dans tout l'espace parcouru par l'aqueduc, il découvrit une multitude de moellons taillés, indiquant que cette partie du monument avait été continuée avec autant d'art et de soins que pour les arches de Jouy, et que les piles, par leur distance les unes des autres, devaient supporter des arceaux. Cet aqueduc, dit M. Simon, avait, comme ceux de Rome, de distance à autre, des regards; il avait aussi des gardiens pour veiller à la direction des eaux et à la conservation du monument. Un de ces regards a été découvert dans le vallon de Gorze; une petite maison bâtie en moellons taillés, située près de Saint-Ladre, et une autre située dans les terres, à très-peu de distance des piles, se dirigeant du chemin d'Augny au territoire d'Orly, ont dû être destinées à ces sortes d'employés. On sait qu'à Rome un nombre déterminé d'ouvriers était réparti dans les campagnes où les aqueducs passaient, pour être à portée de faire sans retard les réparations nécessaires, et que la charge du soin des aqueducs, *curator aquarum*, était très-importante. Ce fonctionnaire était escorté de trois licteurs, de trois esclaves publics, d'un architecte et de plusieurs secrétaires.

D'après les documents procurés par cette découverte, et dont les Bénédictins n'avaient point connaissance, ces piles avaient pour objet de régler le niveau de manière à amener les eaux dans la ville de Metz. D'autres piles signalées depuis, et placées à droite du chemin de Metz à Augny, dans les vignes, entre Montigny et la lunette d'Arçon, démontrent que les eaux, dans les points rapprochés de la ville, étaient encore élevées au-dessus du sol. Le palais impérial, ou Cour d'or, situé dans la rue des Trinitaires, recevait donc les eaux abondantes amenées de Gorze; ce qui le prouve, c'est que les caves de la maison des Trinitaires, n° 12, renferment deux bassins de construction romaine revêtus de ciment à la hauteur de 1 mètre 80 centimètres, et évidemment destinés à contenir un grand volume d'eau. A l'extrémité nord du plus grand des deux bassins, on voit une ouverture cintrée, à la partie supérieure, avec des pierres semblables à celles qui ont servi pour les voussoirs de l'aqueduc; cette ouverture servait probablement à laisser échapper l'eau des deux bassins.

Les documents communiqués par M. Simon sont précieux au double point de vue de la science et de l'illustration du pays; ils établissent que ce monument, considéré autrefois déjà comme une entreprise gigantesque, avait des embranchements inconnus, dont la découverte a résolu de difficiles problèmes et contribué à une plus ample manifestation des splendeurs romaines.

Il est permis de conjecturer que cette entreprise du peuple roi a été déterminée par l'emplacement favorable de la contrée gorzienne, à douze milles de l'antique Divodurum (*) : l'abondance de l'eau, l'excellente qualité des sources sur ce point de la Médiomatricie aurait pu éveiller, à juste titre, son amour pour cet élément qui demeura le principal moteur de sa magnificence, de son génie architectural; ce qu'on ne peut contester, c'est que ce fut dans le vallon de Gorze qu'il établit le point de départ de l'aqueduc. Selon l'aveu de M. Simon, qui a le plus étudié ce monument, sa construction laisse quelque incertitude sous le rapport chronologique et architectonique (**); nous abandonnons aux érudits la solution de cette difficulté

(*) Autrement dit : à 20 kil. S. O. de Metz.

(**) Il est probable que dès que des empereurs jugèrent utile de fixer leur résidence à Trèves, nos contrées durent avoir un reflet de la grandeur de la puissance impériale; toutes les villes qui avoisinent la métropole des Gaules durent être souvent visitées par les empereurs ou les grands de leur cour, et être honorées d'une protection toute particulière, qui put même résulter des besoins de l'époque. L'intérêt que le gouvernement d'alors avait de s'assurer de la fidélité de toutes

de l'invasion romaine, pour rentrer dans le sujet qui nous occupe.

Malgré cette heureuse situation, le pays de Gorze ne présente encore, au VIII⁰ siècle de l'ère chrétienne, qu'une solitude couverte des forêts du domaine royal; vers le milieu de ce siècle, l'évêque Chrodegand y fonde l'une des plus célèbres abbayes de l'Europe. Objet de la munificence et de la sollicitude des premiers Carlovingiens, elle s'érige bientôt elle-même en souveraine et devient, dans le corps social, une nouvelle société qui a ses lois et son gouvernement, règle les finances, fait la guerre, rend la justice, envoie des ambas-

---

les villes menacées de l'irruption des barbares, dut engager à leur procurer des avantages considérables.

Mais ce ne fut point aux époques où l'empire fut envahi, où nos contrées furent ravagées, que l'on songea à entreprendre des travaux aussi gigantesques que ceux de la construction de l'aqueduc de Gorze à Metz. Il est aussi très-probable que ce monument, dont nous recherchons la date, ne fut pas postérieur à ce temps de désastres. Il dut être construit, ou sous Valentinien I⁰ʳ et Valens, ou sous Gratien, ou sous Valentinien II et Théodose I⁰ʳ, ou sous Arcadius et Honorius; en effet, sous ces différents règnes on s'occupa beaucoup de constructions et de réparations de monuments, et même cette construction ne serait pas postérieure à Gratien, si nous nous en rapportions à l'opinion si éclairée de Bergier, qui pense que les troubles survenus depuis cet empereur ne durent empêcher aucuns travaux considérables, tant de la part des empereurs que de la part des peuples qui envahirent l'empire.

Notice sur une médaille de Valens, par **M. V. Simon.** *Mémoires de l'Académie, 1840*.

sadeurs aux puissances et leur dicte ses arrêts. Jusqu'en 1580, l'abbaye peut dire : *La terre de Gorze, c'est moi.* Il ne faudrait pourtant pas inférer de ce règne de huit siècles que l'abbaye n'eût jamais dévié de la route indiquée par son fondateur. Elle a eu de fâcheuses périodes qui ont diminué et même parfois anéanti sa prospérité au dedans, sa prépondérance au dehors, comme le prouve cet atour des magistrats de Metz, du 10 juillet 1322 (*), qui concerne également les autres communautés du pays :

« Nous, li maistres eschavins, li trezes, li contes jureis, li proudommes, li pairaiges de porte-muzeille, li pairaiges de Jeuruc, li pairaiges de Saint-Martin, li pairaiges de porsaillis, li pairaiges d'outre-saille, et toute li communeteiz de lai citeit de Mes, faisons savoir et cognixant à touz, ke com nous aieins lonc temps veut et souffert la mauvaixe governacion, et lai grant dissolucion qui estoit en moinnes de Gorze, de Saint-Arnout, de Saint-Clement, de Saint-Symphorien, de Saint-Vincent et de Saint-Martin davant Mes ; si com de ceu qu'ils ne tenoient régle, ne ordre, ne n'obéissoient à lour abbeis, ne à lours priours, ains yssoient (**) fuers de lours abbayes, sanz congiet, de jour et de neut, et faixoient pluxours outraiges ; si com de chozeir et de baistencier (***) as bonnes gens, et d'alleir per les tavernes, et de brizier osteis per nut, et d'alleir an autre abit qu'il ne dovoient, et d'autres pluxours meffais, de coi lour abbeis, ne lour ordinaires, ne

---

(*) Archives de l'abbaye de Saint-Arnould. Liasse E. E. cote 56.

(**) Ains yssoient fuers : *mais sortaient hors.*

(***) Baistencier : *chercher noise, dispute.*

li justice meymes ne les an point pigneir (*), ne corrigier,
per l'antreport (**), et per lai force de lor amins qu'il avoient
dedans la ville, et de lour autres amins fourains, et en poroit
grand meschiés venir à la ville, et an demoureivet li cervixe
Nostre-Signour à faire an lor églises. » etc. etc.

Au XVIe siècle viennent les guerres du protestantisme, pendant lesquelles la ville de Gorze,
devenue, par un saisissant contraste, l'arsenal
des réformés, reçoit dans ses murs Guillaume
Farel, cet énergique représentant de l'indépendance religieuse.

Jusqu'ici les pièces authentiques abondent : les
cartulaires démontrent la fondation royale de
l'abbaye, ses phases diverses, sa juridiction, ses
bénéfices, droits et privilèges, et sa discipline
intérieure, de manière à ne laisser subsister aucune lacune sur son existence. Les titres originaux
sur l'établissement du protestantisme sont au
contraire en quantité insuffisante et souvent dé-
pourvus de clarté. Il est regrettable que l'historien soit réduit à quelques édits et correspon-
dances, à des commentaires dont l'impartialité
est très-contestable ; cette époque de crise n'est
point sans gravité pour le pays et demande un
examen approfondi. Il serait utile de suivre les
chroniques avec leur langage naïf, si fortement
coloré et qui prête un intérêt encore palpitant à

(*) Pigneir : *punir*.
(**) L'antreport, *le soutien, l'appui.*

la lutte austrasienne contre l'idée qui déborde le XVIe siècle, torrent qui monte et emporte avec lui de sanglantes péripéties, les émeutes, le bûcher et la voix du prêtre.

« En celle année (1524), vinrent se tenir plusieurs Lutheriens en Mets, c'est assavoir qui tenoient l'heresie de Martin Luther, entre lesquelx en y vint ung se disant docteur, qui premier avoit esté religieulx et à présent estoit marié et désiroit le prescher. Si fut mandé en la chambre des treze et du conseil devant messieurs les clercs et messeigneurs de la justice pour le ouyr parler; mais, pour ce que son fait ne pleut pas à chascun, luy et sa femme s'en allèrent bien en haste se tenir à Strasbourg. Ung aultre josne gallant et gentil clerc, qui paireillement avoit esté cordellier, en habit seculier se vint tenir à Mets en la rue de Rempart et demandait à la sécularité plaice et licence de prescher; mais, après son fait congnu, fut prins et mis en la maison de la ville, en laquelle il ne fut gaire qu'il fut livré aux ordinaires et fut mis en estroicte prison en la court l'evesque en laquelle il fut plusieurs journées. (*)

En ce meisme temps, vint et arrivait en Mets ung frère augustin, nommé frère Jehan Chaistellain, homme assés ancien et de belle manière. Et avoit celluy frère presché à Vyc les avents de Noel; puis, ledit an, preschait la caresme tout du long en leur couvent de Mets: celluy estoit ung homme assés reverend et de belle manière, grant predicateur et trèséloquent, et, avec ce, en ses sermons reconfortoit merveilleusement les pouvres gens et les avoit fort pour recommandés. Pourquoy il estoit en la graice de la plus part du peuple, mais non pas de tous, especialement de la plus part des prestres et gros rabis, contré lesquelx ledit frère Jehan journellement preschoit, en desclairant leurs vices et peschiez,

---

(*) Chroniques messines, page 807.

disant qu'ilz abusoient le poure peuple : pour laquelle chose grant hayne se esmeut et entrait ès cueurs d'iceulx en l'encontre de luy (*)..

Si avint, durant ces choses, qu'il fut retenu pour prescher le jour de la Penthecoste, apres disner, en mey la rue, devant l'église du Saint-Esprit, comme tous les ans on ait accoustumé de faire ; mais, pour ce qu'il n'estoit point en graice, comme dit est, fut deffendu au prestre de leans par les ordinaires qu'il ne le laissaist point prescher, et fut retenu au lieu de luy ung jaicoppin. Parquoy le seigneur Philippe Dex, adverti du cas, fut tres indigné ; et tout incontinent au jour meisme que tout le peuple estoit desjay assemblé pour ouyr la prédication, fist faire ung commandement par ung sergent à celluy prescheur qu'il ne fust si osé ni si hardi de prescher sur la sentaine de la cité : et par ainsy n'y eult, à ce jour, point de sermon ; de quoy grande rumeur fut par toutte la ville. Alors creust toujours plus la hayne d'iceulx prestres et officiers encontre dudit Augustin, et tellement que, tantost apres, fut trouvé maniere de l'attirer aux champs ; car, parmi la somme de trente escus au soleil que l'ung de ses frères, nommé frère Bonnestraine en receut, comme on disoit, le poure homme fut trahi ; et, dessus et soubz faulce enseigne, fut tiré dehors, disant que le provincial de leur ordre le mandoit et le attendoit devers hault du Chaistel et désiroit grandement de parler à lui : et ainsy se partit et s'en allait s'en prendre conseil, accompaigné d'icelluy frere Bonnestraine et d'ung novice tant seulement ; parquoy luy en print mal ; car, en passant parmi Gorze, fut congneu dudit Martin Pinguet, alors maistre d'hostel et gouverneur dudit Gorze, pour le reverend pere en Dieu, Jehan de Loraine, cardinal du Sainct-Siége apostolicque et evesque de Mets ; lequel fist incontinent courir après. Et fut le poure

---

religieulx prins et arresté ès bois de Chamblé, ausquelx il s'estoit caiché, et fut ramené audit Gorze ; mais celluy Bonnestraine eschaippa, ou par adventure luy fut faicte voie. Et fut ce fait le jour de l'Ascension nostre Seigneur, qui, en celle année, fut le cinquiesme jour de may : puis tantost, deux jours après, fut le poure frere mené à Nomeney, et là, au chaistiaul, mis au fond de fosse, auquel il tint longuement prison.

. . . .
. . . .

Après plusieurs allées et venues, tant de frère Nicolle Salvin des grans prescheurs, qui alors estoit inquisiteur de la foy, comme d'aultres, et apres longue prison et plusieurs jours revollus et passés, se animait tellement le couraige des grans avec plusieurs tesmoings, que le poure simple homme et à la bonne foi, comme j'estime, fut par eulx condampné à estre chauffauldé au lieu de Vyc et desgradé, et puis mis entre les mains de la justice seculiere pour le bruler et mettre en cendres. Et pour ce faire et acomplir, fut prins au lieu de Nomeney, auquel il avoit tousjours esté, et fut mené à Vyc. Puis assés tost apres, par ung jeudi, vigille des petits Roys et douziesme jour de janvier, en fut fait comme dit est ; car, à celluy jour, environ les huict heures du matin, fut le poure homme chauffauldé et desgradé, à la veue de tout le peuple, puis fut remis en prison jusques apres midi. Et l'heure venue, fut trouvé qu'il s'estoit mis en lainge et tout deschault, et vouloit ainsy aller à la justice, disant que nostre Saulveur Jhesucrist avoit moult plus souffert pour nous. Mais l'on ne luy voult pas permettre, et luy fut vestue une meschante vieille jaicquette de gris avec ung poure chapiaul d'allemand ; et il souffrit tout et print la patience et se laissait traicter comme ung aignel. Alors fut sonnée la bancloche et fut le poure frere tiré dehors ; et en tel habit, luy qui estoit si grant clerc et avoit fait tant de biaulx sermons, fut mené par la ville et puis de là fut mené au lieu de la justice, dehors aux champs, sans ce que jamais dist ung mot non plus qu'un aignel que l'on mene esgorger fors : Dieu soit en mon ayde ! de quoy le cueur crevoit à aulcuns, tant de Vyc comme de la cité, et en ploroient de pitié. Et luy venu au feu ait dit plusieurs belles et salutaires oraisons, tant en latin comme en roman , avec plusieurs biaulx psaulmes du psaultier , lesquelx tres devotement il disoit; et, en eslevant la face au ciel , disoit que de loing temps avoit eu desir de venir où il estoit et de souffrir mort pour la foy et pour soubtenir vérité. Et entre plusieurs aultres parolles , ait demandé pardon au peuple, disant que s'il avoit dit ne presché chose de quoy il despleust à eulx ou qu'ilz en fussent mal édiffiés , il leur en crioit mercy. « Neantmoins , dist il, que je n'aie presché ne dit chose que sainct Augustin et sainct Ambroise n'ayent premièrement presché : et pour ce , si j'ai presché faulx , ilz ont doncque faulcement presché. » . . . . . Et plusieurs aultres parolles disoit le poure homme, qui donnoient cause de plorer. Puis fut mené au pal contre lequel on le vouloit asseoir sur une planche ; mais il ne voult, ains dit et priait qu'il fust droit, disant qu'il seroit encor trop à son aise et que le Saulveur avoit plus souffert pour luy ; et luy meisme aydoit au bourriaul à se mettre à point et avoit grand couraige. Puis eslevait ses mains joinctes en hault ; et, en criant par plusieurs fois et à haulte voix : *Le nom de Jhesus me soit en ayde !* sans dire aultre chose, mourut et rendit l'âme, à l'occasion de quoy, le peuple, tant de ceulx de Mets estant presens que de Vyc, ausquelx il avoit fait tant de biaulx sermons, furent grandement esmeus et dollens.

Or oyés chose merveilleuse et qu'il en advint. Vous debvez scavoir que alors en la cité de Mets estoient tous, grans et petits, désirant en scavoir des nouvelles. Mais quant la vérité fut congnue et que l'on sceust au vray qu'il estoit brulé, sans ouyr ne desclairer son proces, Dieu scait la murmure qui alors fut espécialement du menu peuple, et en furent rendues tant de parolles qu'on en feroit ung gros livre. Et n'estoient les chainoines de la grant église alors pas trop assurés du peuple ; et, avec ce, en prinrent ledit seigneur de Sainct-Anthonne avec ledit maistre d'hostel en si

grand hayne qu'il n'est à croire, et meismement tous ceulx
qui avoient esté tesmoings et favorisans à cestuy fait. Si avint
que au lendemain, qui fut vendredi, treiziesme jour dudit
mois, sur le tairt, ledit de Sainct Anthonne arrivait à Mets,
accompaigné de ses gens; mais dès qu'il fut aperceu du
peuple, il fut resgairdé du travers et en desdaing, et luy
eussent desjay les aulcuns voulluntiers couru sus, s'ilz eussent osé. Et de fait, la nuyt ensuivant, furent les verrieres de
sa maison en partie rompues et despecées, on ne seult de qui
. . . .

Quant le bruit de ce hutin fut espandu par la ville, plusieurs aultres et à grant nombre, qui n'avoient que perdre
et qui estoient à demy enraigiés, tant pour la famine qui
alors regnoit, comme pour la mort dudit augustin, se vin-
drent joindre avec les premiers; et là de rechief ont trouvé
aulcuns des seigneurs de la cité, lesquelx eulrent bien grant
peine de s'en deffaire et de saulver les biens dudit de Sainct
Anthonne, disant: *Messieurs, vous ne faictes rien icy; le
lieu est poure et n'y pouvés rien conquester.* Et en toute humilité firent tant lesdits seigneurs qu'ilz se sont despartis de
ce lieu. Mais, après ce despart, soudain se sont advisés
iceulx mutins de la maison au gouverneur de Gorze; et tout
à une voix se sont escriés: *allons, allons chez le maistre
d'hostel!* Et alors, tout à une tourbe, s'en sont passés par-
mei la grant église et par le plaice devant icelle, sans crainte
de nulluy, et comme gens enraigiés, avec palz et massues,
sont venus assaillir ladicte maison en laquelle alors ne de-
mouroit personne que le seigneur Nicolle, chaippellain dudit
de Gorze, lequel à peine se saulvait. Et ainsi, en celle fureur
comme dit est, ont incontinent abatu la grande porte de la
court de leans et sont entrés dedans. Cela fait, sans plus attendre, sont courrus au butin, qui mieulx mieulx, les ungs
au bled, les aultres entrairent ès chambres auxquelles ont eu
prins plusieurs biaulx drapz, tant de velours, satin, comme
de laine, qui là estoient, avec de moult riches tapisseries et
de belles robes. Puis incontinent après ce fait et que l'on vit

qu'ilz emportoient tout sans contredit, se y trouvairent si grant nombre de gens, femmes, hommes et enffans, tant de la cité comme du païs, à cause qu'il estoit samedi et jour de marchié, qu'il n'est à croire la presse qui estoit..........

. ...

. ... Et quand il n'y eult plus que prendre et que tout fut desrompu et dissipé, huis et fenestres, degrés et advis, avec les fourniaulx des cheminées, ilz se sont prins aux chambris du jairdin pour avoir les montans; et fut tout desrompu et le jairdin tout gaisté, tellement que c'estoit la plus grande cruauté du lieu que jamais homme veist. »

. ...

. ...

Après cette étude, notre plan était facile : nous avons formé quatre parties. La première est une appréciation générale de l'histoire du Pays. La deuxième comprend l'historique de l'abbaye, des détails sur sa sécularisation et son érection en collégiale. La troisième retrace les guerres du protestantisme dans le Pays messin, et le rôle qu'y occupe la ville de Gorze. La quatrième partie est une statistique générale, suivie de quelques particularités, souvenirs et traditions sur le pays de Gorze. — Une courte biographie termine l'œuvre.

Nous avons laissé la description de la ville et des environs à M. de Marionnelz, dont le style simple et vrai, les charmants tableaux ou *promenades aux vallées de prédilection*, et les connaissances indigènes, devaient obtenir droit de bourgeoisie dans cet ouvrage.

Maintenant, puissent nos efforts trouver grâce devant la critique ; puissent nos concitoyens ne point repousser celle œuvre, et puissiez-vous, Monsieur le Baron, y voir une nouvelle preuve de nos sentiments et de notre persistance dans la voie que vous nous avez tracée.

Jⁿ-B^{te} NIMSGERN.

Membre de l'association des artistes à Paris.

Metz, le .. mai 1853.

INTRODUCTION.

Nous venons après plusieurs historiens du pays, achever la tâche qu'ils ont commencée , présenter des détails qu'ils ont omis ou traités d'une manière succincte et superficielle.

Nous rendons hommage à Dom Calmet, qui nous a donné la chronologie des faits principaux accomplis à Gorze, dans son histoire de Lorraine.

Au dictionnaire du département de la Moselle, par M. Viville, et à la statistique de ce même département par M. Verronnais, qui nous ont été de bons auxiliaires ; mais nous avons eu soin de redresser les erreurs et relever les omissions commises par ces derniers.

En présence de ces monuments, il nous a semblé que l'histoire de la ville de Gorze et de son territoire était encore à faire, surtout en considérant les limites que ces écrivains se sont tracées ; tout ce qui a été écrit sur cette ville jusqu'à présent dénote l'idée qu'on s'était faite de sa stérilité historique.

Si nous pouvons espérer d'avoir atteint notre but, n'oublions pas de témoigner tous nos remercîments aux personnes qui ont bien voulu nous seconder dans notre entreprise, et notamment à M. Jacquin, docteur en médecine à Metz, dont nous ne pouvons trop apprécier les sages conseils ; à MM. de Marionnelz, Cornillau, Dion, Bertin, de Gorze, auxquels nous devons quantité de renseignements et pièces intéressantes ; à MM. Lanternier, greffier, et de Beauvant, pour le zèle déployé vis-à-vis des souscripteurs.

M. le comte Malher, préfet de la Moselle, s'est montré pour nous plein de déférence et a mis gracieusement à notre disposition les archives du Département. M. Sauer, archiviste, nous a guidé dans ce labyrinthe historique ; par ses soins, toutes les liasses sur Gorze nous ont passé entre les mains ; chaque titre a été lu et commenté ; la correspondance ponctuellement suivie ; les sceaux appendus aux parchemins, assignés à leurs personnages et à leurs dates respectives. Pour tout dire, M. Sauer a mis à nous obliger le dévouement le plus absolu ; qu'il reçoive ici le public témoignage de notre reconnaissance.

Nous croirions commettre une omission impardonnable, en ne citant point MM. Clerx et Malherbe, bibliothécaires de la ville de Metz, comme ayant bien voulu nous servir, en dehors même de leurs attributions. Ils ont puisé à la fois dans leurs souvenirs et dans le cabinet des manuscrits, et n'ont reculé devant aucun effort pour nous communiquer tout ce qui leur paraissait mériter l'attention. Ils doivent donc avoir aussi une large part à notre gratitude et à celle du public, si ce livre peut être de quelque prix à ses yeux.

HISTOIRE

DE LA VILLE ET DU PAYS

DE GORZE.

PREMIÈRE PARTIE.

APERÇUS GÉNÉRAUX.

Dans une gorge au-dessus des montagnes qui bordent le bassin de la Moselle, à 20 kilomètres sud-ouest de Metz, se développe, toute fière de ses souvenirs, de ses guerres et de ses blessures, la petite ville de Gorze, qui, par son ravissant paysage, ses accidents pittoresques, fixe les regards du voyageur, qui se sent attiré dans son enceinte séculaire. D'une part, elle présente toutes les allures d'un modeste et paisible hameau ; par

un autre côté, déposant les formes rustiques,
elle revêt la parure coquette des grandes villes
et quelques vestiges du cachet imposant de l'architecture monumentale, comme pour rappeler
l'ancien fief de la province des Trois Évêchés, et
la puissance monacale qui, vers le XIIIᵉ siècle,
y trônait dans tout son éclat.

Singulière destinée que la sienne! Berceau de
la nationalité romaine dans les Gaules, elle a été
tour à tour l'alliée des Ducs de Lorraine et des
Rois de France, pour retomber ensuite sous le
protectorat des Empereurs d'Allemagne, et re-
levant des Évêques de Metz pour devenir plus
tard la forteresse la plus redoutable du protestantisme dans le pays messin. Écoutons M. de
Jouy, dans son *Ermite en province :*

« Les abbés de Gorze, dit-il, avaient droit de
« paix et de guerre, frappaient monnaie et étaient
« si puissants, que Henri II et Henri IV, rois de
« France, les comprirent parmi leurs alliés. »
Combien elle devait être différente de ce qu'elle
est aujourd'hui, avec son abbaye, son château
fort, où retentissait le bruit des francisques et
des javelines, ses remparts au sommet desquels
combattait une race valeureuse qui, plus d'une
fois, fit essuyer à l'ennemi de mortelles défaites.
Aux phases glorieuses de la terre de Gorze, suc-
cèdent les revers : son abbaye, son château fort,
ses tours crénelées, ses remparts tombèrent sous
les coups d'Anne de Montmorency en 1552 ; elle

revint en la tutelle ecclésiastique et subit le régime commun des petites principautés de cette époque, dont l'existence civile et politique nous échappe. Aujourd'hui, la ville n'a plus d'autre enceinte que les montagnes qui l'entourent et qui forment une espèce d'entonnoir d'où lui vient son nom de Gorze (Gorges), qui signifie gouffre. Pour expliquer ces continuelles vicissitudes, ces guerres à outrance dont pendant une suite de siècles elle fut le théâtre, nous avons besoin de nous étendre sur l'état général du pays dans lequel elle se trouvait enclavée.

Tout le territoire situé entre la France et l'Allemagne fut longtemps disputé entre les souverains de ces deux grandes monarchies. Ce domaine, frontière importante, devait doubler la puissance de l'une ou l'autre de ces monarchies, et était pour elles une source d'inimitiés violentes, de discordes perpétuelles. De cette jalousie de deux puissances rivales, de ces divisions, naquirent entre la Meuse et le Rhin, ces petites souverainetés et seigneuries régaliennes dont l'abbaye de Gorze nous offre le type. Tous ces petits États ont pris germe et se sont dissous ensemble dans la période qui sépare le Xe du XVIe siècle, trouvant l'appui de leur faiblesse et leur raison d'être dans cette rivalité dont nous avons parlé, profitant de cette inimitié des deux puissances pour tirer de l'une et de l'autre assistance et protection. C'est ainsi que pendant cet intervalle pénible et laborieux, où les nationalités tendaient à s'absorber et concouraient invinciblement à l'unité, les grands souverains faisaient alliance avec les petits, cherchaient partout des créatures, et accordaient aux Evêques, ces puissants leviers politiques, qui alors représentaient le pouvoir temporel et spirituel ; aux Abbayes, aux Eglises, aux Seigneurs, des priviléges, des droits si extraordinaires, qu'ils feraient presque douter de l'authenticité des monuments que nous avons sous les yeux. Le but de toutes ces faveurs est facile à découvrir : ils recrutaient des forces, et se faisaient une arme de la générosité. A ces priviléges, à ces faveurs, ils ajoutaient des concessions de territoire, dont le sacrifice devait leur être bien peu onéreux, attendu qu'eux mêmes ils ne pouvaient en être paisibles possesseurs, obligés qu'ils étaient de se tenir en garde contre les surprises, les envahissements qui les menaçaient de toutes parts. C'était, d'ailleurs, une bien faible compensation des secours qu'ils en tiraient à l'heure du combat.

Tel fut le point de départ des petites souverainetés régaliennes de Lunéville, de Dalsbourg, de Salm, de Blamont, de Hombourg, de Commercy, d'Apremont, de Pierre-Fort, de Sedan, d' Chiny, de Luxembourg, etc. etc., situation anormale et transitoire, sur laquelle s'érigea aussi la domination des Evêchés de Metz, de Toul, de Verdun et de leurs chapitres, qui gouvernèrent longtemps en maîtres absolus, sous la protection des Empereurs. Enfin, ce fut à cette même situation que dut sa force et son éclat, cette célèbre abbaye de Gorze, qui exerçait sur ses terres un pouvoir royal, subordonné tantôt à l'Empire, tantôt aux Ducs de Lorraine, tantôt aux Ducs de Bar, ou aux Evêques de Metz, suivant les péripéties de cette orageuse époque, qui s'appuyait sur la guerre pour assigner à chaque peuple ses limites et sa civilisation.

Donc, pendant un assez long intervalle, bien que la Lorraine eût toujours conservé intégralement son territoire, ses Ducs durent éprouver ce que leur autorité avait de précaire. Ils veillaient continuellement et se tenaient en défense contre les entreprises des seigneurs particuliers, protégeant les églises, les abbayes sur lesquelles ils avaient des droits, et qui faisaient partie de leurs domaines. Telle fut l'origine de ces guerres si fréquentes, soutenues contre les Evêques de Metz et de Toul, et contre les Seigneurs de leur suite, en hostilité ouverte avec les Ducs de Lorraine, qui n'en avaient pas moins le droit de glaive et le sauf-conduit par terre et par eau dans toute l'étendue de leur marchisie et de leur duché. Toutefois, dans ce pays, comme dans tout le reste de l'Europe, rien ne fut plus variable que ce droit de souveraineté, qui, s'éteignant de siècle en siècle, disparut avec la féodalité agonisante, aux premières lueurs de la liberté.

A ce sujet, qu'on nous pardonne un peu d'histoire rétrospective. Ces préliminaires sont indispensables pour l'intelligence entière du grand drame qui va se dérouler sous nos yeux: Gorze a eu ses Vêpres siciliennes, son inquisition, ses jacqueries. A voir cette petite ville, aujourd'hui si paisible, souriant aux rayons d'un doux soleil, on ne se douterait nullement des luttes qui ont déchiré son sein, et de sa destinée tristement illustre. Qu'on nous permette donc d'entrer plus avant dans la nature des lois qui régissaient ce monde du XIe siècle; ce fut cette législation, cet ordre de choses basé sur la force et la nécessité, qui posa les principes de la domination de Gorze, domination immense, qui la fit si souvent pencher dans la balance du destin.

Vers les temps qui nous occupent, notre belle contrée était en tutelle absolue ; tous les peuples étaient serfs ; tout se rapportait à l'Eglise ; tous les biens de l'Eglise appartenaient aux Evêques. Les particuliers attachés à la glèbe n'avaient point de patrimoine, et cultivaient la terre pour le compte des Seigneurs ; en un mot, ils étaient privés du droit de propriété, se trouvant sous la dépendance absolue de leurs Seigneurs, qui avaient sur eux droit de vie et de mort. Cet état de choses se maintint à peu près uniformément jusqu'au XIIe siècle, époque où la Lorraine eut quelques uns de ses villages affranchis ; ces affranchissements, toujours plus fréquents, produisirent des situations jusqu'alors ignorées. De là, la naissance des communes. Du reste, cette conquête des droits civils s'opéra lentement et ne s'étendit aux particuliers qu'avec les plus grandes difficultés. Leurs appels au Prince souverain étaient très-rares. Les Seigneurs seuls et les Eglises, dont les Souverains étaient les défenseurs naturels, se permettaient la procédure. Les Ducs, surtout, comme avoués des abbayes, avaient souvent à user de ce droit. En cette qualité d'avoués ou de mandataires, ils rendaient la justice aux sujets de leurs Eglises, présidaient à leurs plaids, y jugeaient souverainement, prenaient les armes pour leur défense, et guerroyaient à la tête de leurs vassaux. En récompense de leurs services, ils prélevaient une partie des biens ecclésiastiques, qui, par ce moyen, étaient à l'abri du pillage. Ainsi, on le voit, les Eglises, les Abbayes, avaient le monopole du pouvoir et la plus large part dans le mouvement social.

En résumé, la situation de la Lorraine entre deux grandes puissances eut ce résultat, d'une part, qu'elle maintint à chacun de ses Seigneurs, à chacun de ses petits Souverains, le cercle de sa domination, tandis que tant d'autres nationalités périssaient autour d'elle ; mais aussi ce voisinage fut pour elle un continuel obstacle à son agrandissement, paralysa ses forces et s'opposa même à sa marche dans les guerres qu'elle eut à soutenir contre ses voisins. D'autre part, resserrée dans ses projets de conquête, elle concentra toute sa vitalité sur ses institutions religieuses, qui, par leur sévère appareil, opposaient une barrière redoutée aux ennemis de son indépendance et de son repos. Ainsi s'explique cette puissance qui, pendant longtemps, fit de l'abbaye de Gorze un colosse dominant de son immensité tout le val de la Moselle, les terres d'Alsace et le duché de Bar.

Les preuves de cette toute puissance figurent en grand nombre dans l'histoire de Lorraine. Nous avons une charte du roi Pépin, qui, déjà vers l'an 765, faisait donation à l'abbaye de Gorze de plusieurs terres, entr'autres de celle de Dombasle, avec son église et ses dépendances. Une seconde du même Roi, par laquelle il lui conférait de nouveaux biens. Une autre, par laquelle Godegrand, Evêque de Metz, neveu du roi Pépin, Chambellan et Chancelier de France, donnait à l'abbaye plusieurs terres, droits et priviléges qui lui appartenaient en Alsace. Cette charte était signée de plusieurs abbés, prêtres et seigneurs (*). Vers l'an 768, paraissait une charte

---

(*) La charte de Godegrand sur l'abbaye de Gorze, que nous donnons plus loin et qui porte la date de 745 de l'ère chrétienne, est une pièce importante et jusqu'ici inconnue. On peut joindre ce titre à celui que le même Godegrand a donné à la même abbaye de Gorze quelques années après, et que Meurisse a publié dans son histoire des Evêques de Metz.

Dans l'un, Pépin est appelé *major domus*, et dans le

de Charlemagne, confirmant la précédente. En 770, Angelram, Evêque de Metz, faisait donation à l'abbaye de Gorze, alors soumise à la cathédrale, des terres de Faux et de Fouï. En 780, la terre de Varengéville lui était concédée par le même Evêque En l'année 815, Louis le Débonnaire lui octroyait privilége contre l'Evêque Magulphe. En l'année 910, la reine Richilde se démettait en sa faveur d'une partie de son douaire. En 933, Adalbéron, évêque de Metz, lui faisait concession de nouveaux priviléges. Enfin, en 982, l'Empereur Othon lui délivrait une charte portant confirmation de tous les biens donnés par Conrade, fils du comte Rodolphe, dans son testament militaire. Et comme si cette opulence eût paru insuffisante, les Rois et les Empereurs lui accordaient le droit de frapper monnaie, par des priviléges exprès. Les abbés de Gorze faisaient donc battre

---

deuxième, *rex*. Ils sont très-remarquables parce qu'ils portent l'ère chrétienne inconnue dans les titres avant le IXe siècle. On se contentait d'y mettre l'indiction et les années du règne des rois.

Dans cette charte de Godegrand, on remarque les mots: *Indominicatus, terra indominicata,* terre en franc alleu, qui ne relève et ne dépend de personne.

Dominicata, terre qui dépend d'un Seigneur.

Villa publica, maison appartenant au Roi, dans la suite au palais.

Dominicata vinea, vigne qui appartient au Seigneur, à l'Evêque, au Prince, etc.

Epistolarii sunt hi nuntii, cursores.

monnaie dans leur abbaye, et pour preuve de ce fait, quelques pièces d'or et d'argent, frappées au coin de l'abbaye, existent encore à la bibliothèque de Besançon, parmi un grand nombre de curieuses raretés que cette ville possède touchant notre histoire locale.

Pour mieux faire comprendre cette protection dont l'abbaye de Gorze était l'objet, présentons ici quelques observations sur le régime général de tous les ordres religieux répandus en Europe. Si nous ouvrons les capitulaires des premiers Carlovingiens, il nous faudra convenir que l'abbaye de Gorze n'était pas la seule qui partageât les faveurs royales. Les souverains étendaient même leur sollicitude à l'administration intérieure des abbayes, voulant ainsi assurer leur prospérité par tous les moyens en leur pouvoir. Un capitulaire du roi Pépin ordonne que l'Evêque ait un avoué dans les lieux où il a des terres, que cet avoué soit homme libre et de bonne réputation, laïque ou clerc, qui puisse faire serment pour l'église dont il est avoué; un autre, de l'Empereur Charlemagne, ordonne que les Evêques et les Abbés choisissent des avoués qui aient leurs biens dans la province où sont situés les évêchés et les monastères dont ils ont la vouerie, qu'ils soient gens de bien et aimant la justice, et bien résolus à soutenir les intérêts des églises qui leur sont recommandées. Louis le Débonnaire renouvela et confirma les mêmes ordonnances. L'Empereur Lothaire veut que les Evêques, les Abbés, les Abbesses aient leurs avoués qui rendent la justice devant le Comte de la province, que ces avoués soient élus en présence du Comte ; il permet que chaque Evêque, chaque Abbé et Abbesse ait deux avoués : l'un qui puisse défendre leur cause et l'autre qui prête le serment en leur nom. L'Empereur, pour engager ces avoués à servir avec plus de zèle, leur accordait l'exemption de la milice pendant qu'ils exerçaient cet emploi. « *Duos concedimus advocatos habere ; unum qui causam procuret ; alium qui sacramentum deducat ; eosque, quandiù advocationem tenuerint, hoste relaxamus.* » Il y a peu d'exemples d'avoués en France sous les rois de la première race, parce que ces princes, qui étaient ou fondateurs ou insignes bienfaiteurs des abbayes, les prenaient ordinairement sous leur sauvegarde immédiate, comme il paraît dans les titres de fondation de l'abbaye de Senones par le roi Childéric II, en 664. L'abbaye de Gorze se trouve précisément être l'un de ces rares exemples.

Un des plus anciens titres où il soit fait mention des avoués, c'est la donation que l'Evêque Godegrand fit à l'abbaye de Gorze de plusieurs terres situées en Alsace. Il y ordonne que, si les sujets du monastère refusent de se soumettre à leur devoir, l'avoué et son ministre les jetteront dans les ceps ou dans les entraves : « *ab advo-*

calo et ministeriali in cippum projiciatur. »
Il règle ensuite la rétribution qui revient aux
avoués dans les amendes infligées sur l'étendue
du territoire qui en dépend.

Cette dernière citation indique quelle était la
servitude du peuple des campagnes avant leur
affranchissement. D'après Dom Calmet, ces serfs,
dont il est ici question, étaient de quatre sortes :
1° *mansi* ou *servi serviles*, les serfs serviles,
qui servaient leurs maîtres pendant toute l'année ;
2° *mansi lediles*, ou *lidi*, ou *liti*, ou *lidiales*,
ceux tenus de plusieurs charges et redevances,
mais exempts du service des personnes ; 3° *servi
ingenuales*, ceux de condition libre, à chacun
desquels on donnait environ soixante jours de
terre qu'ils cultivaient et dont ils payaient un
tribut ; 4° *servi absi* ou *assi*, les serfs nus, qui
ne possédaient rien et étaient entièrement au
pouvoir de leurs maîtres.

Selon les lois de St.-Gorgon, les esclaves de
l'abbaye de Gorze et les fonds qui leur appartenaient étaient privilégiés, et on ne pouvait les
aliéner ni les vendre comme les autres esclaves.
Tout le reste du peuple était main-mortable,
c'est-à-dire que les biens des particuliers morts
sans enfants légitimes appartenaient à l'abbaye.
Toutefois, nous l'avons dit, les ecclésiastiques et
les religieux affranchirent successivement la plus
grande partie de leurs serfs et les mirent en une
espèce de liberté, au prix de laquelle ils devenaient

ÉGLISE DE GORZE.

corvéables et taillables à merci. Vers le XIIIe et
XIVe siècles, les ducs de Lorraine, les Evêques
et leurs Abbés renoncèrent à leurs anciens priviléges et affranchirent leurs sujets, moyennant
certaines servitudes et redevances fixées par les
chartes d'affranchissement.

A mesure que nous avançons, nous voyons le
pouvoir temporel échapper au clergé; vassaux,
serfs, hommes-liges deviennent citoyens. Il se
forme, autour de l'abbaye, un bourg qui devient
une ville avec le temps. Puis, viennent les guerres
de religion, qui ébranlent les vigoureuses assises
des anciennes communautés religieuses; l'autorité temporelle est devenue impuissante contre les
attaques de l'hérésie. Ignace de Loyola apparaît
alors dans la capitale du monde chrétien. De
concert avec Grégoire XIII, il organise cette légion qui, depuis quatre siècles, règne mysté-
rieusement sur les puissances: le glaive de la
parole a remplacé celui des armées. L'abbaye
de Gorze est sécularisée; ses biens passent à
l'ordre des jésuites, devenu le lien nécessaire
entre les sociétés monarchiques et la chaire de
saint Pierre.

Ainsi, rien de ce qui existe aujourd'hui ne
pouvait nous guider dans la tâche difficile que
nous avons entreprise. On sait maintenant pourquoi l'histoire ecclésiastique figure presque exclusivement dans les annales du pays de Gorze.
Nous espérons donc qu'on nous pardonnera la

sécheresse de certains détails et les documents fastidieux dont nous avons été obligés de nous entourer. Historien scrupuleux, avant tout, nous exposerons les faits avec impartialité, ne prétendant nullement prendre sous notre responsabilité des légendes que Dom-Calmet lui-même n'hésite pas à considérer comme apocryphes. Ce n'est que vers les XVe et XVIe siècles, que le jour se fait ; les chroniques du pays de Gorze revêtent alors l'authenticité de l'histoire ; les événements grandissent ; son existence, en un mot, mérite les regards de la postérité.

Il serait difficile de préciser l'époque à laquelle Gorze a pris naissance. Le nom de Gorze ne se trouve ni dans les anciens géographes, ni dans les itinéraires, ni dans les premiers historiens des Gaules. Il ne se trouve que dans les auteurs du moyen-âge, ce qui fait présumer, comme disent les vieilles chroniques, que ce n'était qu'une épaisse forêt, où les rois d'Austrasie venaient se livrer au plaisir de la chasse. Quoique les Romains y eussent exécuté bien antérieurement à cette époque leurs grands travaux, il paraît qu'il ne s'y était pas fixé d'habitants avant le VIIIe siècle, temps auquel on dit que ce bourg se forma auprès du monastère. Par Gorze, on entendra donc aussi le sol où il a été construit depuis, puisqu'il est inutile de le prouver, la chose étant évidente que le lieu où l'abbaye a été construite et celui d'où les Romains ont tiré leurs eaux est bien le même.

Nous remonterons donc au temps des Romains.

Dom-Calmet, auteur de l'histoire de Lorraine rapporte que vers l'an 3988 du monde, et quinze ans avant l'ère vulgaire, Auguste envoya Drusus dans les Gaules, pour arrêter les courses des Sicambres (peuple de la germanie) ; après les avoir repoussés et pacifiés, il sut engager adroitement les principaux du pays à concourir avec lui à la dédicace d'un autel fameux, qu'il dédia à Auguste dans la ville de Lyon, où il invita tous les principaux de la nation ; la dédicace se fit avec beaucoup de solennité. Soixante peuples des Gaules y envoyèrent des députés, y firent inscrire leurs noms, et y dédièrent chacun une statue représentant leur province respective. Deux ans après, Auguste vint en personne dans les Gaules avec Tibère et Drusus ; ces deux princes quittèrent l'empereur pour aller s'opposer, Tibère aux Daces et aux Dalmates, et Drusus aux Sicambres et aux Dattes. L'année suivante, Drusus étant revenu en Allemagne, et l'ayant traversée jusqu'à l'Elbe, mourut en s'en retournant, c'est-à-dire l'an du monde 3991.

L'an 16 de J. C. Germanicus, son fils, vint dans le pays messin, et ayant trouvé renversé l'autel que l'on avait dressé à son père entre la Lieppe et le Rhin, le rétablit de nouveau. Il y avait aussi un monument où les provinces gauloises allaient faire des prières, et où les soldats faisaient tous les ans des courses de chevaux pour célébrer sa mémoire.

Les annales de Metz attribuent à Drusus, père de Germanicus, les arches de Jouy qui y joignaient les deux coteaux entre lesquels coule la Moselle, et supportaient un acqueduc de 12,373 toises de long sur 6 pieds de haut et 3 de large, depuis le moulin de Gorze jusqu'aux vignes de Montigny, versant à Metz, par minute, un volume d'eau de 875 pieds carrés (le pont de Jouy avait 560 toises de long qui étaient portées par 129 arches, 22 seulement sont encore debout), qui alimentaient la naumachie et les bains publics. Ce qu'il y a de certain, c'est que la naumachie recevait les eaux de Gorze, et que sa construction, de même que celle de l'acqueduc, ne doit pas être bien éloignée de l'époque où ont été bâtis les autres monuments de la contrée sous le règne d'Auguste. On raconte que la fille de Noé ravie de l'*art* déployé dans cette construction gigantesque, s'écria:

Grâce à Dieu j'ay Ars, et Ancy,
De mon vouloir j'ay Joéy.

On croit que tout en exprimant son admiration, Azita jouait sur les mots et faisait allusion à ses domaines d'Ars, d'Ancy, et de Jouy, village du val de Metz.

Il existe une tradition plus merveilleuse encore sur l'origine de ce pont gigantesque. On raconte qu'un chevalier messin, très-épris d'une belle dame d'Ancy, en avait obtenu un rendez-vous, dont le premier coup de cloche du matin devait donner le signal. Mais une crue subite de la Moselle vint mettre un obstacle insurmontable au bonheur des deux amants. Le diable toujours à la piste des faiblesses humaines, offrit de jeter un pont sur la rivière débordée; il s'engageait à le terminer avant *l'Angelus*, et demandait en échange l'âme du chevalier. Le marché fut accepté, et le diable se mit à bâtir du côté de Jouy, tandis que sa femme maçonnait du côté d'Ancy. Mais Dieu permit que *l'Angelus* sonnât ce jour-là plus tôt que de coutume; force fut donc à Satan et à sa digne moitié de fuir en toute hâte, laissant le pont inachevé. Ils en furent également pour l'âme du chevalier que saint Clément remit dans la bonne voie. On attribue à cette fuite ino-pinée du mauvais Esprit, la grande lacune que l'on remarque entre les arches des deux rives op-posées. — De là l'origine de ce nom : *Pont du Diable.*

Dion rapporte qu'Adrien parcourut plus de pays qu'aucun empereur romain; qu'il rétablit partout l'ordre et embellit les villes d'ouvrages publics; mais il ne dit pas qu'il vint à Metz, comme il le rapporte formellement d'Auguste, de Drusus et de Germanicus: on voit, en outre, par la charte dressée à la fondation de Gorze, et à la dédicace de l'église par Chrodegand, neveu de Pépin, qui fut aussi présent le 17e jour des calendes de juillet 762, qu'Auguste est cité comme ayant fait bâtir l'aqueduc, ou au moins comme en ayant conçu le projet. Voici le passage littéral de cette charte :

« Locum quemdam non longè ab urbe situm, « nemorum opacitate dentissimum, aquis irri- « guum, regio venationi consecratum (quem « Gorziam vocari dedit occasio, quia Octavianus « indè usque ad civitatem aquœ ductum fieri « instituit). »

On ignore où Chrodegand a tiré ce document, mais étant plus rapproché que nous de mille ans, il a du être mieux instruit. Une chose encore qui pourrait donner un grand jour sur ce point difficile de l'histoire du pays, c'est cette espèce d'autel trouvé à Norroy, devant Pont-à-Mousson. Il était dédié à Herculanus Saxanus par la 8e légion. Ce monument dressé dans l'endroit même où l'on tira les pierres de taille pour l'aqueduc, et l'épithète de Saxanus ajoutée à Hercule, le patron des grands travaux, indique assez que l'on doit attribuer la construction de l'aqueduc à cette 8e légion qui séjourna longtemps à Metz.

On a remarqué que les sources les plus abondantes qui alimentaient l'aqueduc se trouvaient au-dessus de Gorze, dans l'endroit dit les Bouillons. Le canal souterrain formé pour conduire ces eaux avait communément à l'intérieur 6 pieds de hauteur sur 3 de largeur ; le massif sur lequel il était établi était en moëllons bruts posés à bain de mortier ; l'épaisseur de ce massif était proportionné à la solidité du terrain ; dans les endroits où le fond était bon, il n'avait guère qu'un pied. Ce canal est conservé en son entier depuis le moulin de Gorze jusqu'au moulin à tan, situé à l'autre extrémité de la ville. Au sortir des tanneries de Gorze, où il est conservé à la hauteur de trois pieds, il prend sa direction du côté de *par fond de val*, où les belles sources qu'il y a en cet endroit se jetaient dans cet aqueduc. Il revient ensuite comme sur lui-même pour suivre le vallon de Gorze jusqu'à Novéant, où il passe à 25 ou 30 toises au-dessus du château. Il continue toujours à mi-côte vers Dornot, passe auprès de la fontaine de Belle-Rue ; mais dans le voisinage de Dornot, il est très-mal conservé : les murs avaient tellement perdu leur aplomb, qu'ils se joignaient par le pied et formaient au fond un angle très-obtus. Cette position indique quelque tremblement de terre, ou quelques ébranlements considérables arrivés dans ce canton. Après avoir traversé le ban de Dornot, l'aqueduc va passer au-dessus d'Ancy ; on en voit encore des vestiges dans quelques endroits du hameau de Rougueville. Il va tourner dans une gorge au-dessus d'une maison de campagne nommée la Joyeuse ; on remarque que le ciment n'est pas aussi fin ni aussi poli dans cette contrée qu'à Gorze. On présume qu'ils furent lassés de la longueur du travail à mesure qu'ils avançaient.

En suivant l'aqueduc depuis le moulin de Gorze jusqu'aux arches, il y a 6,286 toises, distance sur laquelle on n'a trouvé que 29 pieds 5 pouces 11 lignes de pente, ce qui fait deux tiers de ligne par toise.

Les arches qui sont du côté d'Ars sont plus dégradées que celles que l'on voit à l'autre côté de la rivière dans le village de Jouy, à quelque distance d'un réservoir qui était à l'extrémité des arches. On trouve d'abord deux arches en mauvais état, puis un tronçon de pile à ras de terre; cinq arches des plus dégradées, quatre autres tronçons aussi à ras de terre, une pile conservée dans toute sa hauteur, une pile qui a été renversée et un tronçon de pile sur laquelle est une croix. La partie de Jouy consiste en dix-sept arches assez bien conservées. Ce pont joignait deux montagnes séparées de 560 toises, et avait 12 pieds 10 pouces 7 lignes de pente, ce qui donnait un peu plus de 3 lignes de pente par toise. Le dessus avait 10 pieds 10 pouces de large, et était divisé par un mur de briques triangulaires de 18 pouces d'épaisseur, ce qui formait un double canal, apparemment pour pouvoir laisser couler les eaux dans l'un, tandis que l'on faisait des réparations dans l'autre.

On présume que les moëllons des arches ont été tirés des carrières des friches de Geai (près le mont d'Ancy), et les pierres de taille, de Norroy devant Pont-à-Mousson. La hauteur prodigieuse qu'elles auraient dû avoir, s'il n'y avait eu qu'un seul rang d'arches, et le peu d'espace qu'elles auraient laissé au passage des eaux, si elles avaient été dans la même proportion que celles qui restent au bas de Jouy, porte à croire qu'il y en avait dans cette partie au moins deux rangs, posés les uns sur les autres.

A l'extrémité du pont, du côté de Jouy, on a découvert un second bassin différent de celui qui était à l'autre extrémité des arches. Celui-ci est circulaire, et forme une espèce de puits dont le diamètre est de 12 pieds et demi. Le canal passe ensuite le long du bois d'Augny, traverse le chemin d'Augny à Olry; de là, il va passer à 80 toises de la ferme de Saint-Ladre, puis devant l'église de Saint-Privas, et suit assez exactement le chemin qui conduit à Metz. On en a encore découvert en deux endroits des portions éloignées de 10 toises l'une de l'autre, mais il n'a pas été possible d'en découvrir plus près de la ville. Cela ne paraît pas étonnant, si l'on considère qu'il y eut autrefois là un faubourg considérable. En rassemblant toutes les distances particulières indiquées depuis Jouy-aux-Arches jusqu'à Metz, il se trouve que l'aqueduc parcourait encore un espace de 4,527 toises, et que la pente était de 26 pieds 1 pouce 2 lignes. Ainsi la longueur totale de l'aqueduc, depuis le moulin de Gorze jusqu'à Metz au ban Saint-Arnould, est de 11,313 toises, c'est-à-dire plus de quatre lieues et demie.

Il est à présumer que du ban Saint-Arnould, l'aqueduc continuait sur le sommet de la colline où l'on a bâti la citadelle, et qu'il y avait là un réservoir où se faisait une distribution d'eau, savoir : une partie pour les fontaines de la ville, une autre partie pour les bains publics et pour la naumachie, et une troisième pour les maisons des particuliers qui payaient une certaine rétribution pour l'entretien des canaux.

L'histoire se tait depuis l'époque de la construction de l'aqueduc jusqu'à l'arrivée de Saint-Clément dans le pays messin, c'est-à-dire l'espace de plus de 200 ans, et cela ne pouvait être autrement; Gorze proprement dit n'était rien alors, et n'était célèbre que par les travaux exécutés par les Romains, et la présence de l'apôtre du pays messin dans les forêts qui en couvraient le sol.

Saint-Clément fut le premier évêque de Metz. Les historiens se rapportent tous à dire qu'il fut envoyé de Rome, qu'il détruisit l'idolâtrie dans la Médiomatricie, qu'il y bâtit quelques églises, et qu'il y mourut le neuf des calendes de décembre, on ne sait de quelle année, mais qu'il avait été envoyé du siége de Saint-Pierre. Tout porte à croire que ce ne fut qu'au commencement du IIIe siècle, que Saint-Clément vint dans le pays messin, et ce fut depuis la mort de l'Empereur Sévère jusqu'à celle de Philippe, c'est-à-dire, depuis l'an 211 jusqu'à 249, que la religion chrétienne fut introduite dans nos contrées.

———

DEUXIÈME PARTIE

L'ABBAYE.

Crodegand, trente-septième évêque de Metz et le deuxième du titre d'Archevêque, était du pays d'Hasbau, petite contrée dans l'évêché de Liège, issu du prince de Hosbin et d'une des filles de Charles Martel. L'histoire le présente comme un prélat accompli, de belle stature, doué d'éloquence, versé dans les langues et bienfaisant par excellence. Aussitôt qu'il fut élevé à l'épiscopat, il étendit sa sollicitude aux monastères de son diocèse, et en fonda deux nouveaux, l'un en l'honneur de saint Pierre, dans le pays de Saint-

Avold et celui de Gorze, dans le pays de Scarpone.

L'emplacement de l'abbaye de Gorze, selon la coutume des anciens fondateurs, avait été choisi dans un lieu solitaire, sur cette partie du terrain entre Gorze et Saint-Thiébault, arrosé de sources d'eau vive, que les Romains utilisèrent par la construction de l'aqueduc.

D'après la tradition populaire, saint Clément, premier évêque de Metz, venant de Rome avec saint Céleste, prêtre, et saint Félix, diacre, serait arrivé vers le commencement du IIIe siècle dans le Pays messin.

Les trois délégués du vicaire du Christ résolurent de se préparer à leur mission par la retraite, et dirigèrent leurs pas vers la forêt de Gorze. Un jour qu'ils étaient en oraison, un cerf poursuivi par la meute du préteur Orgus, vint se cacher humblement à leurs pieds. Saint Clément bénit le bel animal, et à l'instant les chiens tombèrent en défaut. Les piqueurs allèrent rendre compte à leur maître de la puissance de l'anachorète; ils l'affirmèrent par des serments si solennels, qu'Orgus voulut s'assurer par lui-même de la véracité de ses valets. Le cerf fut donc lancé de nouveau, et trouva de rechef un refuge près de l'apôtre. Qui es-tu, lui demanda impérieusement le préteur, pour exercer un si grand pouvoir? Clément répondit avec douceur et humilité: Je suis le fils d'un Sénateur de Rome, que Dieu a retiré de la voie de l'erreur et admis à sa communion divine ; j'ai donc abondonné le culte des idoles pour suivre celui du Rédempteur des hommes. Pierre, le prince des apôtres, a daigné m'imposer les mains et me charger d'annoncer au peuple confié à vos soins, l'évangile d'un Dieu mort sur la croix pour le salut de tous. Ainsi, tu es Nazaréen, s'écria Orgus ! et jetant un regard de mépris sur le fils du Sénateur, il reprit le chemin de sa villa.

Si l'on en croit la même tradition, saint Clément aurait bâti un oratoire dans la forêt du pays de Gorze, au lieu même où Crodegand fonda l'Abbaye

FONDATION DE L'ABBAYE DE GORZE,

Par **CHRODEGAND**, Évêque de **Metz**.

CARTUL. DE L'ABBAYE DE GORZE, Tit. I. p. 1-3.

20 MAI 745.

TEXTE.

In nomine Patris et Filii et Spiritùs sancti.
Amen. Ego Chrodegangus, ac si indignus, si
non opere vel nomine gratiâ Dei Episcopus,
unà cum commeatu et voluntate illustris viri
Pipini majoris domûs senioris nostri, et cum
consensu omnium parium nostrorum abbatum,
presbiterorum, diaconorum, subdiaconorum,
seu hominum Sancti Stephani ecclesiæ Metensis,
vel illorum laicorum bonorum, qui ibidem in
servitio Sancti Stephani esse videntur, cogitavi,
casu humanæ fragilitatis, qualiter peccata nostra,
donante Domino, possimus abluere, et ad æterna
gaudia pervenire. Idcirco donamus de rebus
Sancti Stephani ad illam basilicam Sancti Petri
et Sancti Stephani vel ceterorum sanctorum, quam
à novo edificavimus, in fine Haldiniacâ, in pago
Scarponinse, ubi Gorzia consurgit, et ad ipsam
cellam, quam ibidem construximus, et ad opus
servorum Dei habitantium ibidem, per hoc testa-

FONDATION DE L'ABBAYE DE GORZE,

Par **CHRODEGAND**, Évêque de Metz.

CARTUL. DE L'ABBAYE DE GORZE, Tit. I. p. 1-3.

20 MAI 745.

TRADUCTION.

Au nom du Père et du Fils et du saint Esprit.
Ainsi soit-il. Nous Chrodegand, bien que nous
nous reconnaissions indigne de fait et de nom,
par la grâce de Dieu Evêque, et par la permission et la volonté de très noble homme notre Seigneur Pépin, Maire du Palais, et avec le consentement de nos pareils, abbés, prêtres, diacres,
sous-diacres, ou gens de l'église de Saint-Etienne
de Metz, ou laïques bons et fervents au culte de
la même église; dans le cas de fragilité humaine,
nous croyons pouvoir racheter leurs péchés et les
nôtres, par le don du Seigneur, et parvenir aux
joies éternelles. Pour ce, nous donnons du domaine de Saint-Etienne à l'église de Saint-Pierre
et Saint-Paul, que nous avons nouvellement édi-
fiée sur la terre d'Haldiniaca, dans le pays de
Scarpone, où s'élève Gorze, et à cette maison
que nous y avons construite, pour l'œuvre des
serviteurs de Dieu qui l'habitent; par ce testa-

mentum, unde illi monachi vel pauperes ibidem victum et vestitum vel aliam consolationem possint habere; hoc est quicquid in fine Haldiniacâ, ubi ipsam basilicam Sancti Petri edificavimus, quicquid comparavimus aut ad nos per venditionem, donationem, commutationem advenit, et quicquid de ipsâ fine Haldiniacâ, in unâ quaque parte, levas duas comparavimus, aut nobis traditum vel commutatum fuit, vel in antea ibidem comparatum aut de quolibet ingenio legibus ad nos pervenit. Hoc ad ipsam cellam jam dictam per hoc testamentum, pro mercedis nostri augmento, et quicquid in ipso fine Haldiniaco casa Sancti Stephani ibidem habuit ad ipsam basilicam, vel ad illam cellam Sancti Petri proficiat in augmentis. Donamus etiam in ipso pago Scarponinse, in loco nuncupato Siurone, quicquid Rigoaldus ad partem Sancti Stephani per suarum strumentum cartarum delegavit, cum illâ basilica quæ est in honore Sancti Pauli constructa, vel quicquid ad hoc aspicit in Godolinovillâ et Bodelocurte, vel in fine Haldiniacâ et in fine Baudiciacâ, vel in fine Aconiacâ, vel in ipsas fines Rigoaldus et germanus suus Gontrannus ad partem Sancti Stephani, per illorum strumenta, delegaverunt, et quicquid Baxo in Tautalinovillâ, per suum strumentum, ad casam Sancti Stephani delegavit. Donamus etiam in pago Scarponinse, in villâ Bucsarias, quod casa Sancti Stephani legibus ibidem habere videtur, vel in

ment, et afin qne les moines et les pauvres y
trouvent la nourriture, le vêtement et autres secours, les biens que nous avons acquis par vente
à nous faite, donation, commutation, sur la
terre d'Haldiniaca où nous avons édifié l'église
de Saint-Pierre, ainsi que tout ce qui nous est
parvenu, laissé ou livré en échange, ou acquis
auparavant, ou concédé par l'interprétation de la
loi dans cette même terre d'Haldiniaca, dans
chaque partie de laquelle nous levons double tribut. En outre, nous donnons, par ce testament,
à ladite maison et à l'église de Saint-Pierre tout
ce que la maison de Saint-Etienne a possédé sur
cette terre d'Haldiniaca. Nous donnons aussi dans
le pays de Scarpone, en le lieu nommé Sivrou,
tout ce que Rigoald a légué par ses chartes à la
partie de Saint-Etienne, avec l'église construite
en l'honneur de saint Paul, et tout ce qui en dépend à Godelainville et Bodelecourt, dans les
terres d'Haldiniaca, Baudiciaca, Aconiaca, ou
dans les terres que Rigoald et son frère Gontran
ont légué à la partie de Saint-Etienne, et tout ce
que Rigoald a légué à Bave en Tautelainville, à
la maison de Saint-Etienne. Nous donnons aussi
dans le pays de Scarpone, à Buxarianville, ce
que la manse de Saint-Etienne possède légale-
ment en cet endroit, ou comme il a déjà été dit,
sur les terres que les gens de bien lui ont léguées.
Nous donnons dans le pays de Scarpone la terre
de Saint-Etienne, dont le vocable est Puina, avec

illas fines, sicut jam dictum est, quod boni homines, per illorum strumenta, ad casam Sancti Stephani delegaverunt. Donamus etiam in ipso pago Scorponiñse villam Sancti Stephani, cujus vocabulum est puina, cum mansis, curtilis, ortilis, domibus, edificiis, terris, campis, pratis, vineis, silvis, cultis et incultis, aquis, aquarumve decursibus, mancipiis, litis, acolabus vel epistolariis, peculiis utriusque generis sexûs, mobilibus vel immobilibus, vel quicquid ibidem per venditionem, donationem, commutationem, pervenit ad ipsam casam Sancti Petri vel ad ipsam cellam cum Dei adjutorio proficiat in augmentis. Donamus ad novum sartum medietatem de illà silvà ubi illi fratres vel illorum homines ad ipsam casam Sancti Petri madramen possint facere. Donamus etiam illas res Sancti Remigii, cum ipsà basilicà in Sigeio constructà; vel quicquid ad hoc aspicit, vel quod usque nunc Adventius per beneficium tenuit Sancti Stephani. Donamus etiam in ipso Sigeio vineas quatuor cum vinitoribus et illorum mulieres et illorum mansos et illorum sortes. Hæc sunt nomina eorum : Harduinus vinitor, uxor sua epistolaria; Erlofridus vinitor, uxor sua Ragaulindis; Erlulfus vinitor, uxor sua epistolaria; Wandelbertus vinitor, uxor sua epistolaria. In ipsà villà donamus ancillas his nominibus : Amelbergane ancilla, Rigobertane ancilla, Eminane ancilla et illam decimam de illis vineis dominicatis, tam de

fermes, dépendances, cultures, maisons, bâtiments, terres, champs, prés, vignes, friches, eaux et cours d'eau, droits et franchises, serfs nus ou affranchis, personnes liges des deux sexes, meubles et immeubles, et tout ce qui est parvenu à la manse de Saint-Pierre ou de Saint-Etienne par vente, donation, commutation, et nous invoquons le secours divin pour que ces biens soient une cause de prospérité. Nous donnons à Nonsart la moitié de la forêt, pour que les abbés et leurs gens puissent en tirer du bois de construction pour la manse de Saint-Pierre. Nous y ajoutons le domaine de Saint-Remy avec l'église de Scy et tout ce qui en dépend, et tout ce qu'Advence a tenu jusqu'à présent de Saint-Etienne par bénéfice. Nous donnons dans le même Scy quatre vignes avec leurs vignerons, leurs femmes, et les portions de terre qu'ils cultivent. Leurs noms sont : Harduin, vigneron, son épouse affranchie ; Erlofride, vigneron, son épouse Ragaulinde ; Erlulfe, vigneron, son épouse affranchie ; Waudelberte, vigneron, son épouse affranchie. Dans la même terre, nous donnons les servantes du nom suivant : Anulbergane, fille de corps, Rigobertane, fille de corps, Eminam, fille de corps, et la dîme des vignes seigneuriales, tant en vin qu'en récolte, ou autrement. Nous donnons à Chastel trois vignes avec vignerons et épouses, leurs portions de terre ; leurs noms sont : Adelfride, vigneron, son épouse femme de corps du

vino quam de annonà, aut aliunde. Donamus etiam ad Castellum vineas tres cum vinitoribus et illorum uxores et illorum mansos. vel
illorum sortes, hæc sunt nomina eorum : Adel-
fridus vinitor, uxor sua ancilla nomine Gaucia ;
Anglifridus vinitor cum uxore suà ; item Adel-
fridus cum uxore suà Wandelbergane ancillà et
germanà ancillà. Donamus etiam ad Gaudiacum
illud oratorium quod est in honore Sancti Andreæ
constructum, vel quicquid ad hoc pertinet, vel
quod Teudoimus per beneficium Sancti Stephani
ibidem tenuit. Donamus etiam ad Cuberacum illam basilicam quæ est in honore Sancti Martini
constructa, quod Caudidianus cancellarius per
beneficium tenuit, vel quicquid ad ipsam basilicam aspicit ad ipsam casam Sancti Petri et ad
illos fratres vel monachos proficiat in augmentis,
et illa decima de prunido, de annonà, de feno,
de vaccis, de porcis, de vervecibus, vel de ju-
mentis, vel aliunde ad ipsam causam jam dictam
proficiat in augmentis. Donamus etiam decimam
de Miliriaco, de illo vino quod ibidem annis singulis collectum erit. Donamus etiam supra Mu-
sellam villam Cluserado cum illo villacerlo qui
dicitur Riviniacus, cum mansis, curtilis, ortilis,
domibus, edificiis, terris, campis, pratis, vineis,
silvis, cultis et incultis, aquis, aquarumve decursibus, mancipiis, litis, accolabus, epistolariis,
peculiis utriusque generis sexùs mobilibus et immobilibus ; vel quicquid in ipsà fine casa Sancti

nom de Gaucie; Anglifride, vigneron, avec son épouse; Adelfride, avec son épouse; Wandelbergane, femme de corps et sa sœur, aussi femme de corps. Nous donnons à Jouy le prieuré en l'honneur de saint André, et tout ce qui en dépend, ainsi que ce que Teudouin a possédé par le bénéfice de Saint-Etienne. Nous donnons à Cuvry l'église en l'honneur de saint Martin, que Candidiane, chancelier, a tenue par bénéfice et ce qui en dépend, pour que tous ces biens profitent à la manse de Saint-Pierre, aux abbés et moines, et la dîme des arbres fruitiers, de la récolte, du foin, des vaches, des porcs, des moutons, des juments, et tout ce qui d'autre part pourrait augmenter la dite manse. Nous donnons aussi la dîme de Miriliac et du vin qui y est récolté chaque année. Nous donnons aussi sur la Moselle, la terre de Cluserat avec le hameau dit Riviniac, et les fermes, dépendances, cultures, maisons, bâtiments, terres, champs, prés, vignes, forêts, friches, eaux et cours d'eau, propriétés, serfs, riverains, affranchis, personnes liges des deux sexes, meubles et immeubles, et tout ce qui, dans la même terre, est considéré comme étant du domaine de Saint-Etienne, pour que ces biens augmentent la prospérité de cette manse de Saint-Pierre, dessus dite, aux moines et abbés. Nous donnons la dîme du vin à percevoir chaque année, à Bredracule. Tous ces biens réunis plus haut à la terre de Gorze, aux moines et aux pau-

Stephani habere videtur, ad ipsam casam Sancti
Petri vel ad ipsam cellam, sicut superius dictum
est, ad ipsos monachos, vel ad ipsos fratres proficiat in augmentis. Donamus etiam illam decimam
de illo vino de Bredraculo totam annis singulis.
Hœc omnia superius intimata ad ipsam Gorziam
vel ad illos monachos, et pauperes ibidem elemo-
sinam sperantes, omni tempore proficiat in aug-
mentum. Si quis vero, ex successoribus vel fratribus meis predicti cleri Metensis, seu quœlibet
persona, contra hujus testamenti mei paginolam
venire temptaverit, aut aliquid ex inde facere vo-
luerit, absque mea voluntate, minuere conatus
fuerit, aut devotionem meam in omnibus adimplere
noluerit, vel sacramenta supra intimata observare
contempserit, dum maledicere quemquam nolo,
nihilominus noverit se in tremendum diem ju-
ditii anté Tribunal Christi mecum ex hoc causa-
turum, et ut omni tempore hœc paginola testamenti nostri maneat inconvulsa, manu propriâ
eam roboravi et fratribus nostris vel reliquis
bonis hominibus, qui consentientes fuerunt,
affirmandum rogavi. Actum apud Andernacum
in Palatio publice. Anno ab incarnatione Domini
DCCXLV. Indictione XIII. Epacta XIV. Con-
currente IV. Anno VI Childerici Regis. XX die
mensis Maii. Sigillum illustris viri Pipini majoris
domûs.

vres qui y vivent d'aumône, nous les donnons à
toujours, pour qu'ils lui soient bons et profi-
tables. Si quelqu'un de nos successeurs, de nos
abbés de ladite église de Metz, ou quelque autre
personne que ce soit, vient à contrevenir aux
clauses de notre présent testament, ou qu'il
veuille les détourner, les diminuer contre notre
volonté, ou qu'il refuse de remplir en tous points
nos dispositions pieuses, ou qu'il dédaigne les
serments qui précèdent, ne voulant maudire personne, nous désirons qu'au jour redoutable du
jugement, il n'ait point à en rendre compte avec
nous au tribunal du Christ, et pour que la teneur
de notre présent testament demeure immuable
dans la suite du temps, nous l'avons confirmée
de nos propres mains, et supplié nos abbés et
autres gens de bien d'y donner leur sanction.
Fait à Andernacum, en notre Palais public, l'an
de l'Incarnation de notre Seigneur DCCXLV. Indiction XIII. Epacte XIV. Année courante IV.
An VI du Roi Childéric, le vingtième jour du mois
de mai. Scellé de noble homme Pépin, Maire du
Palais.

A l'assemblée de Compiègne, en 756, Crodegand fit confirmer la fondation de l'abbaye. Aux termes de cette fondation, elle est dédiée aux apôtres saint Pierre et saint Paul, et à saint Etienne ; il y établit des religieux soumis à la règle de saint Benoît et vivant en commun. Il la met sous la protection de saint Etienne de Metz, et ordonne qu'après la mort de l'abbé, on en élise un autre de la communauté ; dans le cas d'incapacité du successeur, l'évêque, avec la communauté des religieux, devait en établir un de quelque autre monastère.

L'église de cette abbaye fut dédiée en 761, par le pape Jean (*) qui, venu en Allemagne,

---

(*) *Extrait des observations séculaires de Paul Ferry.*

L'an 761, fondation de l'abbaye de Gorze. Faut voir l'équivoque qui est au nom du pape appelé Jean, qui estait Paul. Pourtant ce que *Petrus de natalibus* dit L. 3. C. 8e, il doit l'entendre d'un accroissement et non de la première fondation. Dotalitium quæ Pipinus rex dotavit ecclesiam Gorziensem in die quâ dedicata est : completo ergo dicto monasterio. L'abbaye de Gorze, en un procès qu'elle avait à Metz en l'an 1654 contre la cathédrale de Metz, a produit, pour première pièce, une simple copie toute récente de ce titre, en papier nouveau, et non signée, ni affectée, comme Madaure l'a fait imprimer. La seconde pièce est telle : Mémoire pour instrument comment secy fut donné par Crodegand, Evêque de Metz par sa volonté et son consentement, le Roi Pépin et de maints autres lieux, à l'abbaye et au couvent de Gorze, c'est à savoir qu'il est coutume en cet instrument et dit: donamus etiàm illas res Si. Remigii.

pour y tenir le concile de Mayence, se rendit ensuite à Gorze, avec le Roi Pépin, vingt-quatre Evêques et un grand nombre de Seigneurs. Après la cérémonie de la dédicace, le pape prêcha devant l'assemblée, au milieu de la messe, et termina son sermon en exemptant le monastère de toute servitude, mettant ses biens sous la protection de saint Pierre, et menaçant d'anathème ceux qui violeraient ce privilége. Le Roi Pépin mit alors sur l'autel la donation qu'il faisait au monastère du village de Novéant-sur-Moselle ; les Seigneurs, à son imitation, firent de riches présents à l'église.

En l'année 765, les corps des saints martyrs Gorgon, Nabor et Mazaire furent apportés de Rome en France. Un historien de Gorze du Xe siècle rapporte que les peuples accoururent au devant de ces corps jusqu'aux Alpes, et que les religieux de saint Maurice, en Valais, dérobèrent la nuit le corps de saint Gorgon, qu'on avait déposé dans leur église, mais que Crodegand en ayant porté ses plaintes au Roi Pépin, ce prince y envoya les Evêques de Metz, de Toul et de Verdun, qui obtinrent la restitution des reliques. Les Prélats, arrivés en Lorraine, déposèrent le corps à Varangéville, où furent bâtis dans la suite une église et un prieuré en son honneur. De là, ils se rendirent à Guimont, puis à Novéant-sur-Moselle, et enfin à Gorze.

Crodegand, mort le 6 mars 776, fut enterré

à Gorze, et depuis honoré comme saint dans le diocèse de Metz.

LISTE

CHRONOLOGIQUE ET HISTORIQUE

DES

ABBÉS DE GORZE.

1. Druetegangus, ou Droegangus, mort en 769.
2. Theomarus, sous Angelram, Evêque de Metz, qui lui donna, entre autres biens, la terre de Varengéville, dans le Chaumontois, près de Saint-Nicolas, et par une seconde charte, Jouy-en-Voivre et Fau dans la Voide. Theomare vivait en 778, 812 et 815.
3. Optarius vivait en 795.
4. Magulphus, episc. et abbas Gorziæ, en 815.
5. Halduin I. 824.
6. Ragnuarius, en 858.
7. Halduinus II, ou Haldinus, 860. Il se démit de son abbaye, et vécut sans régime jusqu'en 883.
8. Buinius, comte séculier, et abbé commandataire.

9. Betho succéda à Buinius, en 883.

10. Rodulphe, 897.

11. Robert, 910, Evêque de Metz et abbé de Gorze.

12. Vidric, 912.

13. Einoldus, ou Agenoldus, vivait en 933, 938, 967.

14. Jean I. Vers l'an 939 commença la réforme du monastère par cet abbé, connu sous le nom de Jean de Gorze, natif de Vendières, maison royale sur la Moselle, à une lieu et demie de Pont-à-Mousson. Empruntons aux légendes du temps quelques indices sur ce célèbre réformateur.

L'Abbaye de Gorze lui fut offerte par l'Evêque Adalbéron ; elle était alors moitié ruinée, habitée par un nombre très restreint de religieux, qui n'avaient de la religion que l'habit. La mense abbatiale était en la puissance du Comte Albert, homme féroce et violent, donataire de l'Evêque Adalbéron, en récompense de ses services à la guerre. Jean, qui désirait s'éloigner de son pays, pour vivre retiré et inconnu au monde, n'accepta qu'à regret la dignité qu'on lui offrait. Il prit possession du monastère en 933, accompagné des religieux Einolde, Salecho, Raudiaque, Bernacle, et de deux jeunes hommes, Theutinque, serviteur d'Einolde, et Thrataire, neveu de Raudiaque. Einolde fut choisi abbé, se revêtit de l'habit monastique, et en revêtit aussi ses compagnons, qui

firent entre ses mains leur profession d'obéissance. Jean reçut le soin du temporel, et le peu
d'anciens religieux qui restaient, s'engagèrent, à
l'exemple des nouveaux venus, à se conformer à la
règle de saint Benoît, qui devint dès lors la règle
définitive du monastère. Dans le principe, la communauté se trouva réduite à une grande pauvreté
jusqu'à l'adjonction de nouveaux prosélytes, qui
lui abandonnèrent leurs biens. Jean fut le premier à faire remise de son patrimoine, et attira
bientôt à Gorze ses deux frères et même sa mère
qui, devenue veuve, fixa sa résidence aux environs du monastère, pour travailler aux habits des
religieux et persévéra dans cette occupation jusqu'à sa mort. L'établissement, qui prenait chaque
jour une extension nouvelle, reçut dans son sein
plusieurs personnages illustres, qui occupèrent,
depuis, les premiers rangs dans l'église romaine.

Abdéramme, roi des Sarrasins d'Espagne, qui
commença à régner en 922 ayant envoyé une ambassade à l'Empereur Othon I avec des lettres
dans lesquelles il parlait, disait-on, d'une manière peu respectueuse de J. C., il fut résolu
dans le Conseil de l'Empereur de lui envoyer deux
religieux de Gorze, pour lui porter les lettres de
l'Empereur. On choisit d'abord Angilram et Vuido;
mais ce dernier étant un jour au chapitre où on
le réprimait d'une faute, et ayant répondu d'une
manière insolente à l'Abbé, ayant même outragé
toute la communauté, sans vouloir donner aucune

marque de repentir et de soumission, on fut obligé de le dépouiller des habits de la religion et de l'expulser du monastère. L'Empereur en ayant été informé ordonna qu'on en nommât un autre. Et comme l'Abbé Einolde témoignait son embarras, n'ayant personne de propre pour cet emploi, Jean se présenta et fut envoyé en Espagne, avec les lettres d'Othon, et des présents pour le Roi des Sarrasins.

Etant arrivés à Tortose, on les y retint un mois entier, en attendant qu'on les conduisît à Cordoue, qui était la demeure ordinaire du Roi. Après ce terme, on les y fit venir et on les logea dans une maison à deux milles du Palais, où ils furent traités pendant quelques jours avec une magnificence royale. Comme ils s'ennuyaient de n'être pas admis à l'audience du Prince, ils s'enquirent quelle était la cause d'un si grand retard. Les officiers du Roi leur répondirent que parcequ'on avait fait attendre trois ans les ambassadeurs de leur maître, on les ferait attendre trois fois autant, c'est-à-dire neuf ans entiers. Ils ajoutèrent encore d'autres choses pour les intimider, disant, par exemple, qu'ils étaient en danger de perdre la vie parce qu'ils avaient apporté, contre leurs lois, des lettres au Roi. Un Evêque du pays voulut leur persuader de supprimer leurs lettres; mais ils n'y voulurent jamais consentir, quoique le Roi les fît menacer non seulement de les perdre, mais d'exterminer même les Chrétiens d'Espagne.

Enfin, après bien des tentatives, Jean qui était comme le chef de l'ambassade consentit qu'on députât à l'Empereur Othon pour recevoir de lui de nouvelles instructions ; et un Evêque espagnol nommé Recemonde se chargea de la commission. Il alla en Allemagne et l'Empereur fit écrire à Jean qu'il pouvait supprimer ses premières lettres et qu'il suffisait de présenter ses dons au Sultan, de faire la paix avec lui et d'empêcher, de quelque manière que ce fût, que les courses des Sarrasins ne continuassent.

Après le retour de l'Evêque Recemonde, le Roi permit enfin à Jean de paraître en sa présence. On voulut l'engager à quitter son habit de religieux, et le Roi même lui envoya de l'argent pour lui acheter un habit précieux ; mais il le refusa, et le Roi n'en conçut que plus d'estime pour sa fermeté. Il fut introduit à l'audience en grande solennité parmi plusieurs rangs de gardes et de soldats tant à pied qu'à cheval. Il trouva le Roi assis à la manière des Sarrasins sur ses jambes croisées, et le prince lui présenta sa main à baiser par le dedans. (c'est parmi eux une marque de distinction particulière.) On donna ensuite un siége à Jean et le Roi lui fit signe de s'asseoir. Il eut une longue et favorable audience, et quelques jours après, le Prince l'envoya quérir pour l'entretenir familièrement sur la personne, les qualités et la puissance de l'Empereur Othon.

Sous l'habile administration de Jean de Gorze,

les biens du monastère s'accrurent considérablement. Il donnait ses soins à la culture des terres,
faisait construire des moulins et des étangs, et
élevait un nombreux bétail. Après avoir fait ériger
d'immenses bâtiments dans les dépendances de
l'abbaye, il établit un mur de circonvallation d'une
telle solidité, qu'il pouvait résister à une armée.
Il enrichit l'église et la sacristie d'une infinité d'ornements et de meubles précieux d'or et d'argent.

Jean mourut abbé de Gorze l'an 773.

15. Odobertus lui succéda en 973.

16. Junno vivait en 978.

17. Louis I vivait en 983.

18. Guillaume, abbé de Saint-Benigne de Dijon, gouvernait l'abbaye de Gorze en 998.

19. Azelin ou Ancelin, vivait après l'an 1007,
mort le 29 janvier.

20. Sigefroy, tiré de l'Abbaye de Saint-Ger-
main-des-Prés, était abbé de Gorze en 1030. L'année 1049, le pape Léon IX, ancien Evêque de
Toul, connu sous le nom de Brunon, vint à Gorze
à la sollicitation de Sigefroy, qui avait assisté avec
lui au concile de Rheims. Il vivait encore en 1053.

21. Richer, en 1053.

22. Henry I, en 1060, du temps de la fondation du prieuré d'Apremont.

23. Utho, en 1068.

24. Henry II, surnommé le bon abbé. Il fit
restaurer une seconde fois l'abbaye en 1069 et en
1077, fit construire l'église de l'abbaye sous l'in-

vocation des Apôtres, et celle de Saint-Etienne de Gorze, laquelle servait alors simplement de paroisse, puis devint collégiale, et enfin de nouveau paroisse depuis la révolution; c'est celle qui existe maintenant; avant la révolution, on voyait encore dans l'église de Saint-Etienne de Gorze une couronne en cuivre que l'on suspendait au milieu du chœur; on y avait gravé quelques vers, mais cette couronne ayant été raccommodée, la soudure et la lime les avaient presque entièrement effacés; elle a été volée, brisée et partagée par les révolutionnaires de Gorze en 1792.

Henry le bon, après avoir rempli dignement sa carrière, mourut le 1er mai 1093 Il fut inhumé à Gorze, où le souvenir de ses bienfaits a rendu jusqu'à présent son nom célèbre. Lorsque la grande église du monastère fut renversée en 1582, son tombeau fut enseveli avec quantité d'autres sous les ruines et resta dans cet état jusqu'en 1596, époque à laquelle on obtint du vicaire général du diocèse la permission de lever de terre ce précieux dépôt; en fouillant dans ces tas immenses de décombres, on eut enfin la satisfaction de le trouver. Il était couvert d'une très-belle tombe, mais brisée en plusieurs morceaux, et la pierre qui servait de couvercle au cercueil portait cette inscription : Calendis maï obiit Henricus abbas. On fut obligé de la casser pour découvrir ce que renfermait le cercueil On y trouva une partie des ornements avec lesquels il avait été inhumé, savoir : le devant de sa chasuble, qui était en soie violette, sa ceinture de même étoffe, les restes d'un calice de cuir bouilli, une crosse de bois et une petite croix en cuivre attachée avec un cordon de soie pendant sur sa poitrine, une autre croix de plomb, pendant derrière sa tête ; on y lisait que le Seigneur Henry, Abbé et Prêtre de ce lieu, était mort le 1er mai 1090. Ce corps fut d'abord mis dans un cercueil de sapin et transporté dans l'église Saint-Etienne de Gorze ; il fut ensuite enfermé dans une chasse peinte en noir et resta exposé à la vénération publique pendant quarante jours. Ce terme écoulé, on plaça cette chasse à certaine hauteur du mur du chœur, du côté de l'Epître. (La tradition porte que c'est du côté de l'Evangile, dans l'endroit où se trouve une petite grille de fer vis-à-vis la maison de cure.)

On avait mis au-dessous une inscription qui fut effacée par M. de Villemur, doyen de la collégiale de Gorze, et l'endroit où elle était se trouve aujourd'hui masqué par une boiserie posée en 1744.

25. Varnerus, depuis 1093 jusqu'après 1109. Sous cet Abbé, l'église du prieuré d'Apremont fut dédiée par Richard, Evêque d'Albane et légat du S. Siège, et, en 1095, les Abbés de Gorze obtinrent le droit de battre monnaie. La première fut à l'effigie de Varnerus (*).

____

(*) Ils conservèrent cette prérogative jusqu'au traité de Munster en 1629.

26. Henry III vivait en 1109.

27. Isembaut, en 1121, 1152, 1157.

28. Baudouin, 1122.

29. Louis II, en 1128.

30. Theodeguinus, ou Theutvin, vivait en 1127, 1128, 1130 et 1131.

31. Vidric, ou Vigeric, ou Verric, 1133, 1137, 1138, 1141.

32. Humbaldus, ou Etembald, 1140, 1145.

33. Isembaldus, 1152, 1158. Il donna, en 1157, la terre de Troudes à Simon, Abbé de Hangivaux, en présence de Gobert d'Apremont et de Thierry de Romont, son frère.

34. Albert, 1161, 1163, 1170. L'Evêque Adalbéron lui accorda la confirmation des fonds que le monastère possédait, et, en particulier, de ceux qu'il avait reçus de la Comtesse, épouse d'Airard, avec le consentement de ce Prince et de Rodulp, et de Faucon de Bar-le-Duc. Le titre est signé d'Adalbéron, Evêque de Verdun, de Gobert d'Apremont, de Verric, Abbé de Gorze, et de grand nombre d'autres personnes. Gobert, Prince et gardien de tout ce qui appartenait à Apremont, confirma aux religieux tout ce qu'ils avaient acquis depuis l'an 1129 jusqu'en 1183, et l'Evêque Etienne permit à l'Abbé Albert d'acquérir dans son diocèse tout ce qui conviendrait à son monastère, et défendit d'en tirer par force ceux qui s'y seraient rendus pour entrer en religion. Ce titre est de l'an 1134.

35. Pierre I. 1170, 1175, 1176, 1198, 1205. En 1173, il fit enfermer l'Abbaye de bonnes murailles et de fortes tours, qui ont subsisté jusqu'à sa destruction; il en subsiste encore un fragment de muraille. C'est à partir de cette époque (1173) que l'Abbaye de Gorze commença à jouir de la plus haute considération. Les Abbés tranchaient en quelque sorte du souverain.

36. Albert, en 1180.

37. Vautier, 1210, 1212.

38. Oliverius, ou Oliverus, vers l'an 1220 et 1225, n'était plus Abbé en 1230; mort le 14 mai. Necrolog. S. Vincentii Metens.

39. Brunaldus lui succéda vers 1230.

40. Simon vivait en 1243, 1253, 1263, 1270, 1289.

Simon, Abbé, et le couvent de Gorze, en 1253, déclarent que Gobert, sire d'Apremont, leur a quitté la garde qu'il prétendait sur la foire qu'ils tiennent le jour de Saint-Gorgon, en septembre, à charge de ne la pouvoir mettre en autres mains. Transaction entre Simon et le Duc Mathieu II, touchant la justice du ban de Saint-Nicolas en 1243; voici en quoi consistait cette transaction. Le lieu de Port, autrement nommé Saint-Nicolas, étant devenu considérable par l'affluence des pélerins qui s'y rendaient de tous les pays de l'Europe, il survint bientôt des difficultés entre les officiers du Duc Mathieu et ceux de l'Abbé de Gorze, qui exerçait dans ce lieu les droits régaliens. Il fut donc convenu, en 1243, qu'il n'y aurait à Saint-Nicolas aucune autre justice que celle de l'Abbé de Gorze ; que les amendes qui y arriveraient pour batterie ou forfait seraient partagées par moitié entre le Duc et l'Abbé ; que les péages ou impôts qui se lèveraient sur les marchandises se paieraient de même ; que les enseignes qu'on ferait, pour les pélerins, seraient tous au profit de l'Abbé, et que le Duc ne permettrait pas qu'on en fît en aucun lieu de ses états. Les parties firent sceller ces lettres du scel de l'Archevêque de Trèves et de l'Evêque de Toul, pour plus grande assurance de leurs promesses réciproques.

41. Jean II. 1272, 1276, 1288, 1289, 1290, 1294.

L'Eglise de Metz se trouvant accablée de dettes énormes, l'Evêque et le Chapitre prièrent le Pape Boniface VIII de leur accorder l'union de l'abbaye de Gorze, des prieurés et autres biens en dépendant, pour en augmenter le revenu de leur église, et s'en aider à payer leurs dettes, ce qu'ils obtinrent ; mais comme cette grâce avait été accordée sans qu'on eût entendu les parties les plus intéressées, l'Abbé et les religieux de Gorze firent leurs remontrances au Pape, qui révoqua l'union dont nous venons de parler, à condition, toutefois, que l'abbaye de Gorze acquitterait à la chambre apostolique une somme de deux mille dragmes d'argent, à la décharge de l'église de Metz. Les bulles de révocation sont datées de Civitta-Vecchia le

XV des calendes de septembre, ou du 18 août de la troisième année du pontificat de Boniface, ce qui revient à l'an 1297. Elles furent solennellement signifiées au Chapitre de Metz dans le chœur de la Cathédrale, par l'Abbé de Saint-Arnould, le 28 septembre de cette même année.

42. Pierre II de Boiffremont, 1298, 1299, 1301.

43. Vautier Diveux. 1304, 1306.

44. Adam. 1313, 1314, 1321. Nous avons des lettres d'Adam, Abbé de Gorze, par lesquelles il se plaint de *plusieurs griefs, injures et dommages* que Edouard, Comte de Bar et ses gens *lui avaient faits à ses hommes et sujets de ses terres et de son église, desquels il demande réparation et restitution ; après avoir pris avis et conseil de ses gens et aussi pour l'utilité de son église, il a fait bonne paix avec ledit Comte et le quitte lui et ses gens de tous lesdits dommages et griefs et injures dont il s'était plaint et demandait réparation. Fait l'an 1320 le dernier jour de janvier.* Scellé en cire verte d'un sceau représentant un Abbé assis, tenant de la main droite une crosse et un livre ; de l'autre, à côté de lui un petit écusson à trois pales, au chef chargé de deux étoiles.

45. Thiebault, 1323, 1335. Il donne à Nicolas, fils de Jean, Comte de Salm en 1324, le fief que Nicolas, son frère, tenait de lui à Mauvage.

46. Anthier, 1338.

47. Jean IV. Dalphin, jadis Abbé de Gorze en 1352.

48. Nicolas de Prisney ou de Priney, ou de Primy, 1352, 1356. Il avait été Abbé de Longeville.

49. Hugues, ou Hüe de Fénetrange, 1360, 1375. Il ratifie le traité fait entre le prieur de Varengéville et Burcard de Fénetrange, en 1366, et signe comme témoin le contrat de mariage entre Henry, fils de Thibaut, Comte de Blamont et Walbourg, fille aînée d'Olry, sire de Fénetrange. Il fait la paix, en 1370, avec Pierre de Bar et son fils, par trois traités différents, dont le premier est avec Pierre de Bar, passé le 8 août 1370; le second avec Jean de Mars, chevalier, le 5 août 1370, le troisième est passé avec Henry de Bar, Seigneur de Pierre-Fort, le 7 août de la même année, lesquels traités ne contiennent aucune particularité, mais seulement amnistie de part et d'autre. Hugues était entré dans la guerre où l'on prit à Henry de Bar la ville et le château de Belleville, le château de Nonsart, le château de Mars (la tour), et où l'on fit plusieurs dommages à son château de Pierre-Fort. Il assiste en 1372 à la cérémonie de l'érection de Pont-à-Mousson en cité par l'Empereur Charles IV.

50. Nicolas de la Petite Pierre, 1377. A cette époque vivait le fameux Pierre de Bar, Seigneur de Pierre-Fort, de l'avant-Garde et divers autres

lieux. Entraîné par son humeur guerrière, il eut
sans cesse des différends avec les princes ses voisins et vint, sous le gouvernement de Guy de
Roye, porter le trouble et la désolation dans l'é-
vêché de Verdun. Sans aucun prétexte, il attaqua
à l'improviste les châteaux de Charny et de Sampigny, qui durent se rendre à nécessité. Une fois
maître de ces forteresses, il exigea du chapitre
de Verdun la somme de mille florins, promettant
d'épargner les sujets de l'évêché; mais il prit
l'argent, sans garder la foi jurée. Ses gens, qui
tenaient garnison dans le pays, ne discontinuaient
pas leurs incursions sur les terres de Verdun,
sur celles du Barrois et des contrées voisines. Le
Duc de Bar, irrité de ces injustes agressions,
mit des troupes sur pied, se joignit aux Verdunois, et pria les Ducs de Lorraine, de Luxembourg et de Brabant de lui envoyer des secours.
Les Comtes de Salm, des Deux-Ponts, et de la
Petite Pierre accoururent également avec des
forces pour lui prêter leur appui. L'Abbé de
Gorze, frère du Comte de la Petite Pierre, amena
aussi ses troupes; tout le pays s'était levé contre
l'ennemi commun. Avec cette armée imposante,
les Ducs de Luxembourg et de Bar commencèrent
le siége de Charny, (1379). Mais ayant appris
la capitulation des Verdunois, ils exigèrent également mille florins, pour continuer la guerre, et
ce ne fut qu'après bien des instances, qu'ils se
contentèrent de dix-huit cents francs que le Cha-

pitre abandonna volontiers pour rendre la tranquillité au territoire, qui n'en reçut pas moins de graves dommages. Assiégés et assiégeants étaient devenus funestes. Les paysans assaillis dans leurs chaumières fuyaient de tous côtés pour aller se cacher dans les bois et les montagnes.

Pendant ce long siége, Nicolas, Abbé de Gorze, fut sollicité par ses amis et par le chapitre de Verdun de faire quelques démarches pour obtenir l'Evêché. Le crédit, la puissance de sa famille, les grands biens de son Abbaye, ses qualités personnelles, étaient autant de titres à la confiance des chanoines de Verdun, qui en écrivirent au Pape et à l'Evêque Guy de Roye, dont la résidence était alors fixée à Avignon. L'Abbé, de son côté, en écrivit à l'Evêque, lui témoignant qu'il n'aurait jamais songé à l'Evêché, sans les instances des chanoines de Verdun, qui croyaient fermement que lui seul était capable de rétablir les affaires du diocèse ; qu'au reste, il n'était pas même disposé à accepter cette dignité, à moins qu'on ne lui conservât son Abbaye de Gorze, dont les revenus lui seraient plus que jamais nécessaires, pour soutenir son rang, réparer les pertes de l'Evêché, et vaincre ses ennemis. On députa des gens intelligents au Pape et à l'Evêque Guy de Roye, pour leur porter les lettres en question et en solliciter de promptes réponses, qui devaient arriver avant la reddition de Charny. Mais ni le Pape, ni l'Evêque, ne s'en mirent en peine, éloignés qu'ils étaient du théâtre de l'action.

Sur ces entrefaites, Pierre de Bar, enfermé dans Charny, se voyant dépourvu de toute espèce de provisions, se mit en devoir d'abandonner la place et de se retirer à Sampigny. Pendant une nuit, où les assiégeants ne se doutaient de rien, il mit le feu à plusieurs endroits du château; et, à la faveur du désordre occasionné par l'incendie, il s'échappa avec ses gens et se retira à Sampigny (1380), où l'attendaient des vivres et une garnison disposée à soutenir vigoureusement le siége. Après l'incendie et la ruine du château de Charny, l'Abbé de Gorze et les chanoines de Verdun ne recevant aucune réponse, écrivirent de nouveau au Pape et à l'Evêque Guy de Roye pour leur annoncer la perte de Charny et le danger où se trouvait Sampigny. L'Evêque témoigna au Pape qu'il était disposé à résilier son évêché à l'Abbé de Gorze. Le Pape y aurait volontiers consenti, si l'Abbé eût voulu quitter son abbaye; mais ce dernier ayant refusé, le Pape conseilla de temporiser à Guy de Roye, qui ne tarda pas néanmoins à donner sa démission. L'évêché de Verdun étant en défaillance, et personne ne le demandant, les chanoines obtinrent de faire une élection canonique dans la personne de Liébaut de Cusane, en 1380, année pendant laquelle moururent Pierre de Bar et Nicolas, Abbé de Gorze.

51. Jean V de Heis, ou de Heu, 1382, 1384, 1385.

52. Tetonius, 1388.

53. Ferry de Lenoncourt, 1388, 1390, 1402.
Il fit confirmer en 1390, par le Duc Charles II,
les chartes de l'Abbaye de Gorze, du prieuré de
Varengéville, des bourgeois de Saint-Nicolas, etc.

L'Abbé de Gorze, qui était de ceux de Lenoncourt, prit le Maire de Novéan, le frère de Guer-
fœriat Guels (Gurels) et le fit mettre en la tour à
Gorze, pour ce que ledit Maire de Novéan demandait certain argent audit Seigneur de Gorze par
bonne lettre que ledit Abbé lui en avait frautée et
envoyée ; et quand ledit Maire voulut être payé,
on lui mit sus la raye, et aucuns mauvais fains
de sa lettre, disant lesdit de Gorze, qu'il y avait
fait aucuns deffauts ; mais il n'en était rien. Néanmoins, il le fit mettre en prison, sans cause et
sans raison ; et quand la justice de Metz et le
Conseil en furent avertis, ils mandèrent à l'Abbé
de Gorze qu'il le voulût mettre dehors, sur une
journée ; lequel respondit qu'il n'en ferait rien :
et tantôt le lendemain, qui fut le xxij jour de février ou le premier jour des quatre-temps, on fit
sonner la grosse cloche qu'on appelle mutte, où
s'en allèrent tous les Seigneurs à cheval, avec la
communauté et furent environ jusques à Ancy,
et fut mis Gorze en la main de la ville, par le gré
et le consentement de l'Abbé ; et fit la paix celuy
Abbé, lequel était frère au prieur de Metz et au
Seigneur Jean de Lenoncourt, chevalier, à la vol-
lonté de la ville, et revindrent les Seigneurs de

Metz le dimanche second jour de mars par 1403 (*).

54. Jacques de Wisse I, ou Jacques de la Valle, 1413, 1421.

55. Thiebaut, 1421, 1423, 1429.

56. Baudouin de Fléville succéda en 1421 à Jacques de la Valle, 1438, 1440, 1444 (**). Il assista au Chapitre provincial de Basle en 1436 et y fut nommé visiteur. Il présida à celui de l'an 1440, qui se tint à Saint-Maximin de Trèves.

57. Gérard de Lude, Abbé de Gorze, et prieur de Varengéville, 1445; il obtient des franchises et exemptions pour Saint-Nicolas.

Il y eut grand débat à Gorze en l'Abbaye pour ce que le prieur de Varengéville, qui était du Sr Ferri de Ludre, chevalier, voulait estre Abbé par force, pour ce que mons. de Calabre le soustenait et Sr Jacques Woise, qui était élu, le roi Charles de France le soustenait et envoya à Gorze Joachim pour garder Gorze (***).

58. Jacques de Wisse II élu en 1445, eut pour concurrent Gérard de Lude. Il répète les dîmes de Voel, Broville, Aviller, Doncourt et Saint-Maurice, que Louis d'Haraucourt, Evêque de Verdun, avait levées pendant deux ans et fait conduire à Hattonchatel, qui sont restituées en 1446.

59. Le Cardinal Dalbi, 1472. Il obtient en

(*) P. Vigneulle. P. Ferry. Observ. sécres.
(**) Chronique de Saint-Thiébaut de Metz.
(***) Praillon. P. Ferry. Observ. sécres.

1469 du roi René une surséance pour l'entrecourt entre les officiers dudit Cardinal et ceux dudit Roi à la Chaussée.

60. Vary de Dommartin, 1490. Il est député en 1494 par le Duc René II au sujet de la contestation avec Robert de la Marck, Seigneur de Sedan, pour la terre de Dieu. Vary avait été religieux Bénédictin de l'abbaye de Saint-Evre, près la ville de Toul. Il fut envoyé aux écoles à Paris, et abandonnant les études théologiques pour se livrer aux sciences profanes, il y fit de grands progrès dans les lettres. Il se fit bientôt pourvoir des prieurés de Varengéville, de Châtenoy et de Dame-Marie, les plus importants du diocèse de Toul.

Dans ses poursuites de bénéfices, il se servait, dit Dom-Calmet, de deux domestiques à son service, dont l'un était un gascon du nom de Renaud, l'autre, Martin Pinguet, angevin, Abbé de Saint-Martin près la ville de Metz, où il mourut en 1540. Le premier, continue Dom-Calmet, était un indigne marchand de bénéfices, l'autre fut longtemps infidèle administrateur des affaires du Cardinal de Lorraine, faisant sa bourse et prêtant de l'argent à son maître. Il s'attacha à Vary de Dommartin et lui procura l'Abbaye de Gorze par la résiliation de Julien, neveu du Pape Sixte, et Cardinal du titre de Saint-Pierre aux liens.

Quelque temps après, l'Evêque de Verdun encourut la disgrâce du Duc René II, son bienfaiteur, pour avoir frauduleusement attiré à Gorze, par son agent Martin Pinguet, et fait emprisonner un fameux banquier ou changeur de Saint-Nicolas, nommé Richard Voiltre, que le Duc affectionnait à cause des services qu'il rendait au pays par son grand crédit. Ce banquier devait quelques sommes assez peu considérables à Pinguet ; mais son emprisonnement ne laissa pas de causer la perte de son crédit et sa déroute entière. René en sut très mauvais gré à l'Evêque et à son officier ; en sorte que Vary de Dommartin ayant écrit au Duc, on ne lui fit pas l'honneur d'ouvrir ses lettres, et quoiqu'il se fût présenté en personne deux ou trois fois à la cour, il ne put obtenir une audience, ce qui le jeta dans un tel chagrin qu'il en tomba malade d'une dyssenterie dans son abbaye de Gorze où il s'était retiré.

La maladie prenant un caractère de gravité de plus en plus alarmant, on envoya quérir des médecins de tous côtés ; le Duc René ayant connu la cause de la maladie lui envoya ses médecins, lui fit dire qu'il avait été mal informé et qu'il lui rendait ses bonnes grâces ; mais ces nouvelles arrivèrent trop tard ; le mal était devenu incurable. Il mourut à Gorze le vendredi 7 juillet 1508 et fut enterré au même lieu, après avoir commencé une maison abbatiale d'une magnificence extraordinaire où déjà se remarquaient quelques appartements richement meublés. L'escalier à vis était à claires-voies et imageries, et d'une exécution digne de la grandeur d'un prince. Vary de Dommartin avait quelques sœurs religieuses, auxquelles il avait procuré des abbayes, et un neveu nommé François Blandin, religieux de Gorze, auquel il destinait cette abbaye et avait donné le prieuré de Dame-Marie.

61. Jean de Lorraine, Evêque de Metz et Abbé de Gorze, 1533.

62. Théodoric, Evêque de Toul. Il était Abbé de Gorze en 1542 (*).

63. Guillaume de Furstemberg. Il reçoit du Roi en 1542 l'abbaye de Gorze pour récompense, en fait une place d'armes, et se détermine à y introduire le luthéranisme, par l'entremise du Ministre Farel.

64. Charles de Lorraine, Evêque de Metz, 1562, 1572, 1578.

65. Charles de Lorraine, Cardinal (**). A sa

(*) Ce Théodoric était apparemment ou suffragant, ou élu, qui ne possédait pas. (Chronique de Saint-Benoît.)

(**) Carolus à Lotharingiâ, abbas gorziensis 1609 ; autour, à l'extérieur, des palmes coupées en quatre endroits par deux C croisés ; au champ, les armes pleines de Lorraine barrées de droite à gauche et surmontées d'une tête d'ange panachée entre une crosse et une mitre.

Sceau en fer d'une belle conservation, ayant deux crampons par derrière pour l'attacher à un levier. Ovale, diamètre, 0^m 11^c sur 0^m 076. Sceau de Charles, Abbé de Gorze, bâtard de Charles III.

Catalogue de **M.** *Noël, de Nancy, n° 3259.*

mort, arrivée en 1609, l'abbaye fut donnée au Prince Charles de Lorraine, fils naturel du Grand Duc Charles, qui la posséda jusque vers l'an 1645, époque où il la résigna au Prince Charles de Lorraine, si connu depuis sous le nom du Duc Charles V, qui en jouit jusqu'à la mort de son frère le Prince Ferdinand, arrivée en 1659.

Philippe de Tantonville étant mort le 8 juillet 1645, le Chapitre choisit pour Grand-Prévôt, M. de Secou, Abbé commandataire de l'abbaye de Saint-Evre, proche Toul. Quelques mois après cette élection, Charles de Lorraine, Abbé et Prince de Gorze, fils naturel du Duc Charles III, obtint en cour de Rome des bulles de provision de la Grande-Prévôté. L'Abbé de Saint-Evre ne voulant point contester, se démit de son droit entre les mains du Chapitre, qui fit élection de l'Abbé de Gorze, déjà pourvu de cette dignité par bulles du S. Siége.

Dans l'entretemps, et peu de jours après la mort de Philippe de Tantonville, le Roi très-chrétien, qui possédait la Lorraine, nomma à ce bénéfice Louis Machou, Chanoine et Archidiacre de Toul, pour lors domestique du Chancelier de France. Le Chapitre s'étant opposé à la prise de possession, il se fit assigner au Conseil du Roi, où l'Abbé de Gorze se rendit intervenant, et prit fait et cause pour les chanoines. On plaida près de deux ans, et par arrêt du Conseil, le Roi retint la connaissance du différend des parties ; il y eut

arrêt rendu au Conseil privé, le 20 décembre 1647.
Il porte que le Roi, en son Conseil, faisant droit
sur l'instance, a maintenu et gardé le sieur Abbé
de Gorze en la possession et jouissance de la
Grande-Prévôté de Saint-Diez, sans que le présent
arrêt puisse préjudicier aux droits prétendus par
Sa Majesté.

Ces droits prétendus étaient celui que donne la
qualité de fondateur, et celui du joyeux avéne-
ment. Mais l'Avoué de M. de Gorze avait fait voir
que l'église de Saint-Diez n'était point de la fondation des Rois de France; parce que Childéric II
était Roi d'Austrasie lorsqu'il en avait donné le
fonds; et que, d'ailleurs, quand cette Église eût été
fondée par les Rois de France, la Grande-Prévôté
ne laissait pas d'être élective, par titre et possession, et suivant l'exemple d'autres Églises.

Durant la litispendance, il y eut des visites
de paroisses, des dimissoires pour les ordres et
d'autres fonctions de la juridiction ordinaire de
toute espèce, exercées par les Grands-Vicaires.
M. de Gorze ne jouit pas longtemps de la Grande-
Prévôté, étant mort le 26 juin 1648.

Abbés de Gorze dont on ignore l'année, mais
dont on sait seulement le jour de la mort.

XIV septemb. Obiit Godefridus ex monacho
S. Vincentii metensis Abbas Gorzicus. Obituar. S.
Vincentii mf.

Ratrannus, Abb. Gorz. ob. vij. id. sept. necrol. saint Clément.

———

Vers l'an 1580, l'abbaye, après avoir passé par toutes les phases de la force et de la faiblesse, de l'opulence et du dénuement, après les guerres du protestantisme, sur lesquelles nous nous étendrons dans la suite de cet ouvrage, après les rivalités de territoire, et ses luttes avec le Clergé et les Seigneurs, reçut les premières atteintes de cette ruine générale que subirent les monastères au XVIIe siècle. Par une de ces étrangetés, qui semblaient en faire le jouet du sort, ce fut de son sein même que partit le coup qui la frappait de déchéance.

Charles de Remoncourt, fils naturel de Charles III, Duc de Lorraine, Abbé de Gorze et de Lunéville, Prieur de Flavigny et Grand-Prévôt de Saint-Diez, avait succédé, dans l'Abbaye de Gorze, au Cardinal Charles I de Lorraine. Il fit frapper monnaie à son coin, avec cette légende autour de son effigie : Carolus à Lotharing. Dei et S. Sedis apost. grat. supremus Dominus Gorziensis abbat. Le revers était chargé des armes pleines de Lorraine avec la barre et cette inscription : Moneta nova Gorz. cusa. Ce fut sous son gouvernement que l'on réunit l'Abbaye à la primatiale de Nancy ; mais comme cette union ne devait avoir son effet qu'après la mort de l'Abbé, le Roi Louis XIV s'opposa dans la suite à cette union ; et, par un concordat passé entre lui et le Duc Charles IV, en 1661, il fut arrêté qu'au lieu de l'abbaye de Gorze, le Primat de Nancy jouirait du revenu de l'Abbaye de Lisle en Barrois, ce qui a subsisté jusqu'au XVIIIe siècle.

Le Grand Cardinal de Lorraine avait tenté, dès l'an 1570, l'abolition du titre abbatial. Il essaya ensuite, en 1574, de séculariser l'abbaye ; mais il mourut avant de pouvoir accomplir ce projet, dont la responsabilité devait échoir à son successeur le Cardinal de Lorraine, Évêque de Metz et Abbé de Gorze, qui exécuta, en 1580, ce que son prédécesseur avait tenté.

Non loin de Gorze s'élevait déjà florissante la ville de Pont-à-Mousson qui, par ses allures paisibles, semblait inviter au recueillement et à l'étude ; ce foyer scientifique, le Cardinal le destinait aux Jésuites, cette milice dont les doctes phalanges se partageaient le monde. La position de la ville entre les trois Evêchés, sa proximité de Nancy, déterminèrent chez le Cardinal un de ces violents désirs dont la satisfaction ne se faisait pas attendre ; c'est dire assez qu'il employa tous les moyens. Le siége de l'Université fut fixé dans la Commanderie, maison que l'ordre de Saint-Antoine possédait à Pont-à-Mousson. La sécularisation de l'abbaye une fois obtenue, le démembrement ne présentait plus de difficulté, non plus que la réunion de la manse abbatiale à la crosse épiscopale de Metz ; par suite, les biens conventuels pouvaient revenir en grande partie à la nouvelle Université.

Dans ce dessein, il délégua, pour faire la visite de l'abbaye, l'Évêque Pseaume, de Verdun, qui, de connivence avec lui, déclara avoir trouvé l'abbaye en état de ruine et dans un très-grave relâchement. Aux termes de son rapport, le Comte Guillaume de Furstemberg, luthérien, l'avait pillée et saccagée, dans le cours de ses expéditions pour le service de la France; en outre, pendant les guerres entre l'Empereur Charles-Quint et le Roi Henri III, elle avait été entièrement ruinée, tant en Église que lieux réguliers, ainsi que les murailles qui faisaient sa force. L'Evêque Pseaume déclara que l'office divin y avait entièrement cessé et se faisait alors dans la paroisse du lieu; qu'étant arrivé à Gorze, et s'étant fait mener au lieu où était l'abbaye, en présence de quelques religieux de ce monastère et de plusieurs bourgeois de l'endroit, ces derniers lui auraient démontré que le rétablissement de ce monastère, au lieu et en l'état où il était, exposerait non-seulement l'abbaye, mais aussi la ville de Gorze et tous les villages qui dépendaient de la Souveraineté, aux mêmes troubles et ravages que l'on avait eus à déplorer auparavant. D'où l'Evêque Pseaume conclut que pour obvier à ces dangers et rétablir le service divin dans le monastère, l'abbaye, ainsi que la manse, serait dorénavant en la souveraineté et possession des Evêques de Metz; que la communauté des Religieux serait assistée de douze prêtres séculiers qui feraient l'office dans l'église paroissiale de Gorze , et que les Religieux qui restaient pourraient prendre l'habit séculier ; que l'Évêque de Metz , Abbé perpétuel de Gorze , aurait la nomination de toutes les prébendes ou canonicats des Chanoines nommés pour les offices.

Donc l'Evêque Pseaume , sur cet exposé de motifs assez équivoques , se prononça pour la sécularisation , c'est-à-dire la suppression d'une des plus grandes , des plus anciennes et des plus illustres abbayes , non-seulement du royaume , mais même de l'Europe. Son avis fut adopté et l'arrêt bientôt mis à exécution.

Le Cardinal de Lorraine et le Duc Charles en déférèrent au Pape Grégoire XIII , et dans leur supplique , lui présentèrent leurs vœux de le voir concourir par son autorité à l'exécution de cette œuvre de la fondation du collége des pères jésuites , qui était devenue l'idée fixe du Cardinal. Il lui fut demandé de démembrer : 1° de l'ordre de Saint-Antoine , la maison ou commanderie qu'il possédait au Pont-à-Mousson , avec son enceinte et ses jardins ; 2° la valeur de mille écus d'or du revenu de l'abbaye de Gorze , distraite de la manse conventuelle des offices claustraux et des prieurés dépendant de ce monastère ; 3° de créer une pension de quinze cents écus d'or en faveur des pères jésuites , qui devaient tenir le collége , savoir : cinq cents écus à prendre sur la manse épiscopale de l'évêché de Metz, et les mille restants sur tous les monastères et prieurés, de quelque ordre qu'ils soient, situés dans les évêchés de Toul et de Verdun, qui pourraient, au lieu de numéraire, unir et incorporer à ce collége des bénéfices simples de même valeur.

Les pères jésuites obtinrent un bref du Pape Grégoire XIII, par lequel, sur l'exposé de la désertion de l'Eglise et commanderie de Saint-Antoine-du-Pont, il leur permettait de s'y établir, à la condition que l'Abbé Général de l'ordre y donnerait son consentement. En conformité de ce bref, le Cardinal de Lorraine céda aux pères jésuites la maison, l'église et les jardins de la Commanderie; les pères de Saint-Antoine se retirèrent de l'autre côté de la Moselle, au diocèse de Toul, dans une maison de l'hôpital de Notre-Dame, appartenant au Commandeur de Bar-le-Duc, et, en dédommagement, le Cardinal leur remit le titre de la Commanderie dont il était pourvu, l'unit à l'hôpital, où ils s'étaient retirés, avec les bénéfices d'un Recteur et quatre chapelains fondés dans l'Eglise de cet hôpital (*). En même temps, il pourvut à la subsistance des pères jésuites, qui entrèrent au Pont-à-Mousson, au nombre de vingt. Il leur attribua les offices claustraux et quelques prieurés de l'abbaye de Gorze. Les six classes du collége furent ouvertes au mois d'octobre 1574.

(*) L'acte de cette translation est du 5 novembre 1574.

Le Pape Clément VIII, par une bulle du 15 mars 1603, qui érigeait une nouvelle collégiale dans la ville de Nancy, supprima l'abbaye de Gorze et lui réunit ses revenus, à l'exception du prieuré de Varengéville, dont le sieur d'Ourche, qui en était prieur commandataire, ne consentit à se désister que sous la réserve de l'usufruit, sa vie durant. Par le traité de Vincennes du dernier de février 1661, fait entre le Roi Louis XIV et le Duc Charles IV, l'abbaye en fut détachée et cédée au Roi en tout droit de souveraineté, pour être définitivement incorporée à la couronne de France. Quoi qu'il en soit, l'abbaye de Gorze, devenue pouvoir représentatif, conserva encore les droits régaliens et celui de faire battre monnaie jusqu'au traité de Munster en 1648. Ces droits souffrirent quelques atteintes en 1629 de la part du Conseil de Louis XIII, mais en 1631, l'Abbé de Gorze obtint un arrêt qui maintint sa souveraineté. Il ne lui restait cependant plus, en 1769, que les droits de haute justice dans la terre de Gorze, composée de vingt-six villages dont nous donnerons la liste ci-après, et création d'un lieutenant de police dans le chef-lieu.

Aujourd'hui, on ne voit plus aucun vestige de l'ancien monastère, dont le clos était d'une très-grande étendue. La maison abbatiale a été rebâtie en 1696 sur une partie des anciens fondements, avec une très-belle chapelle, où l'Abbé avait eu dessein de transférer la collégiale, ce qu'il ne put exécuter. Depuis l'an 1648, jusqu'à la révolution de 1789, la manse abbatiale demeura en économat.

LISTE DES VILLAGES

SOUS LE NOM DE LA TERRE DE GORZE.

La ville de Gorze.
Le fief de Ste-Catherine.
Novéan.
Oaville.
Ollée.
Jouville.
Arnaville.
Voisage (ferme).
Vionville.
Moiveron.
Saint-Julien.
Rezonville.
Trouville.
Dampvitoux.
Marainbois (château).
Waville.
Hagéville.
Dornot.
Villecey-sur-Mad.
Sponville.
Moncheux.
Saint-Marcel.
Champs.
Ornel.
Morville.
Val de Vaxy.

TROISIÈME PARTIE

GUILLAUME FAREL.

Le protestantisme, enfanté par le XVIe siècle, était au culte catholique ce que l'opposition a été depuis aux monarchies, c'est-à-dire la négation de l'autorité. Toute la Révolution est là ; elle a hérité des théories de la réformation les mots si controversés de liberté, de tolérance et de progrès.

Deux siècles ont été employés par les opposants au pouvoir à établir la doctrine du *libre-arbitre*.

Deux autres siècles ont été employés à développer le premier corollaire du libre-arbitre, la liberté de conscience.

Notre siècle avait essayé d'établir le second, la liberté politique.

Assise entre les champs déjà parcourus et les champs à parcourir, l'Eglise a proclamé le principe des sociétés modernes, *una fides, unus dominus*, en usant, au moyen-âge, de son droit de vie et de mort sur les novateurs. Et de même que les persécutions des Empereurs romains fécondaient la chrétienté primitive, de même le pouvoir papal a rompu les digues de l'hérésie, en s'efforçant de la comprimer, de l'étouffer dans son germe. L'idée était désormais une puissance, une vérité.

Dès lors, la Suisse et l'Allemagne, ces deux laboratoires de la pensée, déversaient sur le monde de nouvelles doctrines, renversaient le dogme catholique et déclaraient une guerre ouverte à la Papauté. Les apôtres du protestantisme, Calvin et Luther avaient vaincu l'ancien esprit des sociétés et tramaient les plans d'une vaste domination qui devait s'asseoir sur les ruines de la monarchie. Calvin surtout, plus fort que Luther, voyait le gouvernement là où ce dernier n'avait vu que le dogme. Calvin, ce sombre et souffreteux célibataire, dirigeait des combats, armait des princes, soulevait des peuples entiers en semant les doctrines républicaines au cœur des bourgeoisies, afin de compenser ses défaites sur les champs de bataille par des progrès moraux dans l'esprit des nations. On peut dire qu'il a engendré Genève et l'esprit de cette cité, d'où il contrebalançait le pouvoir de Rome, pouvoir redoutable, mystérieux, qui faisait trembler les rois, et n'avait jusques-là rencontré aucun obstacle.

A cette insurrection de la pensée prennent part des intelligences fortement trempées, mâles et audacieux caractères, qui, se rangeant à la suite du Maître, concourent par des voies différentes à un seul but, et engagent cette lutte suprême qui devait dévorer des siècles et s'abreuver de sang humain. Cette armée indomptable compte dans ses rangs une de ces figures que l'histoire oublie momentanément, mais que la postérité retrouve agrandies, lorsqu'à la lueur des événements, elle compulse les siècles, comparant les hommes et les choses. Ce citoyen entreprenant qui, s'associant au système de Calvin, porta une blessure si profonde au Catholicisme et au vieux monde, est à peine connu à Genève ; ce fut lui, pourtant, qui y installa Calvin lui-même, en la lui montrant comme la plus forte place de la Réformation. Ce fut par ses sollicitations que le Conseil de Genève autorisa Calvin à donner des leçons de théologie en septembre 1538. Calvin se livra exclusivement à l'enseignement de la doctrine, laissant la prédication à son disciple qui, de concert avec lui, posa les fondements du gigantesque édifice. Cet homme, ce simple disciple qui contribua si puissamment à l'émancipation religieuse, réunissait en lui tous les dons de l'athlète voué au martyr ; physionomie empreinte de majesté et de profondeur, haute érudition, audace, éloquence sublime. Laissant Calvin à sa mission, à ses vastes desseins, il prit son essor vers la France, enrôlant sous son étendard les peuplades qu'il traversait, entraînant à son ardeur de prosélytisme les masses enthousiasmées par le charme de sa parole, l'accent convaincu de ses prédications. Cet homme, c'était Guillaume Farel, né à Gap, dans le Dauphiné, en 1489.

Un nom illustre, une grande fortune, d'heureuses dispositions, un goût très-prononcé pour l'étude marquaient sa place parmi les célébrités. Au sortir du berceau, sa famille, guidée par la flamme du génie naissant, lui fit faire les premiers pas dans cette carrière de gloire orageuse, qui fut le destin de sa vie. Ayant acquis, dans sa ville natale, les premiers éléments de la science, il alla à l'université de Paris puiser de nouveaux trésors, s'attachant spécialement, sous l'habile direction de maître Jacques le Fèvre d'Etaples, à la philosophie, à la théologie et aux langues sacrées. Le prodigieux élève devint bientôt docteur au collège du cardinal Lemoine. Dans la ferveur de sa jeunesse, il demeura fidèle à l'orthodoxie ; la charité publique, augurant aussi bien de sa sagesse que de ses lumières, lui confia même les deniers du pauvre.

Une circonstance assez futile en apparence vint

creuser un abîme dans ce cœur neuf et jusqu'a-
lors rempli de foi. Jacques le Fèvre, ce maître
qu'il vénérait, cet oracle qui était pour lui l'inter-
prète de la divinité, avait des ennemis secrets,
qui enviaient son rang et sa renommée. Ceux-ci
dessillèrent les yeux du jeune néophyte et le plon-
gèrent dans un doute cruel, qui, changeant peu
à peu de nature, fit disparaître l'auréole qu'il
avait vue briller au front du célèbre théologien.
Il se demanda si la doctrine était plus infaillible
que le maître; si le chemin qu'il suivait à ses
côtés, n'était pas celui de l'erreur. Parcourant
les détours d'une imagination anxieuse, il ouvrit
la bible, commenta les écritures, et, devenu
bientôt arbitre, il sentit en lui les premiers combats de l'incrédulité; il était désormais détaché
de l'Eglise romaine.

Donc, l'an 1520, il fit sa profession ouvertement et entraîna à ses convictions Jacques le
Fèvre lui-même et d'autres docteurs. Les nouveaux hérétiques furent persécutés et contraints
de quitter Paris. Rendus à Meaux, ils obtinrent
de l'Evêque Briçonnet l'autorisation du prêche.
Farel se dirigea alors vers sa patrie pour l'éclairer de ses lumières ; il y eut en peu de temps des
disciples, et dès l'an 1523, la ville de Grenoble
était devenue protestante. Il revint à Meaux, où
déjà régnait la persécution contre la nouvelle
doctrine. Réfugié à Bâle, il quitta cette ville pour
se rendre à Zurich, où il eut une entrevue avec

Zwingle et ses collègues. De retour à Bâle en 1524, il devint l'ami intime d'OEcolampade, qui, l'estimant beaucoup pour ses lumières et ses sentiments religieux, chercha à arrêter les efforts de son zèle, qu'il présageait devoir lui être funeste. Le savant Erasme, plus réservé que Farel, dans son opposition à la religion romaine, n'obtint de ce dernier que quelques rares visites, où perçait la tiédeur ; une dernière conférence qu'ils eurent ensemble, et où ils furent en dissidence sur plusieurs points, les sépara pour jamais. Farel soutint des thèses à Bâle, sous la protection des magistrats, contre le clergé ; persécuté par les moines, il se retira à Strasbourg, chargé d'une lettre d'OEcolampade pour Capitou. De Strasbourg, il alla à Wittemberg, où il vit Luther et ses collègues, et revint à Strasbourg vers le commencement du mois d'août 1524. OEcolampade lui ménagea alors une entrevue avec le Prince Hurich·de Wittemberg, qui résidait à Montbéliard, où Farel trouva les esprits bien disposés, ce qui lui inspira une grande éloquence dans la chaire.

Au mois de mars 1525, il fit sa première action d'éclat. Une procession de moines, suivie des fidèles, traversait la ville, ayant à sa tête deux prêtres qui portaient la châsse de saint Antoine. Farel, dans un fougueux transport, se précipite à la tête du cortége, arrache la relique, au péril de sa vie, et la jette dans la rivière. La foule pousse des cris de fureur et s'apprête à le mettre en pièces ; mais il lui échappe heureusement et prend sa fuite vers Strasbourg. Là il trouve la discorde dans le camp des réformés. La dispute sur l'Eucharistie entre Luther et les religionnaires de la Suisse commençait à s'échauffer ; il fait pour adoucir les esprits des efforts couronnés par le succès ; à sa voix, la division cesse de régner. Sur ces entrefaites, Jacques le Fèvre, persécuté en France, se réfugiait à Strasbourg ; cette circonstance réveilla l'ancienne amitié qui avait existé entre le maître et le disciple, qui sentit redoubler son ardeur et son courage

En 1526, Farel quitte Strasbourg, passe par Mulhouse, où il exhorte les Pasteurs à ne pas se diviser au sujet de l'Eucharistie ; de Mulhouse il va à Bâle, à Montbéliard, à Neufchatel. Un grand danger le menaça dans cette dernière ville. Ayant voulu s'y livrer à la prédication, il fut reconnu pour l'auteur des troubles de Bâle et du scandale de Montbéliard, et là encore il ne dut son salut qu'à la fuite.

Il se retire alors à Berne, où Berthold Haller avait fait faire un grand pas à la réformation. Farel est envoyé ensuite dans le gouvernement d'Aigle, où il brille par une éloquence qui lui gagne de nouveaux adeptes. En 1527, il jette les premières semences de la réformation par des lettres qu'il fait répandre dans les villes de Lausanne et de Vevay. En 1528, il se trouve à la dispute de Berne et retourne à son église d'Aigle. En 1529, il va prêcher à Morat, se rend à Lausanne, à Bienne et dans la vallée de Saint-Junier, où il se lie avec Emes Beinon, curé de l'église de Seirière, village situé aux environs de Neufchatel. Farel ayant passé par Bienne, se rend à Morat, et de là dans le Comté de Neufchatel. Le Curé de Serrière, déjà imbu des principes de la réformation, ne gardait qu'un silence forcé ; il reçoit donc Farel comme un frère et le laisse prêcher sur la place, devant son église. Quelques bourgeois de Neufchatel l'ayant entendu, le conduisent dans leur ville, où il prêche sur les places publiques avec un succès qui l'étonne lui-même. Il retourne à Aigle, et en 1530 il est reçu Pasteur à Morat, où triomphe la réformation ; mais, nécessaire à la cause qu'il défend, il ne s'arrête pas longtemps dans cet endroit. La même année, après avoir inculqué sa doctrine aux habitants de Vullies, à ceux de l'église de Meyrie, qui dépendait alors de l'Abbaye de Fontaine-André, dans le Comté de Neufchatel, à ceux de l'église de Tavanes et à d'autres habitants de la Prévôté, il se rend de nouveau à Neufchatel, où il n'obtient d'abord de prêcher que sur la voie publique, ensuite dans le temple de l'hôpital, et le 23 octobre, les bourgeois, en dépit des Chanoines, le font monter dans la chaire de la grande église. Il prêche avec tant de force, que la réformation gagne tous les cœurs, les images et les autels sont mis en pièces.

Deux inscriptions, qui subsistent encore aujour-
d'hui dans ce temple, conservent la mémoire de cet
événement, qui causa d'abord quelques troubles
terminés par les députations de Berne. Dans la
même année, Farel s'avance en vainqueur dans
le Comté de Vallangin. L'an 1531, il commence
l'œuvre du protestantisme dans les villes d'Avenche,
d'Orbe, de Payerne et de Grandson. En 1532, il
se rend avec Antoine Saunier dans les vallées du
Piémont pour assister à un synode; à leur retour,
ils implantent la réformation à Genève, où Farel
subit de nouvelles persécutions qui le refoulent à
Morat. Il retourne à Genève en 1533, à la prière
des réformés; forcé de se retirer, il se livre à
l'éducation religieuse des églises fondées par lui
dans les pays environnants. Il revient à Genève
en 1534, soutient une thèse contre le docteur
Furbity et prêche, le 1ᵉʳ mars, dans la salle du
couvent des Cordeliers. L'an 1535, il achève
l'œuvre de la réformation à Genève, par ses prédications et par la dispute publique pratiquée depuis le 30 mai jusqu'au 24 juin.

Alors commence une ère nouvelle pour Guillaume Farel. Le grand maître de la réformation,
Calvin, vient à Genève, où il est retenu par son
disciple; ils assistent tous deux à la dispute de
Lausanne, ouverte et terminée par Farel, qui se
trouve compris dans l'accusation d'arianisme sus-
citée en 1537 contre Calvin et Viret; mais les synodes de Lausanne et de Berne les renvoient

absous. Plusieurs religionnaires de l'église de Genève n'admettant pas le refus de la communion aux pécheurs scandaleux, cabalent contre Farel, Calvin et Grand, les auteurs de cette mesure, et les contraignent à se retirer. Farel, sollicité par l'église de Neufchatel passe à Bâle ; il manifeste d'abord quelque peine et ne tarde pas à se décider à l'acceptation de cette église, où il s'efforce, non sans de grands obstacles, à établir la discipline ecclésiastique, qui en 1539, est réglée par un projet d'ordonnance. En 1540, Calvin est rappelé à Genève, à la grande joie de Farel, qui obtient le nouvel honneur d'être le pacificateur des habitants de cette dernière ville et de ceux de Berne, tandis qu'il subit une grande mortification au sujet d'un sermon qui devient pour son église le signal d'une insurrection ; mais le trouble s'apaise, et tout se termine à son avantage. Il fait ensuite un voyaye à Metz, où, comme nous le verrons plus tard, sa vie est menacée ; il revient peu après à Neufchatel, qui le reçoit avec des acclamations.

L'austère disciple de Calvin, voyant avec regret la dilapidation des biens ecclésiastiques, en écrit à ce dernier le 6 novembre 1543, et veut même établir une censure annuelle de la conduite et de l'administration des ministres, ce à quoi s'oppose son collègue Chaponeau, qui reconnaît ensuite son tort et se réconcilie avec Farel. La mort de Chaponeau, en 1544, amena un violent désordre dans la compagnie des pasteurs, auxquels fut contesté le droit d'élection du Ministre ; néanmoins, elle conserva ce droit, et au mois de février 1546, elle choisit pour collègue de Farel, le Pasteur de l'Eglise de Tonon, dans le Chablais, nommé Fabri.

En 1548, il fait les apprêts d'un consistoire dans son église et il y érige une nouvelle école. En 1550, il reçoit une lettre de Bucer, d'Angleterre, et envoie à Viret son *Traité de la Cêne*. Il avait déjà fait en 1540 un autre ouvrage contre la licence, intitulé : *le Glaive de l'esprit*, et imprimé à Genève. En 1553, Farel reçoit pendant sa maladie, occasionnée par l'excès du travail, la visite de Calvin ; lors de son rétablissement, il se rend à Genève pour assister à l'exécution de Servet. Les théologiens de Bâle consultés sur les satisfactions publiques infligées aux adultères, dans l'église de Neufchatel, approuvent les réglements de l'église de Genève. Farel, à l'âge de 69 ans, épouse en 1558 Marie Torel, fille d'Alexandre Torel de Rouen, réfugiée pour cause de religion, d'une conduite irréprochable et d'un âge assez avancé.

En 1564, Calvin sentant son heure approcher, adresse ses adieux suprêmes à Guillaume Farel ; le disciple accourt consterné à Genève, pour recevoir le baiser de paix et assister le maître à ses derniers moments. Calvin emportait dans la tombe le secret de l'humanité et laissait à ses successeurs une œuvre vouée à la stérilité. Farel ne put survivre longtemps à cette douleur ; s'arrachant des bras de ses amis, il vint à Metz, où il acheva de se consumer en veilles. Revenu à Genève, il fut obligé de s'aliter et mourut le 13 septembre de l'an 1565, âgé de 76 ans. Il laissa un fils nommé Jean, né en 1564, mort en 1568. Il eut pour successeur son collègue Fabri, qui se distinga dans les églises de Vienne, en Dauphiné, et de Lyon.

Outre les ouvrages cités plus haut, il nous reste encore, de Guillaume Farel, un livre intitulé : *du Vrai Usage de la Croix du Christ et de l'abus et de l'idolâtrie commise autour d'icelle, et de l'autorité de la parole de Dieu et des traditions humaines*, imprimé par Jean Rivery en 1560, et dédié au Prince Jean, Comte de Nassau, Sarrebruck etc. Pierre Viret y fait un avertissement *sur l'idolâtrie et les empêchements qu'elle donne au salut des hommes*.

Guillaume Farel était de moyenne taille et portait au prêche cette longue robe noire que nous voyons encore aujourd'hui aux ministres protestants. Elle était sans ceinture, et dépourvue de toute espèce d'ornement. Il avait une partie du front chauve, les yeux bruns et d'un éclat extraordinaire, le nez aquilin, les pommettes vigoureuses, les lèvres minces et persuasives ; comme son maître Calvin, il portait au bas du visage de ces méplats significatifs qui constituent le type impérial. Son geste était rare et sa barbe, longue et épaisse, ajoutait encore à son attitude digne et sévère. Tel est l'homme que nous avions à juger et qui occupe une place immortelle dans les annales du pays messin. On voyait encore à Gorze, il y a quelques années, un monument de pierre, en forme de guérite, adossé à la façade de la maison appartenant à M. Jacquin, sur la place de l'Hôtel-de-ville. Ce monument détruit était la chaire de Guillaume Farel.

GUERRES DU PROTESTANTISME.

L'année 1441 fut fatale pour Gorze. Cette petite ville, qui jusqu'alors avait été très-florissante, commença dès-lors à déchoir, et c'est à cette époque qu'on peut assigner sa décadence, car c'est seulement depuis cette année que commence une série de guerres, de siéges et d'incendies dont l'effet inévitable a été de détruire Gorze presque entièrement, et de manière à ne laisser que de bien faibles vestiges.

Une troupe d'aventuriers d'environ trois mille hommes et faisant partie de l'armée de Charles VII, qui était venue cette année dans la Champagne et le Barrois, se jeta dans le pays Messin et y séjourna environ trois semaines ; ils prirent la ville de Gorze où ils restèrent quinze jours ; ils étaient commandés par un nommé Montgommery ; en sortant de Gorze, ils y mirent le feu et près de la moitié de la ville fut réduite en cendres ; de là, ils se jetèrent sur Ars et firent de vains efforts pour se rendre maîtres de l'église, où les habitants s'étaient retirés ; alors ils allèrent décharger leur fureur sur les villages voisins et mirent le feu à Jussy, Sainte-Ruffine, Rozérieulles, Lessy et Moulins.

L'année suivante, un capitaine français nommé Joachim Rouvel vint mettre le siége devant le fort d'Ancy; mais Conrard, alors Evêque de Metz, se mit en devoir de le repousser; les troupes de l'Evêque de Metz eurent à peine passé la Moselle, que Rouvel en craignit le choc et offrit la paix à l'Evêque, qui l'accepta; il alla se dédommager à Gorze, où il prit la forteresse par trahison, ce qui fut le germe d'une guerre qui coûta beaucoup de sang de part et d'autre. En 1449, Rouvel Joachim était gouverneur de Gorze pour le roi Charles VII.

L'Allemagne ouvrait ses conquêtes; à ses portes, la vieille terre du Catholicisme, le pays Messin, commençait à faiblir dans ses croyances; le clergé voyait avec terreur l'autorité lui échapper, la magistrature prête à passer au camp ennemi. Les sectateurs de Luther s'étaient ménagé chez leurs voisins des intelligences qui avaient eu pour premier résultat l'apostasie de Jean Chastelain, un des principaux personnages de la cité de Metz; cette défection en détermina d'autres, qui prirent chaque jour plus de consistance. Les esprits étaient remuants et avides; les Messins, cédant à l'attrait de la nouveauté, se détournaient du prône pour aller goûter au fruit défendu.

Un chanoine de la Cathédrale, du nom de Pierre Tossany, qui avait fait son étude particulière des lettres profanes et de la philosophie, vint ajouter à l'entraînement universel. S'apprêtant à descendre dans la lice, il se rendit à Bâle, pour se pénétrer des théories de Luther et les répandre dans le diocèse de Metz, où il retourna le 28 février 1525; mais déjà s'opérait une forte réaction. Le logis du chanoine fut envahi et soumis à de minutieuses recherches; les livres suspectés d'hérésie furent saisis par les Inquisiteurs de la Foi. Ne renonçant point à ses prédilections, il se proposa de débiter en chaire ce qu'il n'avait pu propager par les livres, et sollicita avec les plus vives instances l'autorisation de prêcher à la Cathédrale pendant le carême; il fut repoussé avec mépris et tellement accablé d'affronts et de ridicule, qu'il abandonna ses projets pour quelque temps et fut obligé de vivre dans une retraite absolue en attendant des circonstances plus favorables, ce qui ne tarda pas.

L'an 1542, le protestantisme relevait son étendard. Le Maître-Echevin Gaspard de Heu s'était déclaré ouvertement et mettait son pouvoir suprême au service des réformés. Ceux de l'Allemagne décrétèrent contre les Catholiques une nouvelle croisade; ils prirent les armes et poussèrent sur toute l'étendue des frontières un long cri de guerre auquel répondirent leurs alliés d'Outre-Rhin. Le fanatisme religieux, engagé de part et d'autre, promettait de sanglantes épaves et allait faire litière de tous les sentiments humains.

Le Landgraff de Hesse, le Duc de Witemberg, les villes de Strabourg et de Francfort exécutent le projet de la ligue, conçu de longue date, rassemblent les troupes dont ils remettent le commandement au Comte Guillaume de Furstemberg, l'un des plus terribles adversaires des Catholiques. Au mois de mai, ces troupes arrivent sous les murs de Metz et enveloppent toutes les avenues de la ville, tandis que le Comte de Furstemberg fait des excursions dans le pays pour s'assurer la retraite en cas de défaite. Il va d'abord prendre logement à Ancy, puis à Gorze, où il arrive la veille de la Saint-Jean ; il s'installe à l'abbaye, à la grande stupéfaction des religieux dont il ne se fait point scrupule de ménager les yeux et les oreilles, prenant de copieux repas, mangeant de la viande les jours de jeûne, et proférant d'effroyables blasphèmes. Ne trouvant à Gorze aucune force capable de lui résister, il s'en rend maître, y établit une forteresse et une garnison. Le 9 juillet, ayant pris avec lui Henry Escharnier, archer de l'Empire, Fridrich Borb, bourgeois de Strasbourg, Philippe de Frenez, Lorrain, Samson de Waihain, Jean Watzendorffen, Saper, Louis de Bellingen Hausen et Jacob Mercusem, il fit sans résistance son entrée dans la ville de Metz, aux portes de laquelle il trouva Gaspard de Heu, qui l'attendait avec quelques seigneurs du parti protestant.

Le Comte de Furstemberg comptait sur ces af-

fidés pour faire triompher ses desseins et prendre
sur le clergé une éclatante revanche ; vain espoir.
A peine est-il indroduit dans la ville, que les
rues se remplissent de tumulte et retentissent de
clameurs sinistres. Le mot de trahison est prononcé : un conflit à main armée était inévitable.
Pour se soustraire aux fureurs de la multitude,
il est obligé de rebrousser chemin, poursuivi de
huées et de menaces ; ses gens repassent la Moselle à la nage, et l'un d'entre eux est massacré à
Pomerieux, village dépendant des abbayes de
Saint-Arnould et de Saint-Clément. Echappé au
danger, le Comte demande la réparation de l'injure, n'admettant ni excuses, ni soumissions.
Non content du châtiment des coupables, il exige
la concession du libre exercice de la religion lu-
thérienne et l'autorisation du prêche. Il fait appeler à Gorze, ville où il s'était retranché et qui
venait de lui être octroyée par autorité royale, le
Ministre Guillaume Farel, qui était alors à Neuf-
châtel. Farel s'empresse de se rendre aux désirs
du Comte, séjourne quelque temps à Gorze, arrive à Metz le 3 septembre 1542, et, muni de ses
instructions, se retire secrètement dans la maison
d'un nommé Gaspard Gamant, où il est accueilli
honorablement, et reçoit la visite du Maître-Echevin et de ses adhérents, qui se décident à le faire
prêcher le dimanche suivant au cimetière des Jacobins, devenu depuis, celui de Saint-Arnould,
et dans l'enceinte duquel se trouvait une chaire

publique. Il se fit un grand concours et le zèle des protestants, jusqu'alors borné à des pratiques occultes, se manifesta hautement et vint accroître la confiance de l'orateur, mais il ne fut pas long-temps à jouir de son triomphe.

Pendant le prêche, deux religieux Jacobins, Inquisiteurs de la Foi, viennent lui imposer silence et essaient de disperser l'auditoire qui se révolte contre eux et les chasse du lieu. On sonne alors les cloches du couvent pour couvrir la voix du prédicant, mais elle augmente avec le bruit et rend ainsi la sonnerie inutile. Les Treize, informés du tumulte, assemblent le Conseil et envoient trois sergents pour faire cesser le prêche. Ceux-ci se rendent au cimetière des Jacobins et ordonnent à Guillaume Farel de descendre de la chaire. Il répond qu'il n'en fera rien; les auditeurs indignés prennent fait et cause pour leur ministre, les sergents prennent la fuite et le prêche continue. Le lendemain, les religieux faisaient abattre la chaire profanée, et Farel se retirait chez Gaspard Gamant, où il continua d'enseigner le peuple.

Sur ces entrefaites, le Duc de Witemberg, le Langraff de Hesse, les villes de Strasbourg et de Francfort envoient des députés à Metz, pour demander, à leur tour, satisfaction de l'insulte faite au Comte de Furstemberg. Ceux-ci arrivent aux portes de la ville le 28 septembre 1542 et s'arrêtent en la maison Briba, près de la porte des

Allemands, à cause d'une contagion dont la ville était alors infectée ; leurs gens prennent les devants et se présentent à la porte du pont Reymond, où on les arrête en attendant la permission des Treize. Le Maître-Echevin Gaspard de Heu survient et les fait entrer d'autorité, contre le gré des Treize et des bourgeois. Les protestants poussent alors des cris de victoire. On les entend de tous côtés proférer cette devise : *ville gagnée*, tandis que les ecclésiastiques frémissent de douleur et lèvent les mains au ciel, protestant de leur zèle et de leur piété. Ils provoquent la réunion solennelle des gens de justice et dignitaires catholiques, et le vendredi 29, part de la cathédrale une protestation en forme signée par la magistrature.

Le lendemain samedi, 30 septembre, quelques membres des Treize et du Conseil furent députés vers les envoyés des princes et des villes d'Allemagne, qui étaient restés en la maison appelée Briba et n'osaient entrer dans la ville à cause de la contagion. On s'enquit de leurs propositions et de leurs exigences fondées sur le besoin d'union et de bonne correspondance que les Messins avaient toujours reconnu à l'égard des principautés allemandes ; ils plaidèrent les intérêts de la religion réformée, imposant comme condition de paix l'introduction des ministres protestants ; mais ils furent déboutés de leurs réclamations par un refus qui, pour être gracieux de forme, n'en fut pas moins formel. Ce qui n'empêcha point Gaspard de Heu et les membres de la faction protestante de persister dans leurs tendances et de faire prêcher Guillaume Farel, malgré l'exaspération des Catholiques.

Le 2 octobre, dès l'aurore, les réformés s'assemblent à l'église de Saint-Pierre aux images, pour y attendre Farel. Les Treize, qui s'étaient rendus au Conseil, ayant eu connaissance du fait, se dirigent vers cette assemblée et menacent de punir avec toute la rigueur des lois portées contre les factieux, ceux qui refuseraient de se retirer; cet acte d'autorité produit son effet. L'assemblée se disperse, et les protestants avisent à d'autres moyens. Alors Gaspard de Heu s'entend avec son parti et convient que l'on se rendra à la porte Serpenoise, où devaient être données de nouvelles instructions. Il monte à cheval et va prendre le Ministre Farel chez Gaspard Gamant. Ils se dirigent tous deux, sous bonne escorte, à Montigny, faisant connaître aux Catholiques qui se trouvaient sur leur passage, que Montigny est sous la protection de l'Allemagne, et que les réfugiés protestants y sont inviolables. Farel se livre avec une nouvelle ardeur à l'enseignement de la doctrine, et, animé de l'esprit prophétique, il annonce l'arrivée d'un tyran qui devait ravir les libertés de la République messine.

Ce même jour, 2 octobre, sur les quatre heures du soir, les Treize ayant ordonné qu'on fermât les portes de bonne heure, dans la crainte des attaques des protestants réfugiés à Montigny, il se fit dans la ville un grand tumulte. Le Maître-Echevin qui était retourné en ville sur les trois heures après midi, s'opposa à la fermeture des portes, afin de faciliter aux auditeurs de Farel le retour dans leurs demeures Ayant rencontré le capitaine des piétons Mathieu Delaître, qui faisait fermer la porte Saint-Thiébault, il se jeta sur lui et lui arracha la javeline qu'il tenait en main ; le capitaine la reprit aussitôt, et, continuant ses fonctions, il fit fermer la porte sur le Maitre-Echevin et les gens qui l'accompagnaient, et les tint ainsi enfermés entre les portes et la barrière. Gaspard de Heu et ceux de sa suite furent contraints d'aller passer la nuit à Montigny. Farel y demeura jusqu'au mois de décembre, faisant ses prédications dans le château de l'Evêque, alors engagé au pouvoir des protestants (*). Les magistrats, pour s'opposer à cet état de choses, continuaient de faire fermer les portes sur eux et les empêchaient ainsi de retourner en ville après le prêche, ce qui mit un terme au séjour de Farel dans le château ; ce dernier, pour ménager le repos de ses sectateurs, s'étant décidé à porter ailleurs la révélation de sa doctrine.

(*) Ce château fut depuis converti en maison religieuse, pour effacer le souvenir de la profanation et écarter les partisans de Farel

Pendant ces troubles, le Clergé et les Catholiques s'étaient pourvus devant l'Empereur qui leur avait répondu, par mandement exprès, que les habitants de Metz ne devaient admettre aucune nouvelle doctrine avant qu'il n'y fût pourvu par un Concile général ou par Sa Majesté impériale et les États du Saint-Empire, et que l'on eût à punir les rebelles. Ce mandement fut suivi d'une ordonnance des Treize portant défense à tous les bourgeois de la ville d'assister au sermon de tout prédicateur qui ne tiendrait pas sa mission de l'Evêque, appuyée de son autorité, sous peine de bannissement. Cette ordonnance fut publiée et affichée par tous les carrefours de la ville, tandis que Farel en était expulsé. Les principaux fauteurs de l'hérésie furent mandés au Haut-Palais par les gens de justice, immédiatement après l'expulsion de Farel ; il leur fut enjoint de quitter leurs nouvelles opinions et d'obéir ponctuellement au mandement de l'Empereur et aux ordonnances de la ville ; sur quoi, on exigea leur serment public et solennel. Ils le prêtèrent, mais ne se crurent point liés pour cela. Mettant leurs croyances au-dessus du serment, ils enfreignirent, deux jours après, le mandement de l'Empereur et l'ordonnance des magistrats, et furent aussitôt bannis de la ville et du pays. Les sectateurs de Farel allèrent le trouver à Gorze, où ils demeurèrent jusqu'à la fête de Pâques.

Parmi ces bannis, le principal était un nommé

Jean Karchien, dont la sentence contenait quatre chefs : 1° désobéissance formelle à son serment, aux ordonnances pour l'observance de l'ancienne religion catholique, apostolique et romaine, avec contumace et refus de comparaître devant la justice, après sommation ; 2° trahison criminelle contre la cité ; 3° complicité avec plusieurs assemblées secrètes et nocturnes, contre la défense des magistrats ; 4° violation des prisons épiscopales et délivrance illégale d'un religieux apostat venu de Montbéliard. Les autres bannis étaient les nommés Jean Pierre Martin, marchand ; Régnauld d'Aulbe ; Jean Hussenet, mercier ; Simonin de Gorze ; Pierreson Mathias, maréchal de Saint-Arnould ; Didier le Coxat et Thomassin de Chevillon, drapiers ; Jean de Thermègne, apothicaire, venu de Sedan ; un maître d'école nommé Jean Petitjean, aussi étranger ; Guillaume le Maigines ; Jacquemin Grégoire l'Olier ; Ancillon l'Olier et Thiébault Dollé, cordonniers, ce dernier repris de justice. Gaspard Gamant, compris parmi les proscrits, outre les faits spécifiés dans la sentence des autres, était accusé d'avoir soutenu et logé Guillaume Farel, contre la défense réitérée des Magistrats, et de s'être révolté contre les officiers de la justice, auxquels il avait fermé les portes de sa maison et en avait refusé l'entrée avec menaces. La procédure dura six semaines ; les proscrits ne sortirent de la ville qu'au mois de janvier suivant, les uns le 16, les autres le 20.

Arrivés à Gorze, les réfugiés protestants comptant sur les forces imposantes du comte de Furstemberg, s'y livrèrent à des excès compromettants pour leur cause. Oublieux des devoirs de l'hospitalité, ils inquiétaient les habitants par toutes sortes de vexations et d'indignités, violaient la majesté des temples, s'opposaient à l'exercice du culte et provoquaient publiquement les prédicateurs catholiques.

Un docteur nommé Fidélis, religieux de l'abbaye, affligé de ce scandale, résolut de confondre, dans un combat oral, la doctrine des réformés, et de détruire ainsi leur influence sur les Catholiques. Il prit à parti leur ministre Farel, qui accepta le débat. Deux chaires furent placées vis-à-vis l'une de l'autre. Le moine Fidélis, enthousiasmé par la présence d'un adversaire redoutable et jusqu'alors triomphant, redoubla d'éloquence et établit l'authenticité des Sacrements sur des preuves tellement fortes, que Farel fut obligé de s'avouer vaincu et descendit de la chaire dans une profonde consternation. Les réformés, exaspérés de la victoire éclatante remportée par le moine, pressent ce dernier de toutes parts et profèrent des menaces de mort. Il eût été infailliblement massacré sans le secours des gens de Gorze, accourus pour le défendre.

Farel installé à Gorze, ce nouveau centre de la réformation, déploya une audace qui faillit lui être fatale en plusieurs rencontres. Le jour de

Noël , un Cordelier faisait un sermon sur la virginité de la mère du Christ ; arrivé à certain passage de son discours, il avance, suivant la croyance de l'Eglise, que Marie était demeurée vierge , après comme avant son enfantement. Farel, qui se trouvait dans l'auditoire, se lève brusquement, au milieu du recueillement général, et interpellant le prédicateur, il prononce ces mots d'une voix haute et retentissante : « Cela est faux ! » A cette interruption, le prédicateur s'arrête interdit et comme pris de vertige. Les auditeurs lèvent des yeux étonnés, ne pouvant croire à tant d'audace ; un murmure d'indignation, gros de menace et de colère, circule parmi eux. Farel, sans se déconcerter, s'écrie de nouveau : « Il est faux que Marie soit demeurée vierge après son enfantement. » Là-dessus, grand émoi. Les femmes se jettent sur lui, lui arrachent la barbe et les cheveux, et lui auraient arraché les yeux sans l'intervention du capitaine du fort, qui, accouru avec ses gens, eut toutes les peines du monde à le tirer de leurs mains. Farel, rendu malade par cet accident, garda la retraite jusqu'à la fête des Rois ; ce jour là, il monta en chaire et continua ainsi d'exercer jusqu'à Pâques, prêchant tantôt dans l'église paroissiale, tantôt à la chapelle de l'abbaye, fortement encouragé par le zèle de ses sectateurs, qui ne se démentit pas un seul instant.

La magistrature de Gaspard de Heu allait expirer, et avec elle l'espoir des réformés. Le Comte de Furstemberg et les autres protestants d'Allemagne résolurent un dernier effort pour introduire à Metz le luthéranisme. Ils représentèrent aux Messins que leur ville, quoique forte et riche, ne pourrait jamais tenir contre la puissante coalition dont elle était menacée ; que , frontière de France et enclavée au cœur de la Lorraine, elle ne pouvait attendre que des hostilités, et avait besoin de s'unir à eux plus étroitement que jamais, union déjà préparée par la sympathie, la similitude des mœurs , et que les raisons de voisinage , de trafic et de bonne correspondance devaient cimenter ; que toute l'Allemagne prendrait part à l'injure faite au Comte de Furstemberg , qui était considérable et allié aux meilleures maisons. Pour donner plus d'efficacité à ces remontrances, on choisit l'époque d'une prochaine création de la justice , époque d'intrigues et de menées ambitieuses, où les prétendants , absorbés par leur intérêt particulier , se désistaient de leur rigueur habituelle. D'un autre côté , ils comptaient sur les derniers actes de la magistrature de Gaspard de Heu , personnage très-influent, tant à cause de sa charge présente, qu'à raison de ses immenses richesses ; de ses proches parents Martin et Robert de Heu , qui comptaient également dans l'échevinage , et avaient occupé les premières dignités de la République , et aussi du grand nombre de ses alliés et créatures, qui , bien qu'ils ne fussent point de la réforme , ne laissaient point d'appuyer Gaspard de Heu, par raison d'Etat. Robert de Heu, surtout, était étroitement attaché au Comte de Furstemberg. Tant de persévérance et d'ardentes sollicitations ne pouvaient demeurer infructueuses. Les esprits s'émurent, les uns de crainte, les autres d'espoir ; il en résulta une députation, qui dut se montrer moins rigoureuse que la précédente. On en vint donc à une conférence, qui fut tenue au Pont-à-Mousson, pour terminer à l'amiable le différend entre le Comte de Furstemberg et les magistrats et bourgeois de Metz. A cette conférence assistaient les députés d'Olry, Duc de Wirtemberg, de Philippe, Landgraff de Hesse, et ceux des villes de Strasbourg et de Francfort, savoir : Iodoc, Munch de Rosenberg, député du Duc de Wirtemberg, Hierome de Stockli, député du Landgraff de Hesse, Philippe de Ragemeck, Henry Copp, députés de la cité de Strasbourg et Ortzum Jungen, député de la ville de Francfort, choisis et nommés par les parties pour arbitres et médiateurs du différend ; Pierre du Chastelet, Bailly de Nancy, et Nicolas de Lucembourg, Seigneur de Fléville, députés et commis par le Duc Antoine comme assistants.

Le Comte Guillaume se plaignit de trois choses : 1° de l'injure qui avait été faite à sa personne et à ses gens, injure qu'il attribuait absolument aux ecclésiastiques, notamment l'assassinat de celui des siens tué à Pommerieux, dont la cause devait, selon lui, remonter à l'Abbé de Saint-Arnould ;

2° de la défense faite à Farel de prêcher l'évangile à Metz ; 3° du bannissement des citoyens qui adhéraient à la doctrine de Farel et des outrages dont ils avaient été l'objet de la part des catholiques. Après avoir formulé ces griefs, le Comte conclut à quatre choses ; 1° que les bourgeois de Metz et particulièrement les ecclésiastiques lui feraient une réparation digne de son rang comme Comte du Saint-Empire ; 2° que les bannis rentreraient dans la ville ; 3° que l'on tiendrait à gage un ministre, lequel n'aurait à souffrir ni obstacle ni vexation ; 4° qu'en dédommagement des frais qu'il avait soutenus pour repousser l'insulte qui lui avait été faite, et particulièrement pour avoir été contraint de renforcer la garnison de Gorze, les ecclésiastiques de Metz lui paieraient cinquante mille écus.

Les députés de Metz, répondant à tous ces chefs, protestèrent de leur regret pour le tumulte qui était arrivé et l'injure faite au Comte, et firent observer qu'il ne fallait point accuser les ecclésiastiques, mais plutôt les Marangeois, ou quelques Français, ou certains Lorrains ; que la ville de Metz, étant sur les frontières de France, de Bourgogne et de Lorraine, pouvait rencontrer des malveillants assez osés pour ce faire ; que cette insulte ne provenait ni de l'instigation, ni du consentement des ecclésiastiques ; que le meurtre commis à Pommerieux ne devait point être attribué à l'Abbé de Saint-Arnould, puisque ledit Abbé avait fait em-

prisonner pour cette cause le maire de Pommerieux, qui était encore détenu. Les députés nièrent
constamment que les ecclésiastiques eussent fait
aucun outrage à Farel, ou aux bourgeois qui
avaient été bannis ; ils en appelèrent à l'ancienne
réputation du prud'hommie et à la modestie natu-
relle des bourgeois de Metz, de tous temps ennemis des violences et des séditions ; enfin ils représentèrent qu'il n'y avait nulle raison de faire payer
cette somme de cinquante mille écus aux ecclésiastiques qui, loin d'être persécuteurs, avaient
été victimes, en ces temps de calamité ; que s'il
lui plaisait de se déporter de cette somme si exor-
bitante, ils se soumettraient volontiers, pour le
bien et la paix, à lui restituer tous les frais qu'il
avait faits au sujet de ce différend.

Après plusieurs contestations de part et d'autre,
on s'en rapporta au jugement des arbitres, qui
ne purent s'entendre et remirent l'affaire à une
seconde conférence tenue à Metz, au mois de
mars suivant, en laquelle on accorda deux choses
au Comte de Furstemberg. La première, que les
citoyens de Metz, et principalement les ecclésiastiques, lui feraient réparation d'honneur ; la seconde, qu'il y aurait dorénavant un ministre qui
prêcherait en toute liberté la doctrine de Luther
dans la ville ; et pour que la ville de Metz ne fût
point exposée à la vengeance des princes catholiques, il fut décidé que l'on écrirait aux potentats
d'Allemagne, alors assemblés à Nuremberg, pour

les prier de la prendre en leur sauvegarde et protection, dans le cas où elle serait attaquée pour
cause de religion. On remit les deux autres articles, celui du bannissement des bourgeois luthériens, et celui de l'indemnité en argent, à une
autre conférence. Ce traité fut conclu à Metz le
16 mars 1543, scellé du Comte de Furstemberg
et de l'un des sept de la guerre, au nom de la cité
et du clergé de Metz. Au mois de mai suivant,
l'article du bannissement des bourgeois luthériens fut vidé à Strasbourg. Il fut décrété qu'ils
rentreraient dans la ville, sans que ce bannissement pût porter préjudice à leur honneur. Quant
aux cinquante mille écus, il n'en a été fait aucune
mention; il est à présumer que le Comte s'en désista. Par suite du traité du 16 mars, on accorda
aux Luthériens la chapelle de Saint-Nicolas du
Neuf-Bourg pour l'exercice de leur religion, et le
Ministre Watrin Dubois commença d'y prêcher
publiquement dès la Saint-Jean de la même année 1543. On faisait même annoncer au prône
des paroisses les jours et heures de prêche du
ministre.

Ces faveurs accordées aux protestants furent
de courte durée et amenèrent une sanglante défaite, dont ils ne devaient pas se relever de longtemps. Le Cardinal de Lorraine, qui avait cédé
son évêché au prince Nicolas de Lorraine, son
neveu, résolut de mettre un terme à ce triomphe,
qui le plongeait dans une indignation profonde.

Il écrivit à son frère Claude de Guise, pour le supplier de venger la religion de ses pères. Ce prince prit l'agrément du Roi, mit aussitôt des troupes sur pied, et marcha droit à Gorze, devenu la forteresse des protestants.

C'était le jour de Pâques. Les religionnaires, pleins de sécurité dans leurs forces, célébraient la grande solennité par une agape renouvelée des premiers chrétiens. Soudain le bruit de la guerre, le son des trompettes et des tymbales se fait entendre ; ils se lèvent et courent aux armes. Mais déjà les soldats du Duc de Guise couvrent le fort resté sans défense. Les protestants veulent résister. Le meurtre du nommé Adam, drapier, donne le signal du carnage. N'ayant point voulu se laisser dépouiller par les soldats, il tombe percé de coups ; une femme nommée Barbe prend alors la fuite avec sa suivante, elles trouvent la mort dans la Moselle, qu'elles avaient voulu traverser à la nage. Plusieurs veulent gagner le château, mais ils sont pris aussitôt et égorgés sur place. Ceux qui y étaient renfermés se précipitent par les fenêtres et sont tous mis à mort. D'autres, plus heureux, s'échappent, et se dispersent dans la campagne. Les femmes qui, paralysées par la frayeur, ne peuvent s'enfuir, ont à subir le viol et l'outrage. Quelques hommes déterminés, malgré la garde posée par le Duc de Guise, étaient parvenus à rentrer dans le fort, et s'apprêtaient à vendre chèrement leur vie. Mais la troupe, momentanément débandée pour le pillage, reforme ses rangs, et revient à l'attaque du fort. Après une lutte désespérée, ils sont forcés de se rendre et massacrés par le fer de l'ennemi. Quelques-uns restent encore sur la brèche; avant de mourir, ils veulent sauver leur ministre. Ils s'échappent de la mêlée, courent à l'abbaye, dépouillent Farel de ses vêtements, qu'il remplacent par ceux d'un lépreux, lui couvrent le visage de farine, lui mettent des cliquettes en main et le déposent sur une charrette de lépreux qui prend aussitôt sa course et sort de la ville. Quelques instants après, ils présentaient eux-mêmes leurs poitrines aux armes meurtrières et subissaient le sort de leurs frères. Ce fut là le dernier acte d'indépendance du protestantisme sur la terre de Gorze.

Alors les Catholiques font éclater leur joie; on sonne, en signe de réjouissance, les cloches de l'abbaye. Les fidèles marchent sur les cadavres encore fumants, pour se rendre à l'église et y entendre le *Te Deum* d'action de grâce.

Peu de temps après, la garnison espagnole de Thionville, irritée de ce que les Français qui occupaient le château de Gorze allaient faire des courses sur les possessions du Roi d'Espagne, jusqu'en Bourgogne, vinrent, le 27 avril 1543, avec du canon et de bonnes troupes, attaquer le château et l'abbaye de Gorze. La garnison française fit une rigoureuse résistance, mais enfin elle fut forcée; la plupart des soldats furent taillés en pièces et les autres pendus; la ville et l'abbaye furent pillées; et, après avoir laissé dans la place du monde pour la garder et pour réparer les brèches, ils se retirèrent; mais comme la garnison n'était pas nombreuse, les Français revinrent bientôt contre le château et la ville de Gorze. Le château fut aisément forcé et les soldats passés au fil de l'épée, l'église et l'abbaye furent de nouveau profanées et pillées. Le soldat, dans sa fureur, n'épargna ni les vases sacrés, ni les saintes reliques et se livra à tous les genres de cruauté et de profanation. Les moines furent entièrement dispersés et ne purent depuis se réunir en communauté monastique. A peine les Français s'étaient-ils retirés de Gorze, chargés de butin, que les Lorrains s'y rendirent; mais n'ayant pas trouvé de quoi s'y enrichir, ils y mirent le feu, brûlèrent et saccagèrent l'abbaye et la maison abbatiale qui avait été construite avec un soin extrême par Vari de Dommartin; de là, le feu passa au château, qui fût brûlé en grande partie; l'église fut épargnée pour cette fois.

Tandis que la désolation pesait ainsi sur la ville de Gorze, le luthéranisme subissait à Metz un grave échec. L'année 1543 fut signalée par la promotion de Richard de Raigecourt à la dignité de Maître-Echevin. Le nouveau magistrat était aussi zélé pour la religion catholique, que son prédécesseur avait été passionné pour la réforme; le Cardinal de Lorraine veillait sur son troupeau avec plus de soin que jamais. L'approche du Duc de Guise, avec ses troupes, avait changé la face des affaires, ranimé le zèle des ecclésiastiques de la ville et relevé le courage des Treize. Le traité de Metz, du mois de mars, fut abandonné, et l'on recourut à l'Empereur Charles-Quint, dont la fermeté ne fit point défaut aux Catholiques. Aux premiers jours d'octobre, il dépêcha à Metz Charles Boisot, Conseiller d'Etat et maître des requêtes ordinaire de sa Majesté Impériale, lequel ayant mandé l'apostat Vautrin Dubois, lui ordonna de sortir de la ville dans trois jours et lui interdit toute communication avec les habitants, sous peine de mort. Ensuite, de concert avec les officiers de l'Evêque Nicolas de Lorraine et les magistrats de la cité, il fit publier un édit qui cassait les traités et conventions avec les protestants, ordonnait l'entier rétablissement de la religion catholique et le bannissement des novateurs. Cet édit fut publié le 15 octobre 1543 et strictement observé jusqu'en l'année 1552, époque de la reddition de Metz au Roi de France. Ainsi devait s'accomplir la prophétie de Guillaume Farel.

Henry II, roi de France, voulant s'emparer de la ville de Metz, envoya un détachement de l'armée du Connétable de Montmorency sous le commandement du Duc d'Aumale pour s'emparer du château de Gorze, qui était devenu une retraite de brigands et de bandits qui disaient tenir cette place pour l'Empereur. Le Connétable de Montmorency en ayant été instruit détacha douze compagnies sous le commandement du Duc d'Aumale avec trois ou quatre pièces de canon pour détruire entièrement le château dont la garnison pouvait incommoder l'armée du Roi dans sa marche. On tira soixante coups de canon contre les murailles et, la brèche étant faite, le Duc d'Aumale entra dans la place, tailla en pièces ceux qui la défendaient, rasa le château et le réduisit à un tel état, que depuis ce temps, il n'a jamais pu se rétablir.

CHANSON SUR LA PRINSE DE GORZE.

Sur l'air : RETIREZ-VOUS, ETC.

1552.

Tremblez, Metz et Lorraine,
Hanoyers et Flamans,
Car le bon roy de France,
Avec ses nobles gens,
De Paris est party,
Pour aller en Lorraine,
Estant avec luy *(bis)*
Ses princes et capitaines.

En une terre neutre
Le roy est arrivé ;
Devant une abbaye,
Gorze se fait nommer,
Où estaient Espagnolz
Qui ne se vouloient rendre ;
Furent tous mis à mort *(bis)*
Par les souldars de France.

De l'abbaye de Gorze
Le roy s'en est allé,
A une ville forte,
Metz se fait appeler ;
Et puis la feist sommer,
Par un hérault de France,
S'ilz ne vouloient tourner *(bis)*
Et faire obéissance.

Les bourgeois, sergens d'armes,
De la ville de Metz,
Furent d'une alliance
Ne se rendre jamais,
S'ilz n'avoient le canon
Pour battre leurs murailles ;
Mais leur rébellion *(bis)*
Ne leur valut pas maille.

Monsieur le Connestable
En estant adverty,
Qui faisoit l'avant-garde
En fut tout resjoui.

Tot les vint assaillir
De canon et de bombardes,
De par le roy Henry *(bis)*
Pour leur livrer bataille.

Quand ilz ont veu par ordre
Le canon affusté ;
Criant miséricorde
Par-dessus le fossez,
Tenant l'enseigne au poing,
Criant tous vive France,
Vive le roy Henry *(bis)*
Et toute sa puissance.

La douxiesme journée
Du joly moys d'avril,
Que Metz fut retournée
Au noble roy Henry,
Le Connestable entry
Dans Metz, ville gaignée ;
Le lundi en suivant *(bis)*
Le roy fist son entrée.

Qui feist la chansonnette
D'un si très plaisant son,
Fut un souldard de France
Estant en garnison
Dans Metz, ville de nom,
Au pays de Lorraine,
En mangeant du bacon *(bis)*
Auprès d'une fontaine.

Ainsi finit la célèbre abbaye de Gorze, qui porta le titre d'abbaye royale et vit finir en même temps les châteaux et fortifications qui en dépendaient et qui étaient destinés à sa défense.

Cependant, quoiqu'il n'y eût plus de moines ni de monastère pour les réunir, les biens immenses qui formaient ses revenus existaient et continuèrent toujours d'appartenir au Cardinal de Lorraine, abbé de Gorze lors de sa destruction, et à ses successeurs dans cette possession, qui portèrent, à cause de cela, le titre d'Abbés de Gorze et jouirent comme auparavant des droits et de la prééminence attachés à ce titre.

C'est immédiatement avant l'année 1603 que fût bâtie et érigée la chapelle de Saint-Clément, que l'on voit encore sous le bois qui est au-dessus de Gorze. Elle eut pour fondateur un nommé Mangin Chavais, curé de l'église paroissiale d'Hagéville et archiprêtre de Gorze, qui en obtint l'autorisation du Cardinal de Lorraine, évêque de Metz et abbé de Gorze. Il y fit transporter les reliques de saint Gorgon et de saint Clément. Le motif de cette fondation fut la dévotion envers les lieux fréquentés par l'Apôtre du pays Messin, ainsi que l'atteste le testament du Fondateur, du 26 août 1603, où il institue à perpétuité un membre de sa famille propriétaire et administrateur de cette chapelle, avec défense de l'aliéner. Il ordonne que l'administrateur devra être choisi parmi les fils aînés, et de père en fils, dans son parentage, par deux hommes honnêtes et solvables, à condition qu'il l'entretienne, la répare et y fasse chanter annuellement une messe haute le lendemain de la Pentecôte, et une autre à la fête patronale de la chapelle, et quatre messes du Saint-Sacrement aux Quatre-Temps.

Le bâtard comte de Mansfelt, de Luxembourg, au service de Frédéric, électeur palatin contre l'empereur Ferdinand II, prit en son nom l'armée protestante que cet électeur congédia près de Saverne, se mit en route, passa par Phalsbourg, Vic, entra le 22 juillet 1622 dans le pays Messin. Son armée, composée de vingt à vingt-cinq mille hommes y répandit l'effroi. Tout ce qui pouvait se transporter fut amené de la campagne à la ville. L'armée s'en approcha le 26, et les villages voisins furent abandonnés. Le pays était sans troupes régulières ; il n'y avait qu'environ 500 paysans armés avec les bourgeois catholiques. Le 26 juillet, l'armée de Mansfelt campa entre Corny et Jouy ; le lendemain, la cavalerie passa le gué près de Novéan et l'infanterie sur un pont de planches. Ils vinrent coucher à Gorze, où ils brûlèrent quelques maisons. Le 28, ils se retirèrent sur Mars-la-Tour et de là pénétrèrent dans le Verdunois.

Les Suédois qui étaient dans le pays Messin en 1635, à la suite d'une guerre qui s'était élevée entre les Français, l'Empereur Ferdinand et le Duc de Lorraine pour soutenir la Suède et les princes légués contre la maison d'Autriche, se débandèrent du côté de Metz, y mirent tout au pillage, profanèrent plus de 500 églises, violèrent les filles et les femmes, enlevèrent les bestiaux et personne ne put habiter sa maison en sûreté pendant un mois. Le 27 juin, les Espagnols brûlèrent Vigy. Le 25 avril de l'année suivante, ils vinrent brûler Gorze, tuèrent quantité de bourgeois, en pendirent et en mutilèrent d'autres. En un mot, les Suédois, les Impériaux, les Espagnols, les Lorrains et les Français eux-mêmes dévastèrent le pays et la pauvre cité de Gorze, qui n'a pu se relever depuis ces temps malheureux.

La maison abbatiale qui existe encore maintenant, sous le nom de Château, a été bâtie en 1696 sur une partie des anciens fondements par le prince de Morback, qui avait l'intention d'y transporter la collégiale, ce qui ne put s'exécuter, car le 9 novembre 1697, la chapelle de ce beau château étant entièrement terminée, le prince en fit donation au chapitre pour y transférer la collégiale, se réservant seulement les caves et greniers, caves de dessus et dessous la chapelle sa vie durant. Il s'offrit même de fournir tous les ornements qui seraient nécessaires pour y faire le service divin; mais le chapitre prétexta, pour ne pas accepter cet offre, que la chapelle faisant partie du château était trop exposée à un incendie toujours à craindre dans les grandes maisons, que cela donnerait au chapitre plutôt l'air d'une aumônerie que d'un chapitre ; enfin le doyen fit échouer ce projet à cause du double office auquel il serait attenu à la chapelle et à la paroisse.

Dans les années 1711 à 1714, on s'employa de tous côtés pour réparer l'église de Gorze qui était bien dégradée ; elle n'avait pour ainsi dire plus d'ornements, ni de vases sacrés.

Pendant le cours de l'année 1734, plusieurs particuliers de Gorze, et, entre autres, un chau-fournier, s'emparèrent des portes de Gorze qui tombaient en ruine et les brûlèrent.

Le 2 avril 1743, l'église de Gorze se trouva si dégradée que l'on fut obligé de l'interdire, et en 1747, on fit construire dans le chœur la boiserie que l'on y voit encore et l'orgue qui existe aujourd'hui ; et, en 1772, le roi Louis XVI gratifia le nonce du Pape de l'abbaye de Gorze.

CONSTITUTION DU CHAPITRE.

Nous avons vu que vers le milieu du VIIIe siècle, Gorze n'était qu'une solitude. Son peuple n'a composé une paroisse que bien longtemps après la formation des paroisses voisines. Nous pouvons constater que sur la fin du XIIe siècle, la population était loin d'être considérable. En 1171, lorsque Thiery, Evêque de Metz, donna l'église à l'abbaye, une simple chapelle consacrée sous le nom de Saint-Etienne servait de paroisse. La donation comprend les dîmes et les oblations, à charge de faire les fonds des vicaires qui seraient établis pour desservir l'église. Les habitants, sans bien et sans propriété, n'étaient point en état d'élever un édifice de cette importance; c'est donc au monastère que la construction en est due, comme l'atteste l'épitaphe de Henri bon abbé, placée à gauche de l'autel. Si nous examinons sa situation au XVIIIe siècle, nous remarquons que, du côté du levant, le ban de Novéant vient jusqu'aux portes de Gorze, et du côté du couchant, le ban de l'ancien village de Auconville s'en approche encore plus près. Le ban de Gorze est très-étroit, très-circonscrit, et consiste presque tout en bois. Les deux seules fermes un peu considérables étaient des propriétés de l'abbaye ; autant d'indices de la nouveauté de la population du lieu.

Il était naturel que l'abbaye, devenue cure primitive, possédant presque tous les fonds de la paroisse et toutes les dîmes, entretînt l'édifice qu'elle avait construit et qui en était une dépendance. Elle faisait aussi les fonds de l'entretien du curé et du vicaire qui desservaient sa paroisse.

Les choses ont subsisté ainsi pendant tout le temps que les biens de l'abbaye sont restés en commun, sous le gouvernement de l'Abbé. Puis, il arriva qu'ils furent partagés en plusieurs menses, dont une à l'Abbé, et les autres aux religieux pourvus, à titre de bénéfice, des offices claustraux. Les charges furent partagées de même.

Il ne revint à la mense abbatiale aucune partie de la dîme de Gorze ; l'Abbé ne conserva que la haute justice, les droits seigneuriaux et la propriété de deux métairies considérables.

Au Prévôt revenait la dîme en grains d'un petit canton à Gorze, dit *le Châtelet*, la dîme des vins, à l'exception de celle du canton de *Chauterme*, et la menue dîme. L'Aumonier, officier claustral, avait été doté de la dîme en grains du ban d'Auconville et du ban de Gorze, à l'exception de celle du canton *du Châtelet*, des deux tiers de la dîme du vin du canton de *Chauterme*, et de plusieurs autres revenus hors de la paroisse de Gorze.

Le coutre, officier claustral, ne possédait rien à Gorze, non plus que le pitancier.

D'après le partage des fonds, et en ayant égard au droit commun qui met à la charge des décimateurs la subsistance des curés et l'entretien des églises et des vases sacrés, l'abbé, qui ne prenait aucune part dans la dîme, n'aurait dû être attenu à aucune charge, l'aumônier et le prévôt étant chargés de la subsistance du curé et de l'entretien de l'église, selon les usages du diocèse, au prorata de la portion qu'ils percevaient dans la dîme ; mais on n'entra point dans cette considération.

L'abbé de Gorze, curé primitif, fut donc chargé de fournir seul au curé et au vicaire *la portion compétente*, suivant le temps.

L'aumônier fut chargé de l'entretien de la couverture de la nef, du missel, de la corde de la cloche, et de la fourniture de soixante-quatre setiers de blé aux pauvres.

Le prévôt n'eut aucune redevance envers l'église ni le curé.

Le pitancier, qui ne prenait rien dans la dîme, était chargé de fournir la chasuble et le calice.

Le coutre, qui ne possédait rien à Gorze, ne laissait pas que d'être chargé de la fourniture de la cire et des chandelles pour éclairer l'église du monastère pendant l'office.

Tel était l'usage qui s'observa longtemps, et,

d'après tous les titres, plusieurs siècles avant la sécularisation de l'abbaye, ce qui suppose un accord ou des conventions en vertu desquelles le partage des biens et des charges avait dû être réglé ainsi entre l'abbé et les officiers claustraux, à la participation et satisfaction des parties intéressées, c'est-à-dire du curé et des habitants.

Le chapitre de Gorze doit son établissement à la suppression du monastère fondé, comme nous l'avons pu voir, par Grodegand, évêque de Metz, en 749. La règle de Saint-Benoît y fleurit nombre d'années ; mais, au XVI siècle, le monastère, alors fief de l'Empire, eut à souffrir les ravages et les calamités de la guerre.

Donc, vers l'an 1550, il se trouva dans un état de ruine qu'il avait déjà éprouvé plusieurs fois par suite de sa situation entre la Lorraine, la France, l'Allemagne, et de la domination des Espagnols, maîtres de Thionville.

Charles de Guise, cardinal de Lorraine, aussi considéré à Rome que puissant en France, en était abbé commendataire et pouvait trouver dans la suppression de ce monastère le moyen d'établir une université à Pont-à-Mousson pour former des sujets propres à combattre les progrès de la religion réformée, et conserver un chapitre à Gorze. Nous avons vu comment il obtint cette suppression du pape Grégoire XIII, qui, par bulle du 5 décembre 1572, abolit le nom, le titre et la conventualité du monastère, ainsi que l'état régulier, les prieurés, offices et bénéfices réguliers qui en dépendaient, laquelle bulle ne devait avoir son effet qu'après le décès des titulaires (*).

Il établit, au lieu et place de la communauté régulière, une abbaye séculière qui devait être la dignité principale, et devait avoir les mêmes droits, autorité et juridiction que l'abbaye précédente. (**)

Il créa une seconde dignité qu'il qualifia de *rectorerie* et dont devait être revêtu le curé de la paroisse (***).

Six prêtres et quatre bénéfices qualifiés cléricats pour quatre personnes qui furent nommées

---

(*) In dicto monasterio, nomen et titulum monasterii ac conventualitatem, cum omnibus et singulis in eo existentibus et ab eo dependentibus prioratibus, officiis ac aliis regularibus beneficiis ecclesiasticis, ordinem quoque ipsum et statum regularem, cùm primùm illa per obitum ipsorum nunc obtinentium aut alio quocumque modo vacare contigerit, omninò supprimimus et extinguimus. *Bulla sœcular. 1ª dispositio.*

(**) Nec non loco abbatiæ regularis unam abbatiam sœcularem, quæ dignitas inibi principalis sit pro uno abbate, qui similem jurisdictionem, potestatem, autoritatem, et præeminentiam; prout abbates dicti monasterii habere consueverunt. *Ibid. 4ª Disp.*

(***) Loco verò officiorum claustralium et monachorum, portionem alteram, etiam dignitatem rectoriam nuncupandam, pro ipsius parochialis ecclesiæ pro tempore existente rectore. *Ibid. 5ª Disp.*

clercs, et tous, ainsi que l'abbé et le recteur, composèrent le chapitre (*).

Il régla les obligations et les charges des chanoines et clercs bénéficiers, qui devaient faire le service divin dans l'église collégiale, assister à toutes les heures canonicales, et leur mense, fixée d'abord à mille écus d'or, fut composée de tous les biens, meubles et immeubles, fruits et revenus appartenant aux offices, prieurés, portions monacales du couvent supprimé, après qu'il en eut été distrait la somme de quinze cents écus d'or, destinée au collége des jésuites qui devait être érigé à Pont-à-Mousson ; laquelle mense, séparée de celle de l'abbaye, fut partagée entre les six chanoines et les quatre bénéficiers clercs. Le Cardinal abbé fut laissé le maître d'en faire la division comme bon lui semblerait et de régler tout ce qui, dans la mense capitulaire, était réputé gros fruits, et ce qui devait être attribué aux distributions quotidiennes.

L'exécution de cette bulle fut commise aux officiaux de Verdun, Toul et Metz. L'évêque Pseaume de Verdun la notifia le 11 mai 1574 aux prieurs, prévôt, pitancier et à un novice non profès.

(*) Ac sex canonicatus et totidem prœbendas pro sex presbyteris, et quatuor beneficia clericatus nuncupanda pro quatuor personis clericis nuncupandis, qui omnes cum abbate et rectore capitulum faciunt et constituent. *Ex eâdem dipositione.*

Elle ne fut cependant fulminée par les officiaux de Metz et de Verdun (qui font mention de l'absence de celui de Toul) que le 22 mars 1580; ils la notifièrent aux trois moines qui existaient et au sieur Juvénal Guerre, chanoine de Metz et curé de la paroisse. L'acte en fut passé dans l'église paroissiale même, érigée en collégiale (*). D'où l'on pourrait conclure que ce fut là l'origine de cette église.

Cependant la tradition enseignée dans les annales bénédictines porte que les trois religieux sécularisés, les trois chanoines séculiers et les quatre bénéficiers clercs entrèrent dans l'église paroissiale et y officièrent la veille de la Pentecôte de cette année.

Ce qu'il y a de certain, c'est qu'en l'année 1588 le chapitre existait et était constitué en corps (**). La preuve en est dans un acte capitulaire du 26 décembre de cette année; il est souscrit par les trois religieux sécularisés, les mêmes que ceux dénommés en la fulmination de la bulle, et par les trois chanoines séculiers dont l'un prend la qualité de doyen.

Voilà une nouvelle dignité; qu'est devenue celle de recteur, si formellement établie par la bulle de sécularisation en faveur du curé de Gorze? Car on voit ce même curé devenir doyen et cha-

---

(*) Archives du chapitre.
(**) Archives du chapitre.

noine, par décret de l'évêque de Metz de l'année suivante 1589, lequel réunit ces trois titres sur une même tête, pour n'en faire qu'un seul et même bénéfice. On retrouve encore deux nouvelles dignités, peut-être mieux, deux personnats, ceux de catéchiste et de chantre, dans un autre acte capitulaire de 1608 (*).

On aurait lieu d'être surpris de toutes ces innovations, si elles ne s'étaient perpétuées jusqu'au XIXe siècle, ce qui suffit pour les mettre à l'abri de toute contestation ; mais quelle en est l'origine ?

On a cru communément qu'elle était due à une bulle particulière dont il n'existe qu'une copie informe, dépourvue de toute marque d'authenticité, et qu'il est très-permis de révoquer en doute, non seulement à cause de ce défaut essentiel, mais encore par une raison sans réplique : c'est qu'il n'y est fait aucune mention de la suppression de la dignité dite rectorerie, qui semblerait être conservée par cette lacune, et qui cependant a été anéantie, on ne sait en vertu de quoi.

Cette copie, néanmoins, supposée émanée de Grégoire XIII le 1er juin 1581 et sujette à critique en presque tous ses points, devint la source d'une grave complication.

Deux des dignitaires du chapitre prétendaient y trouver de nouveaux droits en leur faveur, et voulaient s'en servir pour se faire adjuger une

---

(*) Archives de la cure.

portion de prébende, au lieu d'une somme fixe que tous leurs prédécesseurs avaient perçue par préciput sur la mense, de tout temps et sans la moindre variation.

Ils présentaient cette pièce comme un titre du chapitre, et commun à tout le corps, qui, en conséquence, n'aurait pu acquérir de possession contre eux. Mais elle était tellement inconciliable avec la bulle de sécularisation et la charte donnée le 26 février 1598 par le jeune cardinal de Lorraine, abbé de Gorze, en exécution de cette même bulle, titres constitutifs et fondamentaux de la collégiale, qu'elle ne put jamais être un titre dont le chapitre eût pu faire usage pour prouver sa constitution, se soutenir dans ses possessions, ou obtenir d'autres avantages qu'il aurait cru pouvoir espérer, et qu'en toutes les occasions où l'on fit opposition à ce chapitre, on n'y eut point égard.

La mense capitulaire partageable, selon la bulle de sécularisation, entre les six chanoines et les quatre clercs, sans y admettre le dignitaire recteur, *inter sex canonicos et quatuor beneficiatos dividendam*, est bien différemment divisée en cet écrit. On y admet trois nouveaux dignitaires, en outre un curé, une fabrique, un maître d'école et un sacristain ; il n'est réservé, par la bulle de sécularisation, sur les biens du monastère convertis en mense capitulaire, que la somme de quinze cents écus d'or, *pour le reste appartenir au chapitre.* Sans l'avis ni consentement de ce chapitre, il fut fait un changement tel que, par une estimation arbitraire, la collégiale n'aurait eu qu'un revenu net de mille écus d'or ; et sous prétexte d'une provision accordée et prise sur la mense abbatiale, pour mettre les chanoines réguliers en état de subsister jusqu'au décès des moines, il était dit que, après leur mort, cette somme serait remplie, et que ce qui resterait de leur revenu serait réuni à la mense abbatiale.

Il annonçait une acquisition de sept maisons, chaque chanoine devant en avoir une, et les clercs la septième.

Il portait enfin une augmentation de dot de cinq cent quatre-vingt-dix *journaux* de bois.

Si l'on en croit cet écrit, cet arrangement aurait été admis et confirmé par Grégoire XIII, de la manière la plus précise : *Nous confirmons,* fait-on dire à ce pape, *et approuvons toutes ces choses; nous les statuons et ordonnons de nouveau, voulons qu'elles aient leur plein et entier effet, et qu'elles soient inviolablement observées à l'avenir.*

Cependant, soit qu'il y ait eu opposition de la part du chapitre, qui a dû trouver ces dispositions trop contraires et trop préjudiciables à l'état constitutif de sa mense, soit que l'abbé l'ait voulu ainsi lui-même, il est constant que rien de tout cela n'a été exécuté, et qu'aucun de ces articles n'a été observé dès la date même de cette pré-

tendue bulle. Car, sans parler de la fabrique qu'il
était inutile d'établir , puisque le collége de Pont-
à-Mousson en avait toujours acquitté les principales charges ; s'il avait voulu s'en défendre, il
ne lui aurait servi de rien d'opposer l'établissement de cette fabrique et de présenter cette bulle
comme un titre propre du chapitre, qu'il soutenait
devoir lui ôter toute la confiance qu'il mettait en
sa possession. Le parlement de Metz prononça
contradictoirement et définitivement en faveur du
chapitre, le 23 décembre 1726. (*) En conséquence, le collége ou ses représentants fournissent le luminaire, les chandelles pendant l'office
de matines en hiver ; il est chargé de l'entretien
de l'édifice de l'église collégiale ; il en paie le sa-

(*) *Arrest du parlement de Metz du 23 décembre 1726.*

Louis, par la grâce etc. Vu par nostre ditte cour........
autre requeste du recteur du dit collége du 23 dudit mois
de décembre, contenant demande incidente, à ce qu'il plaise à
nostre ditte cour ordonner que le luminaire repeté par les appellans sera prit sur la fabrique de leur église, et, en conséquence que l'intimé en sera déchargé........ nostre ditte
cour a mit l'appellation et la sentence dont a été appelé au
néant ; émandant, à deboutté l'intimé de l'opposition par luy
faitte à la saisie faicte à la requeste des appellans. — En
conséquence, sans s'arrester à la dicte demande incidente de
l'intimé dont elle le deboutte, ayant égard à celle des appellans, condamne l'intimé à leur payer le prix des cires et chandelles depuis le temps qu'il est en retard de les fournir, et de
continuer le tout à l'avenir ainsi que d'ancienneté, et aux dépens. etc.

cristain, et s'il ne fournit pas les ornements et les livres de chœur, la mense y supplée.

Le cardinal Charles de Lorraine mourut en 1574 sans avoir exécuté la bulle de sécularisation ; le titre de l'abbaye passa à Charles, fils du Duc de Lorraine. Le cardinal Louis de Guise administra l'abbaye jusqu'à sa mort arrivée en 1578, et, après lui, le Duc de Lorraine la gouverna pendant la minorité de son fils.

Cependant le cardinal Louis de Guise, pour exécuter la bulle de sécularisation et décharger l'abbaye de la pension de 1500 écus d'or due au collége des jésuites de Pont-à-Mousson, lui abandonna des fonds, et entre autres les prieurés d'Amel, d'Apremont, et les biens qui faisaient le fond des offices claustraux de l'aumònerie et de la coutrerie. Ces biens furent abandonnés avec leurs charges réelles et ordinaires ; le revenu net fut estimé, charges déduites, et le cardinal en céda autant qu'il en fallait pour que le revenu, toutes charges acquittées, ne fùt pas au-dessous de la pension de quinze cents écus d'or.

Il n'est pas inutile d'observer que, dans le moment de cette cession, les dîmes de Gorze avaient été grevées tout récemment d'une prestation de dix paires de setiers de blé et d'avoine, payables au curé par forme de provision. Voici ce qui avait donné lieu à l'établissement de cette charge.

Pendant que le monastère était sur son déclin, et que les offices claustraux vacants étaient entre les mains de l'abbé Charles, cardinal de Lorraine, le curé de Gorze s'était plaint qu'il n'avait pas de quoi subsister. M. de Baucaire, qui gouvernait l'évêché de Metz, sous l'autorité du cardinal de Lorraine, ordonna, par provision, que le curé percevrait ces dix paires de setiers sur les dîmes de Gorze, lesquelles, ainsi qu'il a été dit, faisaient partie des fonds de l'aumônerie ; mais cette charge ne subsista pas longtemps, car en 1584 le curé nommé Christophe Flulot s'adressa au duc de Lorraine, tuteur du jeune abbé de Gorze, et administrant pour son fils le temporel de l'abbaye. Il lui représenta qu'en sa qualité de curé de Gorze il était chargé d'entretenir un vicaire résidant à Vionville, alors annexe de Gorze, et un autre à Gorze ; qu'il ne jouissait d'aucune dîme et qu'il n'avait pour fixe que ses dix paires de setiers, qui lui avaient été assignés sur les dîmes de Gorze, et soixante-quinze francs que les fermiers de l'abbaye lui payaient au lieu de quarante quartes de blé et vingt d'avoine que le cardinal Louis de Guise lui avaient assignées sur les dîmes de Vionville, ce qui ne suffisait pas pour son entretien et celui de ses vicaires ; c'est pourquoi il sollicita la dîme de Tantelinville.

Sur l'avis du vicaire général de l'abbaye, le Duc accorda la dîme demandée, et ordonna que les soixante-quinze francs et les dix paires de setiers seraient remis au domaine de l'abbaye. L'ordonnance est du 14 avril 1584.

En vertu de cette ordonnance, les fermiers de l'abbaye prétendaient percevoir dix paires de setiers sur les dîmes de Gorze dépendant de l'office de l'aumônier et cédées aux jésuites ; mais le recteur du collége représenta en 1587 que les dîmes de Gorze faisaient partie de l'office de l'aumônier ; que c'était à tort qu'elles avaient été grevées de cette charge par M. de Baucaire ; que M. l'abbé de Gorze était curé primitif, et qu'en cette qualité il avait toujours été chargé seul de l'entretien du vicaire, et il conclut à être déchargé de cette prestation. La requête, renvoyée au Conseil de l'abbaye, fut entérinée par décret du 25 mai 1587. Ainsi la charge du curé et du vicaire de Gorze resta, comme auparavant, à M. l'abbé de Gorze. C'était pour y satisfaire que les dîmes de Tantelinville avaient été détachées du domaine de l'abbaye. Les jésuites, représentant l'aumônier, continuèrent seulement à demeurer chargés de l'entretien de la nef, du missel et des soixante-quatre setiers de blé à distribuer aux pauvres.

La cure a été unie au doyenné de la collégiale en 1589, par décret du même Charles de Lorraine, abbé de Gorze, évêque de Metz. Les choses ont subsisté ainsi jusqu'en 1682 et 1686.

En 1682, monseigneur l'évêque de Metz désunit Vionville de la cure de Gorze, y mit un curé et lui attribua les dîmes de Tantelinville, qui avaient été cédées au curé de Gorze en 1584, pour sa subsistance et celle de ses vicaires.

Le sieur Martin, doyen curé de Gorze, représenta qu'il était lésé et qu'il ne lui restait plus, en sa qualité de curé, de quoi subvenir à ses charges. M. l'abbé de Gorze et le recteur du collége de Pont-à-Mousson, touchés de la représentation du sieur Martin, et pour éviter un procès entre eux, et avec l'évêque de Metz, convinrent de payer par année au sieur Martin une somme de cent-vingt francs, chacun pour moitié, moyennant quoi le sieur Martin renonça à toutes autres prétentions.

Ainsi, le collége dérogea au droit où il s'était maintenu de ne contribuer en rien à la subsistance du curé de Gorze, et il paya même un certain temps la pension du vicaire; mais ce retour au droit commun a été de courte durée.

En 1695 le roi rendit, au mois d'avril, l'édit concernant les juridictions ecclésiastiques. L'article 22 de cet édit charge les habitants de l'entretien des nefs des églises paroissiales, et l'article 24 charge les décimateurs du chœur seulement.

On ne voit pas que les jésuites aient tenté, dans ce temps, de se libérer de l'entretien de la nef de l'église de Gorze. Mais comme il fut représenté au roi que cette disposition de l'article 22 se trouvait contraire aux usages de tout temps observés dans les trois évêchés de Metz, Toul et Verdun, et à la jurisprudence du Parlement de Metz, et contraire même aux titres particuliers passés entre les décimateurs et les habitants des paroisses, lesquels avaient toujours eu leur exécution, il intervint une déclaration du 25 février 1702. *Nous déclarons*, y dit le roi, *n'avoir entendu nuire ni préjudicier aux transactions et autres titres passés avant notre édit, entre les gros décimateurs et les habitants des paroisses du ressort de notre dite cour du Parlement de Metz, pour les réparations des églises paroissiales, lesquelles nous voulons être faites conformément aux dits titres, de même qu'elles l'auraient dû être avant notre dit édit, auquel nous avons dérogé par ces présentes, à cet égard, dans le ressort de notre Parlement de Metz.*

Depuis cette déclaration, les jésuites ont continué d'être chargés de l'entretien de la nef comme auparavant, et n'ont tenté de s'en affranchir qu'en 1740, après avoir obtenu d'être déchargés de toute contribution à la subsistance du curé et du vicaire de Gorze.

Il est important de comprendre la défense des jésuites dans le procès. Le sieur de Villemeur, doyen curé de Gorze, se prétendit fondé, en cette dernière qualité, à adopter la portion congrue pour lui et son vicaire, et à l'exiger des jésuites, en leur qualité de gros décimateurs de la paroisse de Gorze. Les jésuites, dans leur défense, reprirent tout l'historique du partage des biens et des charges entre les différents membres de l'abbaye régulière, de la sécularisation de l'abbaye, de la dotation du collége, telle qu'elle a été exposée. Ils alléguèrent que les fonds dépendant de l'office de l'aumônier leur avaient été abandonnés avec leurs charges telles qu'elles étaient dans le temps, pour éteindre la pension de quinze cents écus d'or; que les fonds avaient été évalués, charges actuelles déduites; que si ces fonds avaient été grevés de charges plus fortes, il aurait fallu leur en abandonner une plus grande quantité; que, plus anciennement, et depuis, M. l'abbé avait été chargé seul de la subsistance du curé de Gorze; que les dîmes d'Auconville avaient été cédées à l'aumônier, franches et quittes de cette charge; qu'elles n'étaient chargées que de la couverture de la nef, du missel, et de la redevance aux pauvres; qu'elles leur avaient été cédées sur ce pied et non autrement; qu'ainsi ils étaient dans un cas particulier et hors du droit commun. En conséquence, ils nièrent en cause M. l'abbé de Gorze.

Cette défense est répétée dans toutes leurs pièces d'écriture, et ils citent à l'appui un ancien cartulaire de l'abbaye de Gorze, dont ils ont dû produire copie, lequel contient expressément cette charge; ils répètent qu'ils acquittent avec exactitude ces charges, et qu'il n'est pas juste de leur en imposer de plus fortes.

Cette défense a été accueillie en partie, et les jésuites obtinrent décharge de toute contribution au curé et vicaire de Gorze, par sentence du bailliage du 24 juillet 1725. Il n'y eut point d'appel de cette sentence.

La communauté de Gorze était intervenue dans ce procès, et l'objet de son intervention était de faire ordonner la réparation des vitres du chœur aux dépens de qui il appartiendrait. A cet égard, la sentence condamne le recteur du collége et le chapitre de Gorze solidairement à faire opérer les réparations aux vitres du chœur de l'église, chacun à proportion de la part qu'il a dans la grosse dîme en blé du lieu de Gorze. Ainsi cet objet fut réglé suivant les dispositions de l'article 21 de l'édit d'avril 1695.

Les jésuites, bien avertis par cette sentence qu'ils n'étaient pas seuls décimateurs de la grosse dîme de Gorze, ont continué de faire seuls les réparations de la nef; ils n'ont point appelé à leur secours leurs codécimateurs, dans le procès qu'ils intentèrent peu après à la communauté, et ne les ont point fait contribuer aux réparations en proportion de leur dîme.

En effet, en 1741, les jésuites tentèrent de se décharger de l'entretien du corps de l'église. Selon la jurisprudence du parlement de Metz, les décimateurs devaient se mettre en état et faire prononcer la réception avant d'obtenir la décharge; c'est ce à quoi les jésuites essayèrent de parvenir, mais sans succès. Les experts nommés trouvèrent les piliers de la nef défectueux, et il n'y eut point de réception ni de jugement.

Il paraît que, dans cette instance, on distinguait le corps de l'église de la couverture de la nef.

La communauté prétendant que l'église, dans sa totalité, était à la charge de l'aumônier représenté par les jésuites suivant leurs propres titres ; ceux-ci répliquèrent que la communauté était dans l'erreur, si elle pensait qu'ils eussent jamais avoué être attenus par un titre particulier à l'entretien du corps de la nef ; que la chartre de l'abbaye de l'an 1355 ne chargeait l'aumônier que de la toiture, de la nef, du missel et de la nourriture des pauvres. Ainsi les jésuites avouaient toujours qu'ils étaient attenus par un titre particulier à la couverture de la nef.

Ils avaient tenté aussi inutilement de se faire décharger de la fourniture de la cire et des chandelles pour le service de l'office canonial, sous prétexte que, suivant l'édit d'avril 1695, la fabrique était chargée en premier ordre des fournitures à l'église. Le chapitre repoussa aisément cette tentative, et fondé sur son droit de recevoir cette fourniture de l'office du coutre, possédé par les jésuites, il obtint un arrêt du parlement du 23 décembre 1726, qui condamna les jésuites avec tous dépens.

Les modestes proportions du cadre qui nous est imposé ne nous permettent point d'entrer dans le vif des questions litigieuses sur le service intérieur et la discipline du chapitre, dont les statuts et les capitulaires viendraient compléter l'historique.

Parmi les documents sur cette matière, nous

citerons l'extrait suivant d'un mémoire à propos d'un interdit de l'église paroissiale de Gorze, ainsi conçu :

Claude de Saint-Simon, par la permission divine et l'autorité du Saint-Siége apostolique, évêque de Metz, pair de France, prince du Saint-Empire, à tous ceux qui ces présentes verront, salut et bénédiction en notre Seigneur.

Vu notre ordonnance en date du vingt-deuxième janvier mil sept cent trente-neuf, rendue par le procès-verbal de visite de l'église paroissiale de Gorze dressé le vingt mai mil sept cent trente huit par l'un de nos vicaires généraux, le procès-verbal de visite de ladite église paroissiale, fait le vingt-deux décembre mil sept cent quarante-deux par le sieur Lerouge, curé de Jussy et archiprêtre du val de Metz, commissaire par nous nommé assisté d'un expert, en conséquence de notre décret du dix-sept dudit mois de décembre mil sept cent quarante-deux, notre ordonnance en date du vingt-huit dudit mois de décembre, par laquelle nous avons défendu expressément et sous les peines de droit, le rabaissement du sanctuaire de ladite église paroissiale de Gorze ; le procès-verbal en date du trente-unième mars dernier, par lequel il est constaté que ledit sanctuaire a été rabaissé et le tabernacle enlevé et transporté dans la chapelle Notre-Dame (*), en l'absence du sieur

___

(*) Chapelle latérale de l'église de Gorze.

curé dudit Gorze, nonobstant les oppositions du sieur vicaire dudit lieu, tout considéré, le saint nom de Dieu invoqué ;

Nous avons déclaré et déclarons par ces présentes l'église paroissiale de Gorze interdite de fait ; défendons en conséquence tant au sieur curé dudit Gorze qu'à tous autres d'y célébrer et d'y faire les service et office divin jusqu'à ce qu'il en soit autrement par nous ordonné. Donné à Metz sous le seing de notre vicaire général, le deux avril mil sept cent quarante trois.

Signé : Larichardie, vicaire général,

et plus bas, par mandement, Sigler

Voici en partie ce que contenait le mémoire :

« On voit, par la bulle de sécularisation et d'établissement du chapitre de Gorze que les abbés ont la plénitude de juridiction sur les membres de ce chapitre, même sur le recteur de la paroisse, qui, par cette bulle, est établi la seconde dignité du chapitre sécularisé.

On voit encore qu'il doit exercer cette plénitude de juridiction sur l'église paroissiale qui, par autorité apostolique est changée en collégiale ; cette juridiction, cette puissance, cette autorité pontificale doit au moins s'étendre sur le service journalier et constant que les chanoines et les clercs doivent célébrer dans cette église, et que l'évêque diocésain ne peut leur en interdire l'entrée, ni interrompre leur office, quand bien même il pourrait l'interdire au peuple sur lequel le chapitre ni l'abbé ne paraissent avoir aucune juridiction.

Il paraît enfin qu'en accordant à cette église les mêmes priviléges qu'aux autres collégiales de la province, *aliisque collegiatis insigniis*, l'évêque diocésain ne peut exercer sur elle ni sur ces collégiales et particulièrement celle de Saint-Sauveur, qui est rappelée dans la bulle, de même donc qu'il ne peut exercer aucune juridiction sur celles-ci, de même aussi il ne peut nous interrompre dans nos fonctions canoniales que nous sommes obligés de célébrer dans la nôtre.

C'est en vertu de cette bulle que le chapitre et l'abbé se sont toujours conservés jusqu'à présent dans leurs priviléges, et qu'ils se sont opposés avec force et avec succès toutes les fois que l'évêque diocésain a voulu entreprendre de visiter cette église et le chapitre. Pour s'en convaincre, messieurs les avocats consultants sont priés de lire la lettre de Charles de Lorraine, notre second abbé ; elle est datée de Nancy de l'année 1633. Depuis ce temps là, les évêques n'ont rien entrepris contre les droits du chapitre, c'est pourquoy il n'a pas esté dans l'occasion de se défendre.

Le sieur Thorel, pour des raisons que le chapitre ne sait que trop, mais qui lui font si peu d'honneur, a pensé différemment que ses prédécesseurs, doyens du chapitre ; il a appelé lui-même le sieur abbé de Larichardie pour visiter l'église dont il connaît ou doit connaître l'indépendance ; il en a sollicité l'interdit, et ce vicaire général vient de le prononcer en conséquence d'un procès-verbal que ledit sieur Thorel a fabriqué dans son cabinet contre quatre chanoines de cette collégiale.

Les choses en cet état, le chapitre, après avoir demandé plusieurs fois au sieur Thorel communication du procès-verbal, a été obligé de le sommer, par acte du 8 avril, de le représenter en chapitre, ce qu'il a refusé en disant par la réponse à la sommation du chapitre qu'il l'avait envoyé à la cour épiscopale.

1° On demande si, après cette sommation, le chapitre peut l'obliger de représenter ledit procès-verbal et pardevant quel juge nous devons nous adresser pour le voir ainsi ordonner?

2° Ce procès-verbal n'ayant été signé que dudit sieur Thorel et deux eschevins a été reçu par les maire et gens de justice de Gorze. On demande si ces juges inférieurs pouvaient recevoir ledit procès-verbal contre quatre chanoines, et s'ils n'étaient pas juges incompétents pour ce faire?

3° Si, en vertu de la bulle de sécularisation qui donne à l'abbé tout pouvoir et toute juridiction sur notre église, le chapitre peut se maintenir dans l'indépendance de l'évêque diocésain, et s'il doit déférer à l'interdit et suspendre son office, ou s'il peut au contraire le continuer dans cette église?

4° Si l'évêque diocésain, par son interdit prononcé en conséquence des requêtes qui lui ont été présentées par le sieur Thorel et des procès-verbaux qui lui ont été adressés par ce doyen, n'attaque point les droits de l'abbé, du chapitre qui, par la bulle de sécularisation, a sur l'église de Gorze changée en collégiale, les mêmes juridiction, puissance, autorité et prééminence, *etiam quoad pontificalem usum et exercitium*, que les abbés réguliers avaient sur l'église du monastère sécularisé ?

5° Si le sieur Thorel, doyen et chanoine n'a pas contrevenu à son serment de fidélité qu'il a prêté sur les saints évangiles de conserver tous les droits, immunités, libertés, et priviléges accordés à son église par les souverains pontifes, en livrant à la juridiction épiscopale quatre des membres du chapitre par le procès-verbal qu'il a envoyé au vicaire-général de ce diocèse, nonobstant notre immédiation au Saint-Siége et à notre abbé ?

6ˢ Si l'ordinaire peut se prévaloir des requêtes qui lui ont été présentées par ce particulier pour donner atteinte à nos exemptions, droits et priviléges, auquel cas quelle précaution faudrait-il prendre pour que le chapitre puisse se mettre à couvert de pareilles atteintes ?

Nota. Le sieur Thorel est le seul de tous les doyens ses prédécesseurs qui ait jamais assisté aux visites, synodes et ordonnances des évêques de Metz. Toutes les fois que ces évêques se sont

présentés eux-mêmes, ou par leurs vicaires généraux, archidiacre ou archiprêtre, pour faire
quelque visite, ils se sont toujours absentés et
ont protesté contre tout acte de juridiction émané
de la cour épiscopale, contraire aux droits de leur
chapitre et de leur abbé; ils ont toujours tenu
ferme sur l'indépendance de leur église, et tous
les efforts qu'aient pu faire les évêques, ils ont
toujours été inutiles et frustratoires. Le sieur
Thorel est le seul qui ait faibli et succombé sous
les menaces de l'évêque, pour des raisons que l'on
détaillera en temps et lieu. »

Le chapitre, par son opposition et la défense
de ses droits, obtint la levée de l'interdit, mais
cette fois il dut se soumettre à certaines conditions imposées par l'archevêque de Rheims,
M. Armand Jules de Rohan, abbé de Gorze (*),
auquel il avait eu recours.

En exhumant de l'oubli où elles se trouvent
plongées, les archives de ce corps ecclésiastique,
nous pourrions ainsi mettre à nu les fâcheux con-
flits engendrés par un assemblage d'intérêts contraires, de titres équivoques, de droits excep-
tionnels. Ces bénéfices, ces revenus passés de
main en main, ces priviléges et possessions mul-
tiples, tous ces degrés de juridiction et d'autorité
opposaient l'abbé aux chanoines, les chanoines

(*) Il obtint l'abbaye de Gorze en 1720 et mourut en 1762.
L'année 1771 il eut pour successeur dans ce bénéfice Bernard
Giraud, nonce apostol. en France et cardinal, mort en 1782.

à l'évêque, l'évêque à l'abbé et les chanoines aux demi-chanoines. Ces derniers, par suite de leurs contestations, donnèrent lieu à la transaction passée avec eux en 1621. Ils demandaient partage dans la mense avec les chanoines en vertu des bulles d'érection de la collégiale. Celle de sécularisation leur en donnant le droit, *unam mensam capitularem inter sex canonicos et quatuor beneficiatos dividendam constituimus*, les dispositions de cette bulle prévalurent, et les chanoines furent obligés de leur accorder dans la mense capitulaire des parts en grains, vin, sel et bois, lesquelles parts ils leur laissèrent franches et libres de toutes charges, à dessein de les éloigner de la connaissance de la gestion. D'autres difficultés qui survinrent entre les chanoines et les demi-chanoines amenèrent la transaction de 1682. Ceux-ci réclamaient la possession, depuis plus de quarante ans, de tous les fruits de leurs demi-prébendes (possession à laquelle les chanoines voulaient porter atteinte), et leurs parts dans les revenus des *clercs stagiers*, à eux adjugés par le parlement de Metz, dès 1639, avec un effet rétroactif à 1634.

Ce sont ensuite les chanoines, qui présentent à M. de Rohan, archevêque de Rheims, un mémoire à l'effet d'éliminer les demi-chanoines du partage dans les deniers provenant des maisons capitulaires. Les titres produits ne paraissent point à l'archevêque suffisants pour réduire les revenus des demi-chanoines ; là encore ils échouent, et il est décidé qu'ils se partageront proportionnellement avec les demi-chanoines les revenus de ces deux maisons.

La mense capitulaire est donc sans cesse disputée, et l'on voit figurer dans ces débats pécuniaires toute la hiérarchie contemporaine : seigneurs, gens de justice, chanoines, maîtres d'école, dignitaires, jésuites, évêques, archevêques et jusqu'aux simples tonsurés. Nous avons vu, par les précédents procès, comment les demi-chanoines, secouant le joug de l'humiliation où les avaient tenus les dignitaires et les chanoines, virent enfin des jours plus favorables par l'acte de justice de 1621. Jusque-là, ils n'avaient chacun, pour tout revenu, que deux cents francs barrois ; depuis 1621, ils jouirent chacun d'un revenu de plus de trois cents francs, et furent libérés de toutes charges. La mense établie par la bulle de 1572 demeura exclusivement affectée aux six chanoines et aux quatre clercs ou demi-chanoines.

On voit, par un arrêt du parlement de Metz du 16 janvier 1663, que tout demi-chanoine commençant son stage *à la Saint-Jean* gagnait les revenus d'une année entière, dont la moitié devait être appliquée à la fabrique, et que, s'il commençait *à Noël*, il ne percevait que ceux de la demi-année, également applicables à la fabrique.

Le prince François de Furstemberg, évêque de

Metz et abbé de Gorze (*), voulant donner une marque de son attachement au chapitre et maintenir la concorde, lui envoya une lettre datée du 29 octobre 1669, par laquelle il lui assurait qu'il soutiendrait ses droits en toute occasion ; une autre du 13 juin 1682, contenant des remercîments en réponse aux félicitations des chanoines sur sa bonne administration, laquelle fut extrêmement paisible et toute contraire à celle de son successeur, le prince Eberard de Lœvestins, abbé et prince de Morbach et de Lure, qui obtint de Sa Majesté Louis XIV l'abbaye de Gorze, en l'année 1688, et la conserva jusqu'à sa mort, arrivée le 19 janvier 1720. L'administration de ce dernier fut continuellement agitée par toutes sortes de procès et de contestations, comme nous allons le voir.

Les cahiers de statuts du chapitre de Gorze avaient été jusqu'alors disséminés ; les chanoines, en 1690, se mirent en devoir de les recueillir, et en retrouvèrent trois sans dates ni signatures, lesquels paraissaient avoir été rédigés à l'époque de la sécularisation. Le premier était une collection de statuts donnés à la collégiale par un abbé Charles de Lorraine ; le deuxième était une or-

---

(*) Il ne faut pas oublier que ce fut de son temps, c'est-à-dire en 1661, que, par le traité de Vincennes, il fut stipulé entre Louis XIV et Charles, duc de Lorraine et de Bar, que le bénéfice de l'abbaye sécularisée demeurerait au roi de France, pour qu'il en disposât par commande et selon son bon plaisir.

donnance d'un cardinal de Lorraine, abbé de la collégiale, par laquelle il prescrivait certaines règles de réforme pour la correction des mœurs ; le troisième, enfin, était un règlement ancien, fait en chapitre, sur la manière d'assister à l'office divin.

C'est sous M. de Morbach que l'on commença à faire le recensement général de tous les revenus et dîmes qui dépendaient de la seigneurie, pour satisfaire à l'édit que le roi avait proclamé à ce sujet deux ans auparavant. Dans cette déclaration des revenus, on voit que les demi-chanoines percevaient chacun douze setiers de blé, huit d'avoine, et vingt-quatre hottes cinq pots de vin.

Le 26 septembre 1694, le prince de Morbach se vit obligé de rendre au chapitre un domaine de soixante jours de bois dont celui-ci s'était arrogé la propriété. Le chapitre exigeait en outre les maisons capitulaires et de la haute justice du ban d'Auconville, mais il fut débouté de ses prétentions. Il paraît que les discussions qui eurent lieu entre les chanoines et l'abbé de Gorze apportèrent un certain relâchement dans leurs mœurs et leur discipline. Déjà en 1694 on avait séquestré le chanoine d'Auburtin, parce qu'il négligeait les offices. M. de Villemur, quoique doyen à cette époque, fut privé de ses bénéfices pendant six mois pour s'être absenté un trimestre. (*) Celui-

---

(* M. de Villemur interjeta appel contre l'abus des provisions obtenues en cour de Rome par le sieur Marchand,

ci à son tour intima à **M**. de Tilly, chanoine-chantre, l'ordre de se conformer aux statuts et spécialement de veiller à ce que la messe capitulaire fût dorénavant chantée. Le sieur de Martignon, ancien chanoine et catéchiste de Gorze, devenu trésorier de la cathédrale de Metz, et le sieur Collignon, qui avait aussi été chanoine de Gorze, furent invités à rendre compte de l'observance du chapitre et de signaler les réformes à opérer; ils déclarèrent, entre autres choses, qu'ils avaient toujours vu officier les vicaires de **MM**. les doyens Paris et Mandeguesse pour eux et en leur place à l'autel et au chœur, ce qui ne devait point étonner ni autoriser les doyens à s'en faire un droit, attendu que ces vicaires étaient coadjuteurs.

Le sieur d'Auburtin, chanoine, le même que nous avons vu condamner pour faute contre la discipline, obtint en 1697 (*) plusieurs arrêts qui le mirent au-dessus des persécutions du chapitre. Deux de ces arrêts lui adjugent la pension scolaire que le chapitre lui refusait; l'autre décide en vertu de certaines considérations qu'il sera

---

qui avait pris son bénéfice, prétendant qu'il vaquait *in curiâ* par la mort de l'abbé et le défaut de diligence du sieur de Villemur à se faire promouvoir à la prêtrise.

(*) *Les armoiries du chapitre de Gorze* furent enregistrées au bureau de l'armorial général, le 30 mars 1697. (Archives de la ville de Gorze.)

tenu comme assistant aux vêpres de *la Saint-Jean*, quoique absent pour cause d'incommodités. (*)

Vers l'année 1701 survint entre l'abbé, le chapitre de Gorze et les habitants de Scy un procès amené par suite de longues et fréquentes contestations (remontant jusque vers l'année 1680), lequel dura soixante ans et occasionna près de trois cents pièces de procédure, parmi lesquelles se remarquent un grand nombre de mémoires imprimés. Scy était tributaire de Gorze, comme le spécifie l'extrait du cartulaire de l'abbaye du 20 mars 745, portant donation faite à cette abbaye par Chrodegand, évêque de Metz, des dîmes en vin, grains, foin, etc. du ban de l'église de Saint-Denis de Scy. Le chapitre, en raison des difficultés continuelles suscitées par les habitants de Scy, leur fit signifier, le 28 avril 1701, l'extrait ci-dessus ; telle fut l'origine de ce fameux procès terminé en 1760 seulement, comme l'attestent les différents actes qui en font partie. Une transaction de l'année 1700 obligeait le sieur Thirion, curé de Scy, à payer les dîmes au chapitre telles qu'elles avaient été fixées ; mais l'affaire fut portée dans la suite au parlement

---

(*) Vers l'année 1700, Gorze était dépositaire des reliques de Saint-Gorgon. On reçut, le 30 mars de cette année, une lettre du chapitre de Saint-Gorgon-d'Ougarde, dans le diocèse de Liège, par laquelle il priait le chapitre de Gorze de vouloir bien lui faire part de quelques fragments des reliques de son patron, ce qui fut accordé sans difficulté.

de Dijon, qui rendit un arrêt déboutant les trois ordres de leurs prétentions sur les habitants de Scy.

Le 5 juillet 1701, le vicaire-général résidant à Luxembourg écrivit à M. de Morbach, abbé de Gorze, au sujet de la concession qu'il faisait au chapitre du droit de conférer les bénéfices de l'abbaye. Cet acte fut reçu le 8 juillet suivant et révoqué le 17 octobre 1709. (*)

En 1703, quelques particuliers de Gorze s'étant permis de vendre du vin pendant le *ban-vin*, (**) M. de Villemur, alors doyen de la collégiale, forma plainte à la justice de Gorze contre trois cabaretiers qui l'insultèrent gravement, ce qui modifia la sentence; ils furent condamnés à l'amende pour l'avoir traité injurieusement. M. le doyen se fondait sur ce que le *ban-vin* était un droit de l'abbaye qui pouvait vendre du vin à l'exclusion des habitants, depuis le dimanche gras jusqu'au 1er août, le chapitre participant à ce droit avec liberté de vendre les vins dans ce même temps sans aucune rétribution à l'abbé, et conséquemment aux droits seigneuriaux et même justiciers attachés à l'office

______

(*) Cette révocation fut prononcée à la porte du château. — Il paraît que la concession du droit d'élection faite au chapitre l'avait mis dans un certain embarras : quelque temps après cette concession, les trois chanoines qui le composaient alors, écrivirent une lettre par laquelle ils se départaient de ce droit et exprimaient au prince leur désir de le voir conférer lui-même les bénéfices de la collégiale.

(**) Epoque où la vente du vin était interdite aux habitants.

du prévôt moine, tels que droits de pressoir, de hallage, de colombier, etc. etc.

En 1710, la discipline s'était encore gravement relâchée. M. de Villemur prononça quelques discours en chapitre, dressa même un mémoire pour le maintien du bon ordre, dans lequel il faisait remarquer que jusqu'alors le chapitre passait pour avoir toujours été très-régulier, et que, dans aucun temps, il n'y avait eu autant de membres déréglés; enfin, il prit des mesures pour le maintien de la discipline.

Dans un procès que le chapitre de Gorze eut avec celui de Mars-la-Tour, qui portait le titre de chapitre de Saint-Thiébault, celui de Gorze fut condamné à contribuer à la pension du curé de Mars-la-Tour, ce qui ne fut exécuté que depuis 1715 jusqu'à 1745. Il résulte du procès cette particularité que l'abbé de Gorze, qui avait le patronage de cette cure, se désista de ses droits, à la condition que le doyen du chapitre de Saint-Thiébault serait obligé de venir lui faire hommage; que le trésorier dudit chapitre apporterait un écu d'or ou douze deniers, monnaie de Metz, le jour de Saint-Gorgon ou l'un de ceux de l'octave, sur l'autel de ce martyr; enfin, que le vicaire de Mars-la-Tour prêterait foi et hommage à l'église de Gorze (*).

____

(*) Le 3 mars 1719, M. de Villemur, pour favoriser la célébration des fêtes et contribuer à la solennité de l'office divin, fit donation à l'église de Gorze d'un jardin situé *rue*

Le 9 octobre 1730, on reçut à Gorze la copie des statuts donnés par Monseigneur l'archevêque de Rheims, prince de Rohan, abbé de Gorze, au sujet du maintien de la discipline. Ce prélat l'avait fort à cœur, et voyait avec peine la violation des règles établies : ainsi, par exemple, les demi-chanoines se croyaient dispensés d'assister au chapitre, et les chanoines se permettaient de s'absenter pendant trois mois, ce qui troublait complètement l'ordre et la régularité du service (*).

---

des Fèves, sous la condition de chanter le *Lauda Sion* aux messes du St-Sacrement.

En l'année 1724, il s'éleva une contestation au sujet du chemin qui traverse le terrain dit *Grand-Jardin*, lequel, par acte de fondation du 21 juillet 1606, avait été donné à la communauté de Gorze par l'abbé Charles II de Lorraine. Le chapitre ayant la propriété des eaux qui environnent ce terrain avait déjà demandé, mais inutilement, le 17 juillet 1660, la permission de se frayer un chemin pour y faire conduire les bestiaux, trente ans après que la partie méridionale de ce terrain eût été ascensée. M. de Villemur, pour faire cesser cette servitude, dressa un mémoire suivi d'une consultation rédigée par un nommé de Saint-Didier : le résultat de cette affaire fut que les choses resteraient dans le même état qu'auparavant.

En 1728, le sieur Jacob, chantre de la collégiale, désirant donner plus d'éclat aux offices pendant les jours de fête, proposa au chapitre l'acquisition d'un *bâton cantoral*, et offrit pour sa part dans les frais tous les revenus de sa dignité pendant l'année 1729, ce qui fut accepté par une délibération capitulaire du 24 décembre 1728.

(*) En l'année 1734, plusieurs particuliers de Gorze,

Le 28 décembre 1745 et pendant le mois de janvier de l'année suivante, on discuta en *chapitre annal* plusieurs articles de réforme qui donnèrent lieu à des difficultés terminées le 20 juin par l'entremise d'un chanoine de Saint-Mihiel. Vers cette époque, il y eut des plaintes portées contre les chanoines, qui abusaient du droit de chasse. Au nom et avec l'agrément du chapitre, il se fit des enquêtes à la suite desquelles il fut décidé que les chanoines pourraient chasser sur toutes les terres de Gorze comme précédemment, mais sans clameurs excessives et en usant de cet exercice avec plus de modération.

On voit, par des documents de l'époque, que

entre autres un chaufournier, s'étant avisés, comme nous l'avons déjà mentionné, de s'emparer des portes de Gorze, qui tombaient en ruines, et de les brûler, la communauté de Gorze adressa une supplique à M. l'intendant, à l'effet d'obtenir la permission de poursuivre les ravisseurs. Les portes enlevées étaient celles de *Metz*, de *Woivreuse*, de *Belteau* et la poterne de *Saint-Clément*. La communauté demandait, en outre, l'autorisation de les rétablir, afin que l'on pût se fortifier et se munir contre la guerre qui menaçait. (Archives de la ville de Gorze.)

Le 17 mai 1743 fut porté un arrêt contre la communauté de Gorze, tendant à la faire désister de ses prétentions contre le chapitre au sujet d'un pressoir que celui-ci avait fait construire pour son pressurage ; par ledit arrêt, le chapitre fut autorisé à construire un pressoir de plus, où bon lui semblerait ; il fut exempté de la *bannalité* et autorisé à supprimer le titre de *pressoirs bannaux*. La communauté de Gorze fut condamnée à l'amende et aux dépens.

M. de Chevreau eut à soutenir un procès avec le chapitre. Ce doyen avait dressé un mémoire le 21 mai 1771 dans le but de faire convertir les préciputs attribués aux dignités et à la cure en demi-prébendes, en argent et en fruits; mais on lui fit observer que l'abbaye étant en économat, on était obligé de se restreindre. Une circonstance vint changer la face de l'affaire. On apprit que le roi avait gratifié le nonce du Pape de l'abbaye de Gorze, de sorte que l'inquiétude où étaient les dignitaires de voir traîner l'affaire en longueur, si elle était portée devant la justice, fit bientôt place à l'espérance de la voir terminer aussitôt qu'elle aurait été exposée au nouvel abbé qu'ils se proposaient d'engager à faire confirmer leur décision par des lettres patentes ou une déclaration du roi. Il y eut quantité de lettres et réponses tant du chapitre et des dignitaires, que du nouvel abbé; on dressa de nouveaux mémoires et l'on recourut aux sources pour éteindre cette discussion. Le 11 mai 1772, on fit dresser une dissertation sur l'état originaire et la fondation du chapitre de Gorze, afin de faire connaître à l'abbé le véritable état de la question et lui en signaler le fort et le faible. L'abbé donna, le 1er septembre, une décision par laquelle il accordait portion de prébende aux dignitaires au lieu d'un préciput en argent que le chapitre leur payait. Malgré cette décision, les dignitaires firent de nouvelles difficultés qui obligèrent de porter l'affaire en instance devant la cour souveraine. Celle-ci rendit un arrêt auquel on interjeta appel pour s'adresser au conseil des dépêches, ce qui n'eut pas meilleure fin. Enfin, on eut recours au conseil privé du roi dans le courant de l'année 1775, lequel rendit un arrêt dont la teneur déboutait les dignitaires de leurs prétentions, accordait à l'abbé de Gorze toute juridiction temporelle et spirituelle sur le chapitre, et détruisait l'effet de la décision du 1er septembre 1772.

En résumé, le chapitre établi dans l'église paroissiale de Gorze demeura déchargé de l'entretien de cette église, auquel furent attenus les décimateurs, selon l'usage établi. Les frais du culte étaient à la charge du collège des jésuites de Pont-à-Mousson, qui, comme on l'a vu, avait été fondé sur les biens de l'abbaye. Le chapitre ne fournissait que la moitié des frais d'ornements et une somme de soixante-quinze livres pour subvenir au traitement du maître d'école. Les revenus consistaient en dîmes grosses et menues, en maisons, propriétés foncières, en cens réels et partie personnels. La majeure portion de ses biens était affermée en argent par des baux de neuf ans, une autre portion en denrées. Enfin, le chapitre gérait et administrait le surplus, et en percevait par lui-même les fruits et produits.

Cet état de choses se maintint jusqu'à l'époque de la révolution française, qui vint saper les vieilles institutions, détruisit les abus, créa des mœurs nouvelles, et fit peser son bras robuste sur les communautés, dont les fastes oubliés dénotent l'intervalle immense qui sépare notre époque du siècle précédent.

ÉTAT ESTIMATIF

DES

REVENUS DE LA COLLÉGIALE DE GORZE,

Dressé en 1790,

Conformément à un décret de l'Assemblée nationale,
sanctionné par le Roi.

SECTION Ire. — *Revenu en argent.*

		livres.	sous.
1.	Cuvry, Goin, Pournoy-la-Chétive, Coin-sur-Seille, aux cens de Haute-Vive, Precle, Rup-de-Prelle, à Augny, Grosyeux, Grosseet, menues dîmes faisant en tout...................	4,015	»
2.	Thiaucourt, au moulin d'Auche, faisant un revenu de................	1,393	»
3.	Jouy-aux-Arches, le bac et passage et droits attachés................... ₀	550	»
4.	Moulins, Saint-Ladre, Montigny, Saint-Privat........................	367	12
5.	Lessy, à Scy, et ban joignant, pour un revenu de.....................	677	16
6.	Brainville idem.	159	12
7.	Dampvitoux, pour un revenu de...... .	38	»
8.	Hagéville, à Champ, à la Chaussée....	421	4
9.	Jonville............................	150	»
10.	Panne.	513	»
11.	Sponville.........................	76	12
12.	Waville..........................	120	»
13.	Mezeray, Pinteville et Riaville........	72	»
14.	Vionville.........................	137	4
15.	Rezonville........................	167	12
16.	Juvrecourt, pour un revenu de.......	382	»

SECTION II. — *Revenu en grains.*

SECTION III. — *Revenu en vin.*

45. Dornot, 152 hottes de cens à 4 livres
   14 sous 6 deniers.................... 718 »

SECTION IV. — *Revenu en bois.*

Nota. Il est à remarquer, au sujet des bois, que le chapitre
avait une mesure qui lui était particulière pour sa corde ;
elle était de 3 pieds 8 pouces de haut. sur 7 pieds 14
pouces de long. Le tison était de 5 pieds de haut entre
les deux coupes, et les fagots, aussi de 5 pieds de haut.

46. Waville, une coupe annuelle et le quart
   des bois mis en réserve, faisant un revenu de........................ 1,020 »

SECTION V. — *Revenus spéciaux à Gorze.*

47. Revenu en argent.................... 600 »
48. En grains, néant....................
49. En vin.................... 1,246 16
50. Revenu en bois.................... 2,070 »

SECTION VI. MM. les chanoines avaient à se partager
50 chapons, dont 6 pour chacun des chanoines et 3 pour
chaque demi-chanoine. Voici la liste des villages qui devaient les fournir.

1. Cuvry...... .... 6 chapons.
2. Blainville, sur la même dîme........ ... 4 idem.
3. Blainville, sur la grosse dîme........ 12 idem.
4. Charey, sur la dîme en vin.... ...... 12 idem.
5. Pannes, sur la grosse dîme. .... 6 idem.
6. Moulins.................... 4 idem.
7. Ars et Ancy, sur cens de vin.......... 2 idem.
8. Saint-Julien.................... 2 idem.
9. Sponville.. .... 2 idem.

Total.... ..... 50 chapons.

Mais comme il en restait deux après partage, on les vendait
à leur profit.

État des biens sur lesquels les dimes et les cens sont affectés au ban de Gorze.

	livres.	sous.
1. La menue dime et la grosse dime du ban dit le Chatelet. Un char de foin chargé à volonté, et menus droits estimés...	155	»
2. Au pré dit le grand jardin...	120	»
3. Le clos de Saint-Thiébault et bâtiments..	75	»
4. Le pré le prévost, près le Pierre-Pont...	17	»
5. Au jardin, dans la rue des Féves, donné par M. de Villemur...................	40	»
6. Un jardin dans les ruines de l'abbaye...	12	»
7. Quatre maisons, dont trois vendues et une estimée......................	40	»
8. Plusieurs cens et rentes seigneuriales (dites conventuelles)...............	141	»

9. Un char de foin, dit le char de l'âne, à charger à volonté dans le pré de M. l'abbé près le Pierre-Pont, le droit de coupillon, au jour de marché qui précède ou qui suit le jour de la Saint-Martin, le droit de tenir le jeu de quilles audit Gorze pendant la semaine Sainte, les deniers dus par la justice de Vionville, et les amendes des délits champêtres commis sur le ban d'Auconville.

		deniers.
10. Une fondation faite par le sieur Collignon, chanoine, suivant l'acte du 27 septembre 1678.......................	38	11

11. Une cuverie attenant aux pressoirs, laissée à bail emphytéotique par acte du 4 juillet 1746 pour 99 ans......... livre. sous. 1 8

12. La dîme en vin à la 23ᵉ, plus le droit de pressurage à la 13ᵉ hotte, par arrêt du parlement de Metz 1743 ; sur quoi il est dû 11 hottes de préciput, dont 7 à M. le doyen, 2 à la communauté pour vin de Pâques, 2 aux pauvres et une coupe de bois de 8 à 9 arpents tous les ans.

DES CHANOINES ET DEMI-CHANOINES

de l'église de Gorze,

Sécularisée par une bulle, en 1522, érigée en collégiale en 1580.

1. Paris (Nicolas), 1er doyen, nommé en 1580, mort en 1614.
2. Thibourel (Nicolas), ex-moine, n. en 1580, m. en 1597.
3. Dourches (Jacques), ex moine, n. en 1580, m. en 1590.
4. De Walle, ex-moine, n. en 1580, m. en 1606.
5. Masson, 1er catéchiste, n. en 1580, m. en 1611.
6. Barthelemy, nommé en 1580, mort en 1614.
7. Chavais (Étienne), 1er chantre, n. en 1596, m. en 1617.
8. Courcier (Jean-Étienne), 2e chantre, nommé en 1597, mort en 1635.
9. Martignon (Jacques), 2e catéchiste, nommé en 1606, mort en 1617.
10. Flutot (Jean), 3e chantre, n. en 1611, mort en 1642.
11. De Salins (Érard), résigna, n. en 1611, m. en 1611.
12. Mandeguer (Jean), 2e doyen, n. en 1614, m. en 1659.
13. Breteaux, 3e catéchiste, nommé en 1614, m. en 1626.
14. Collignon (Louis), nommé en 1617, mort en 1659.
15. De Montaigut, 4e catéchiste, nommé en 1617, devient chanoine de Metz, mort en 1635.
16. Dupin, nommé en 1626, mort en 1645.
17. Picard, 5e catéchiste, nommé en 1635, mort en 1675.
18. Pariset (Charles), nommé en 1635, mort en 1677.
19. Étienne (Claude), 4e chantre, n. en 1642, m. en 1650.
20. Bouvillet (Claude-Étienne), n. en 1645, m. en 1696.
21. De Gourcy (Charles), 5e chantre, n. en 1650, m. en 1689.
22. De Salien (Henry), n. en 1659, résigna, m. en 1665.
23. Martin (Nicolas), 3e doyen, n. en 1659, m. en 1709.
24. Camuset, nommé en 1665, mort en 1709.

25. De Tilly (Jacques), 6e catéchiste, nommé en 1675, résigna, mort en 1678.
26. D'Auburtin (Charles), 6e chantre, restaurateur de Saint-Thiébault, nommé en 1677, mort en 1723.
27. De Thilly (Henry), 7e chantre, n. en 1678, m. en 1729.
28. De Villemur (Charles-François-Hyacinthe), 4e doyen, nommé en 1689, mort en 1728.
29. Marchand (Dominique), nommé en 1696, m. en 1716.
30. Lefèvre (Jacques), nommé en 1710, mort en 1716.
31. De Levisten (Philippe-Éberard), 8e catéchiste, nommé en 1711, résigna et mourut en 1760.
32. Sommy (Ferdinand), 7e chantre par mutation, nommé en 1715, mort en 1726.
33. Jacob (Louis), 8e chantre, nommé en 1716, m. en 1754.
34. Nivoy (Jean-François), nommé en 1723, mort en 1750.
35. Didier (François), nommé en 1726, résigna en 1748 et mourut le 17 avril 1765.
36. Thorel (Joseph), 5e doyen, nommé en 1728, résigna le doyenné en 1771, prébendé et mort en 1780.
37. Dujardin (Jean-Nicolas), nommé en 1729, m. en 1761.
38. De Vecchys (Charles-Joseph), 9e chantre, nommé en 1744 résigna en 1780, sa place de chantre, fut 10e catéchiste en 1784 et mourut en août 1791.
39. Maclot (Dominique), nommé en 1750, résigna et mourut en 1770.
40. Poupart (Bernard), 9e catéchiste, n. en 1754, m. en 1784.
41. Crier (François), nommé en 1760, m. le 13 mars 1782.
42. De Chevreau (Joseph-Louis), 6e et dernier doyen, nommé en 1761, résigna en 1771 son titre de chanoine, et mourut le 21 janvier 1821.
43. Gerard (André-Bernard), nommé en 1771.
44. Goblet de Malancourt (Louis-Médard), 10e chantre, nommé en 1781, mort en 1818.
45. Le Begue (Georges-Antoine), nommé en 1782.
46 La Lourcey (Charles), nommé en 1784.

NOMS DES DEMI-CHANOINES.

1. Le Paux, mort en 1628.
2. Gravelle.
3. Louis.
4. Milquin.
5. Robert (Louis).
6. Braconnier (Charles).
7. Fauchon.
8. Lambert.
9. Loisy.
10. Malfert.
11. Sauvage.
12. Chaillot, depuis chanoine de Metz.
13. Phulpin.
14. Fozel (Maurice).
15. Guillaume (Nicolas).
16. Couriol (François.
17. de Salins.
18. de la Mesans.
19. Carré, démissionnaire, mort en 1707.
20. de Tilly (Jacques), depuis chanoine.
21. de Monthaison, nommé en 1681, mort en 1755.
22. Barbillon.
23. Marchand (François).
24. Dietremeau.
25. Moyeuvre.
26. Lefevre, depuis curé de Brainville.
27. Sommy (Ferdinand), depuis chanoine, mort en 1715.
28. Marchand (Dominique), depuis chanoine, m. en 1696.
29. Lefevre (Jacques), depuis chanoine, mort en 1710.

30. Crier (François), devint chanoine et résigna, m. en 1760.
31. Nivoy (Jean-François), depuis chanoine, m. en 1723.
32. de Bauler, depuis chanoine de Neuvillers, m. en 1740.
33. du Jardin (Jean-Nicolas), depuis chanoine, nommé en 1720, mort en 1729.
34. Boissard (Charles-Léopold), nommé en 1729, m. en 1761.
35. Poupart (Bernard), depuis chanoine, nommé en 1740, mort en 1754.
36. Goblet de Malancourt (Louis-Médard), nommé en 1754, devient chanoine et chantre en 1781.
37. De Chevreau (Louis-Joseph), nommé en 1755, depuis chanoine.
38. Gallon (Hubert), nommé en 1761, depuis chanoine de l'église collégiale de Verdun, résigna, m. en 1765.
39. Tronville, nommé en 1761, depuis chanoine de l'église collégiale de Verdun, résigna.
40. Malherbe (Pierre-Antoine), n. en 1761, m. en 1835.
41. Brioleux (Athanase), nommé 1761, résigna et fut fait curé de Jarny en 1785.
42. Gérard (André-Bernard), nommé en 1766, résigna et fut fait chanoine en 1771.
43. Dégoutin (François), nommé en 1771, résigna.
44. Dudot (Henry), nommé en 1781, résigna.
45. Jacquesson (Sébastien), n. en 1785, m. en 1791.

A l'époque de la révolution, le revenu du chapitre se montait à 24263 livres 1 sou 4 deniers.

Les dépenses nécessaires, à 2811 id. 13 sous 9 deniers.

ADMINISTRATION MUNICIPALE.

La ville de Gorze a été administrée par des mainbourgs (titre équivalent de celui de maire), depuis 1635 jusqu'en 1787; ils étaient chargés des recettes et des dépenses, et à la fin de chaque année rendaient leurs comptes à une commission composée en partie d'ecclésiastiques. De 1787 à 1791, la municipalité a été administrée par des syndics qui avaient pour secrétaire M. Renaud; du 13 mars 1792 au 12 novembre suivant, M. Collin a rempli les fonctions d'administrateur.

Avant la révolution, le clergé était détenteur des actes de l'État civil; mais une loi de la Convention change cet ordre de choses. M. de Chevreau, alors curé doyen, cesse de signer le registre des morts le 3 mai 1791, celui des naissances et mariages le 10 mai de la même année. Ensuite on retrouve la signature de M. Laval, prêtre-jureur, jusqu'au 12 mai 1792.

Au 26 octobre de la même année, les registres sont arrêtés par M. de Malancourt, investi de l'autorité municipale.

Du 12 novembre jusqu'à l'exécution de la loi

du 28 pluviôse an VIII (27 février 1800), portant création des maires et adjoints, la ville de Gorze a été successivement administrée par MM. Auburtin, Lallemand, Mahaud, Robert, de Malancourt, Le Gardeur et Garcel, agents municipaux faisant fonction d'officiers publics.

M. Le Gardeur a été maire à la création du 28 mai 1800, jusqu'au 1er janvier 1808.

M. de Marionnelz, du 1er juillet 1808 au 16 décembre 1815 (*).

M. Forget de Barst, du 16 décembre 1815 au 10 juillet 1824.

M. Sturel remplissait les fonctions de maire du 10 juillet 1824 au 20 août suivant.

M. Gillon, du 20 août 1824 au 5 octobre 1830.

M. Barba, du 5 octobre 1830 au 14 novembre 1831.

M. Thomas, du 14 novembre 1831 au 30 décembre 1834.

M. Gillon, du 31 décembre 1834 au 12 avril 1846.

M. Didion, du 12 avril 1846 au 31 octobre 1847.

M. Aubry, du 30 décembre 1847 au 20 février 1852.

M. Didion, du 20 février 1852 . . . . .

(*) M. de Marionnelz fut aussi nommé administrateur du dépôt de mendicité. L'ancien collége, fondé à Gorze par ses soins, a été vivement regretté.

Coustumes générales de la Terre et Seigneurie de Gorze, rédigées et mises en escrit du commandement de Monseigneur Charles de Lorraine, par la divine Providence et du Saint-Siége apostolique, Abbé et Seigneur souverain de ladite Terre de Gorze; par Mathieu REGNAULD, Gorzain, Docteur en droit, Lieutenant général au gouvernement de la Terre et Seigneurie de Gorze, et Grand Écuyer en icelle,

1624.

Copie du mandement de Monseigneur, touchant les coustumes générales de la Terre et Seigneurie de Gorze.

De Par

L'Abbé et Seigneur souverain de la terre de Gorze, etc.

A nos très chers et feaulx, le sieur du Gastinois, Gouverneur et sur Intendant en nostre Terre et Seigneurie de Gorze, et Blaise Mahuet Procureur général en icelle, salut. Ayant depuis nostre advénement en cette abbaye recognu l'intérest et incommodité que nos subjects reçoivent par la diversité des coustumes et formalités, et l'instruction des procès d'entre les subjects de nostre dite terre et forains y plaidans, à quoi désirant pourvoir à l'advenir pour une plus prompte administration et justice, nous aurions cy devant ordonné à nostre très-cher et feal Mathieu Regnauld, Lieutenant général en nostre dite terre de dresser et rédiger par escrit les coustumes que voulons estre doresnavant observées, au subject de quoy nous vous mandons qu'ayez à communiquer ce qu'il est escrit à nos mayeurs justiciers et officiers, et députer quelques uns d'entr'eux, comm'aussy des anciens de nos subjects pour examiner et recognoistre les dites coustumes, y adjouster, diminuer ou changer ce qui semblerait préjudicier à l'ancien usage, et sur le tout dire ce qu'ils trouveront estre pour le bien public et soulagement de nos dits subjects; pour vostre rapport vous avez admis le communiquer aux gens de nostre Conseil avant l'homologation des dites coustumes, de quoi nous avons donné et donnons plein pouvoir, commission et mandement spécial, voulant et ce faisant vous estre obéis et diligemment entendus, car telle est nostre intention. Donné à Gorze, le 26 janvier 1624. Signé Charles, et plus bas pour serviteur,

C. FOURNIER.

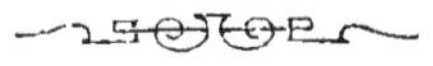

COUSTUMES GÉNÉRALES

DE LA

TERRE ET SEIGNEURIE DE GORZE.

TITTRE PREMIER.

Des qualités, droits, estat et condition des personnes.

1. En l'abbaye, ville, terre et seigneurie de Gorze (laquelle d'ancienneté est souveraine), la coustume est vulgairement appelée le droit Saint-Gorgon.

2. Quelques lieux, pour le tout ou en partie par divis ou indivis, ont en outre certains aultres droicts municipaulx et coustumes particulières.

3. Comme la loi de Bolmont, les droits des chevaliers et escuyers, la coustume de l'Evesché de Metz, dite Bailliages de Saint-Mihiel, Aspremont, droit de Sainte-Glossinde de Metz, et Sainte-Croix de Verdun et autres locales.

4. En la dite ville, terre et seigneurie, il y a clercs et laïcs.

5. Qui jouissent respectivement de leurs droits et immunités, se comportant néanmoins un chacun comme il doit selon sa qualité.

6. Et sont tous indifféremment tenus pour per-

sonnes franches, libres, et exemptes de condition servile.

7. Des clercs, les uns sont constitués en ordres suivis et dignités ou bénéfices ecclésiastiques.

8. Et ceux-cy usant de leurs droits pour ce qui les regarde et concerne leurs bénéfices ou dignité.

9. Les autres simplement clercs tonsurés.

10. Et de ceux-cy, aucuns sont mariés, autres non mariés.

11. Qui jouissent proportionnellement des priviléges de cléricature.

12. Tant et si longtemps qu'ils portent la tonsure et habit clérical.

13. Ou suivent actuellement quelque livre pieux.

14. Des laïcs, les uns sont en leur puissance et usans de leurs droits.

15. Les autres sont en la puissance d'autruy.

16. En leur puissance sont les hommes mariés, pères et veufs.

17. Et autres au dessus de vingt ans complets ayant dès lors acquis le droit d'émancipation.

18. Laquelle se doit faire de la permission du souverain.

19. Pardevant juge compétent selon la qualité de la personne, le Procureur général ou substituant.

20. En la puissance d'autruy sont toutes autres personnes.

21. Qui ne peuvent user de leurs droicts sans licence, permission ou advis d'autruy.

22. Comme la femme mariée est en la puissance de son mari.

23. L'enfant de famille en celle de son père ou mère vefve.

24. Le pupil mineur prodigue, interdit ou furieux en celle de son tuteur, curateur, gardien, ou mainbourg.

25. La personne qui est en sa puissance usante de ses droicts.

26. Peut validement contracter, tester en jugement soit en demandant ou deffendant.

27. Disposer du sien selon et comme l'équité lui permet.

28. Bref faire tous autres semblables actes légitimes comme estant libre et à soy.

29. Mais la personne qui est sous la puis-d'autruy nullement.

30. Ains est requise l'authorité de celuy en la puissance duquel elle est.

31. A peine de nullité de tout ce qu'autrement s'en serait ensuivy.

32. Sinon en cas de jugement, délict ou excès ou crimes.

33. Esquels telle personne peut, sans d'ailleurs estre authorisée, commise ou estre commise en jugement.

34. Femme mariée, ores qu'elle ayt père, mère, ou autres ascendants, la bénédiction nuptiale reçue est entièrement en la puissance de son mari.

35. De sorte qu'elle ne peut s'obliger, donner ou quitter choses quelconques ny tester en jugement.

36. Sans l'advis, consentement, licence ou permission d'iceluy.

37. Peut au contraire le mari, sans procuration, poursuivre ou deffendre.

38. Soit en justice ou autrement les droits, noms et actions de sa femme.

39. S'il est question de vendre, engager, obliger, eschanger.

40. Ou autrement aliéner son bien tenant nature de fonds.

41. Femme mariée ne le peut, ores que licensée et authorisée de son mari.

42. Que par l'exprès consentement de quatre de ses parents.

43. Par nombre esgal du costé paternel et maternel.

44. Ou a faulte d'iceulx, d'autant d'autres les assistans comme amis.

45. Ou touttes fois la femme se serait obligée pour son mari.

46. Et de la licence d'iceluy elle seroit tenue d'en respondre.

47. Et pourroit estre contrainte par exaction de ses biens quels ils soient.

48. Bien que quatre parents alliés ou amis y eussent aggréé.

49. Femme mariée trafiquante publiquement pour fait de marchandise.

50. Peut à raison d'icelle comparoistre en jugement.

51. Et en disposer sans le consentement de son mari par des alliés ou amis.

52. Mesme peut ladite marchandise estre saisie pour l'accomplissement des promesses.

53. Et contracts que telle femme aurait faict sur icelle.

54. Ou l'exécution des jugements contre elle rendus à ce subject.

55. Et a la femme pareille voire mesme liberté de disposer du sien.

56. Quand par ordonnance de justice elle est en effet séparée de biens d'avec son mari.

57. Enfants procréés en loyal mariage sont et demeurent.

58. En la puissance de leurs père, mère ou tuteur jusques à leur mariage, ou émancipation.

59. Ou qu'ils soient pourvus d'estat ou grade honorable.

60. Ou bien ayant atteint leur première majorité.

61. Estant les masles au dessus de vingt ans complets, et les filles de 18 ans passés.

62. Avant lesquels âges ne peuvent légitimement se marier.

63. Sans l'exprès consentement de ceux en la puissance desquels ils sont.

64. Ne peuvent non plus tels enfants mineurs assister en jugement pour chose civile.

65. Ny disposer leurs meubles acquicts ou actions mobiliaires.

66. Et quant à l'immeuble à eux issu en ligne droite ou collatérale.

67. Tenant nature du fonds, ils ne le peuvent vendre.

68. Ny autrement aliéner qu'en pleine majorité d'âge qui est de 25 ans complets.

69. Si ce n'est, par permission du Seigneur ou de justice.

70. Pour cognoissance de cause du consentement du procureur général ou substitut.

71. Et advis de quelques parents du costé dont les biens soient.

72. Père et mère n'ont aucun droit en ce que l'enfant de famille s'est acquis.

73. Hors la maison paternelle par son travail propre ou industrie.

74. Comme faisant profession des armes ou des lettres et sciences.

75. Ou exerçant quelqu'autre art libéral ou mécanique.

76. Soit qu'il rende service à quelqu'un ou autrement.

77. Mais telle chose acquise de la sorte demeure à l'entière.

78. Et libre disposition de l'enfant émancipé ou non.

79. Bastard peut disposer de ses biens tant par contract fait entre vifs.

80. Que par disposition testamentaire ou autrement.

81. Ne peut toutefois succéder à ses père et mère ou autres parens.

82. En quelque ligne que ce soit, soit directe ou collatérale.

83. S'il n'est légitimé par mariage subséquent.

Nous ne donnons que le titre premier de ces coutumes, et nous renvoyons pour les autres titres au manuscrit qui se trouve à la bibliothèque de Metz, coté n° 215.

Ces coutumes n'ont pas été homologuées et ne sont que manuscrites ; elles ont même été supprimées par arrêt du Parlement du 4 septembre 1677 ordonnant l'exécution de celui du 8 octobre 1664, avec défense aux habitants des lieux y dénommés de reconnaître autre juridiction que celle de Gorze, et aux juges dudit lieu de suivre autre coutume que celle de Metz.

Un arrêt du Parlement du 8 octobre 1664 fait défense aux habitants de Tronville, Arnaville, Hagéville, Jonville, Olley et Villecey, de reconnaître autre souverain que le Roi, ni autre justice souveraine que le Parlement.

Il existe, dans les archives de la ville de Gorze, une copie, par le même Mathieu Regnauld, d'une pièce concernant les droits seigneuriaux, datée du 16 juillet 1659, dont nous ne relatons que les articles suivants, qui ne laisseront pas de donner quelque jour sur la législation de cette époque.

1. L'Abbé de Gorze peut, s'il lui plait, tenir annaulx plaids une fois l'an.

2. Les amendes hautes et basses de la ville lui appartenant.

3. Les fours de la ville lui appartiennent, avec la dîme d'un pain sur vingt, sauf le droit de portage qui est d'un demi pain sur vingt pour les habitants qui ont fait la pâte chez eux. Les Prud-hommes sont exceptés de cette servitude.

4. Les moulins lui appartiennent avec le droit de prendre un setier sur vingt-quatre. Les Prud-hommes ont la liberté d'aller moudre ailleurs.

5. Le Prévôt de Gorze doit toucher la dîme d'un muid de vin sur treize sur le canton de vigne qui règne le long du chemin de Metz, et la dîme de quatre muids sur chaque sac de charbon qui se fera dans les bois.

6. L'Aumônier touchera la dîme d'un muid de vin sur treize. Les Prudhommes peuvent pressurer leur récolte où il leur plait.

7. Les dîmes de bled sont à l'Aumônier, qui prendra une gerbe de bled sur treize.

8. Les Prudhommes doivent nommer. deux gardes pour garder leurs biens; ils peuvent chan-ger l'époque fixée pour l'ouverture ou la fermeture du ban.

9. Les Prudhommes ont la franchise de pouvoir voiturer et voyager quelque part et quel temps ils le voudront.

10. Inintelligible.

11. Les Prudhommes de la ville de Gorze ont leur chauffage dans le gros bois, trois semaines avant et trois semaines après Noël ; ils peuvent prendre toutes sortes de bois, excepté le charme et le chêne, dont eux ou leurs femmes pourront prendre les sommaux s'ils les trouvent coupés.

12. L'Abbé doit établir un garde forestier pour garder les gros bois. Le garde doit être tel qu'il fasse ses rapports contre les délinquants pour les faire juger.

13. 14. 15. Inintelligibles.

16. Le marché de la ville de Gorze appartient à l'Abbé de Gorze, qui touche deux francharts courants et le Prévôt un.

17. Les marchands qui habitent Gorze payent, sur le marché qui se tient le lundi, deux deniers pour le droit de vente ; les marchands forains avec voiture un denier, et ceux qui n'ont qu'une balle ne payent rien.

18. Les propriétaires de terrains doivent charger pour l'Abbé, après que le grangier aura prévenu le Maire trois jours d'avance, et celui-ci le Doyen *qui fera hucher ceux qui doivent cette corvée, et s'ils y manquent, ils seront féris de la corgée.*

19. Le banal, ou garde champêtre, aura prébende sur les moissons pendant le mois d'août, avec le grangier.

20. Chaque habitant de la ville de Gorze doit, au temps où l'on coupe le tramois, une journée

de travail et doit les faire prévenir par son grangier trois jours d'avance.

21. A la foire qui a lieu à Gorze, les bestiaux payeront un certain droit, savoir : deux deniers forts pour les bœufs, un denier pour les vaches, et un denier pour les bêtes à laine.

22. Le lundy avant la Saint-Martin, ou le lundy après, chaque état doit au Prévôt de Gorze un denier fort pour les porcs qu'il soigne au couvent de Gorze, le dimanche de carême au soir.

23. Lorqu'on prendra des malfaiteurs, le Doyen doit les garder sept jours, jusqu'à ce que la justice s'en empare.

24. Le Seigneur de Gorze a le droit de débiter du vin depuis Noël jusqu'à la Saint-Pierre d'août, et pour cela il doit avoir trois tavernes, deux de vin rouge et une de vin blanc.

25. Le Seigneur a le droit de faire labourer ses terres trois fois l'an ; il doit prévenir le Maire trois jours d'avance, et à son tour celui-ci préviendra le Doyen qui le fera annoncer publiquement.

26. 27. Inintelligibles.

28. Le fanal touche pour l'Abbé une charrette de foin dans le grand pré, et le Moine de Saint-Blin en a une pour son âne qui porte la ligne (bois) à Saint-Blin.

29. Dans le temps de labour, on doit à l'Abbé le labourage, mais le grangier doit le prévenir trois jours d'avance, comme pour les autres corvées.

30. Le lendemain de la Saint-Antoine, le Doyen

avec le Maire doivent se rassembler pour souper ensemble ; le Doyen doit donner de l'oie et le Maire doit apporter les membres et la courosse d'un porc, et peut mener sa femme avec lui s'il lui plait ; si c'est un jour maigre, ils doivent substituer autre chose de la valeur de deux deniers ; le tout pour se reconnaître.

31. Le Prévôt et le Chambrier doivent les mailles en la ville de Gorze.

Nous complétons la législation Gorzienne par le titre de l'ouvrage suivant :

Ordonnances et règlement pour la police de la Terre de Gorze et des Seigneuries en dépendant. *Metz, Collignon*, 1755, in-4° de 15 pages.

Il n'est peut-être pas sans intérêt et quelque utilité historique de donner aussi la description du sceau du tabellionage de Gorze, *sous lequel se grossoyaient les contrats, marchés et autres conventions.*

Sceaulx du tabellionage de Gorze. Les armes pleines de Lorraine surmontées du chapeau de cardinal. Diamètre, 0^m 05^c.

Caractères gothiques ; sceau fait pendant la prélature de Charles, évêque de Metz, abbé de Gorze, fils de Nicolas de Vaudémont, tuteur de Charles III. Les armes de Lorraine sont couvertes d'un lambel.

Catalogue de M. Noël de Nancy, n° 3262.

QUATRIÈME PARTIE

STATISTIQUE,

MONUMENTS ET ENVIRONS

DE LA VILLE DE GORZE.

GORZE, que quelques-uns font dériver du terme latin *gurges*, *gouffre* ou *enfoncement*, tire son étymologie des mots celtiques *gor*, qui signifie *canal*, et *sy*, qui veut dire *eau*.

D'après un petit nombre d'auteurs, la dénomination de Gorze viendrait de *Gorzia*, nom du ruisseau qui l'arrose ; selon d'autres ce serait, au contraire, le ruisseau de Gorzia qui lui aurait emprunté son nom ; mais cette dernière opinion est évidemment erronnée , puisqu'il était déjà porté sous cette désignation dans la charte de fondation (*), et dans une charte de donation de l'an 754 , l'évêque Chrodegand ajoute : ....

... Idcirco donamus de rebus sancti Stephani ad illam basilicam sancti Petri , et sancti Stephani et sancti Pauli , vel ceterorum sanctorum quam nos , Deo auxiliante , à novo ædificavimus in fine Haldiniacâ , in pago scarponinse ubi GORZIA fluviolus consurgit (**).....................

Toutefois , dans ces deux acceptions , l'étymologie précédente (*gor*, canal , *sy*, eau) n'en subsiste pas moins ; seulement la particule *sy* donnerait *zia* au lieu de *ze*, pour désinence.

Ce bourg, qui prend le titre de ville , est chef-lieu de canton de l'arrondissement de Metz , et avant la nouvelle circonscription de la France en départements , ressortissait de l'ancienne province des Trois Evêchés. Il a pour annexes les fermes de Sainte-Catherine , La Folie , Auconville , Labauville , et les ermitages de Saint-Thiébault et de Saint-Clément. Son climat est tempéré , quoique l'air y soit un peu vif ; sa position est des plus avantageuses et des plus singulières , ce qui en fait un séjour de délices pour l'amateur de beautés naturelles. Placé dans un bassin étroit et contourné

(*) Voir page 26, IIe partie.

(**) Cartulaire de Gorze , page 4.

qui prend sa direction de l'est à l'ouest, et dominé
par des côtes assez élevées, il se trouve à l'abri
des vents du nord et du midi. Cependant, l'hiver
y est rigoureux, à cause des gorges qui aboutissent dans le principal vallon.

La distribution de ses rues, dont la principale
a été construite sur l'ancien aqueduc et adossée
à la côte qui se trouve au nord, a été restaurée
depuis que la route départementale n° 16 traverse
la ville. Avant 1850, époque à laquelle ces travaux ont été exécutés, elle était très-étroite et
sale. Les autres sont plus ou moins étroites, mais
sont dans un état d'entretien très-satisfaisant par
les soins que l'administration municipale n'a cessé
d'y apporter. La ville a la forme d'un double Y.
Sa population, qui est d'environ 1800 habitants,
est de beaucoup trop forte, si on la compare au
nombre des maisons, dont beaucoup contiennent
trois, quatre et même cinq ménages, ce qui semblerait nécessiter un agrandissement.

L'étendue de son territoire présente une super-
ficie de 1233 hectares, 19 ares, répartis ainsi
qu'il suit :

	hectares.	ares.	centiares.
Terres arables.........	569	27	77
Vignes..............	60	94	69
Jardins.............	8	74	29
Prés...............	53	55	47
Pâtures............	12	47	63
A reporter...	704	99	85

	hectares.	ares.	centiares.
Report.........	704	99	85
Bois..............	440	09	61
Vergers............	55	25	63
Friches...........	25	25	03
Terrains pierreux.....	»	97	76
Étangs et ruisseaux...	1	09	90
Constructions........	5	51	22
	1,233	19	00

Le tout forme un revenu imposable de 22,819 fr. 56 cent.

Le ban territorial de Gorze est borné au nord par les bans de Rezonville et d'Ars ; à l'est, par ceux d'Ancy, de Dornot et de Novéant ; au midi, par ceux d'Arnaville, de Bayonville, de Wandelainville et d'Onville ; et à l'ouest, par ceux de Chambley, de Waville, de Tronville et Vionville.

Le sol, quoique varié par ses différentes productions et les situations multipliées auxquelles il donne lieu, est des plus ingrats, et ce n'est que par un travail soutenu et des plus rudes que les habitants parviennent à en tirer les aliments nécessaires à leur subsistance. Il produit du vin passable lorsque la gelée, à laquelle les coteaux de vignes sont fort sujets, n'en a pas contrarié la fructification. Le vin du canton dit le *Chauterne* passe même pour excellent. Les arbres fruitiers y réussissent assez bien, surtout celui de la pomme *court-pendu*, qui en porte de délicieuses ; mais de tous les légumes, la pomme de terre est à peu

près celui qui se plait le mieux dans cette terre
légère et sèche. Les autres ne fructifient qu'à force
d'engrais et de soins. Le fond de terre, surtout
sur l'arête des côtes avoisinantes, est graveleux
et couvert dans beaucoup d'endroits de pierrailles
et de roches; ce n'est que dans quelques endroits
qu'on le trouve argilaire. En général, les couches
qui le composent s'écartent plus ou moins de la
ligne horizontale; dans bien des endroits, elles
sont coupées et interrompues tout à fait, ce qui
semblerait être les vestiges d'une tourmente qu'aurait éprouvée ce pays sans doute longtemps battu
par les eaux, car on y trouve d'énormes rochers
à nu et isolés, des lits entiers de pétrifications
maritimes, offrant en abondance au cabinet du
naturaliste, l'oursin de mer, la corne d'Ammon,
plusieurs espèces de bivalves, de poulies, de pattes
de lion, etc. (L'examen géologique des couches
qui composent généralement le sol de Gorze, fait
voir qu'il est formé d'oolithes alternant avec un
calcaire grossier).

La salubrité de Gorze est due en partie à la
fraîcheur et à la vivacité de l'air; les chaleurs de
l'été y sont tempérées par la fraîcheur de ses eaux
abondantes et le voisinage de ses vastes forêts. On
prétend que l'influence de l'air vif qu'on y respire
serait nuisible aux poitrines faibles. Cependant les
hommes y sont généralement sains, vigoureux, et
fort peu sujets aux maladies chroniques.

Gorze possède une justice de paix, un bureau

d'enregistrement, deux notaires, deux huissiers, un percepteur. Il jouit en outre de plusieurs établissements utiles, tels qu'un bureau de bienfaisance, une association de dames de charité, des maisons affectées aux écoles publiques pour les garçons et les filles (cette dernière est dirigée par quatre sœurs de l'ordre de Sainte-Chrétienne de Metz), et renferme un dépôt de mendicité où sont reçus les indigents du département.

Le dépôt de mendicité avait été fixé à Gorze, où l'on avait commencé à l'établir au mois de juin 1812; on ne voyait plus alors de mendiants à Metz, ils étaient transférés dans ce dépôt; à la fin de l'année 1813, on l'a transformé en hôpital pour les militaires revenant de la campagne de Leipsick. En 1816, il a été converti en caserne pour l'armée d'occupation jusqu'en 1818, époque où les troupes étrangères ont évacué la France.

Par décision du 28 avril 1845, le Ministre de l'intérieur a approuvé le réglement arrêté par le Préfet du département de la Moselle, pour le service du dépôt de mendicité de Gorze.

Le titre premier du réglement qui explique la nature et le but de l'établissement, est ainsi conçu :

Art. 1er. Un dépôt de mendicité sera organisé pour recevoir les mendiants du département de la Moselle.

Art. 2. Ce dépôt sera établi dans les bâtiments connus sous le nom de : *Ancien Château* ou *Ancien Dépôt de mendicité de Gorze.*

Art. 3. Les vieillards et infirmes admis au dépôt seront placés dans un quartier complètement séparé du quartier affecté aux mendiants condamnés.

Les sexes seront complètement séparés dans chaque quartier.

Le régime sera différent pour chacune des deux catégories.

Art. 4. Les admissions seront ordonnées par le Préfet, soit qu'il s'agisse d'individus condamnés pour cause de mendicité et qui auront subi leur peine, soit qu'il s'agisse de mendiants qui se présenteront volontairement pour obtenir leur admission et qui justifieront :

1° De leur indigence absolue et de celle de leurs parents qui leur devraient des aliments aux termes des articles 205 et suivants du code civil ;

2° De l'impossibilité où ils se trouveront de pourvoir à leurs besoins par le travail ;

3° De l'impossibilité où ils se trouveront d'être secourus par les établissements de charité de leur domicile ;

Art. 5. Les mises en liberté des reclus seront également ordonnées par le Préfet.

Quant aux édifices remarquables de cette ville ancienne, on n'en compte presque point. Gorze est bien déchu de son antique splendeur, et l'on n'en aperçoit plus que quelques restes qui ne sont intéressants que parce qu'ils tiennent la place de ceux dont ils couvrent les ruines. Son abbaye, qui datait du VIIIe siècle, a entièrement disparu et ne présente à l'œil scrutateur que des jardins et un bout de rue. C'est à elle et à l'aqueduc construit par les Romains, que Gorze peut attribuer son ancienne célébrité, comme on a pu le voir par l'histoire qui précède. On y remarque cependant un joli château construit en 1696 par le prince de Morbach, alors Abbé de Gorze. Son architecture est fort élégante; il a servi depuis à différents usages qui lui ont causé beaucoup de dégradations; il est maintenant propriété départementale et converti en dépôt de mendicité.

L'église, qui est très-ancienne, est un bâtiment assez beau; elle a été construite au commencement du XIe siècle par Henry, bon Abbé; elle a la forme d'une croix latine et est surmontée d'un clocher terminé par un dôme un peu écrasé qui a été construit en 1824; les arcades de la nef sont à ogives, avec chapiteaux à crochets et surmontées de croisées en plein ceintre; les ouvertures des collatéraux ont aussi la même disposition; sur une porte latérale, à droite et à gauche du tympan, on voit la résurrection de *Lazare*, et *Jonas* sortant de la baleine; les arceaux de la tour sont de style roman; son orgue et sa boiserie sont à peu près ses seuls ornements; elle renferme la sépulture de plusieurs personnages célèbres, soit par leur piété, soit par leur bienfaisance, entre autres celle de Henry, bon Abbé, et de monsieur de Chevraux, dernier curé, doyen du chapitre, dont les dépouilles reposent au milieu du chœur, quoique son épitaphe soit placée sur le pilier de droite.

L'hôtel-de-ville, qui était un bâtiment appartenant au Prince de Gorze, avant la révolution de 1789, a été reconstruit à neuf en 1844. Il n'a rien de remarquable. Il renferme une salle pour les séances du Conseil municipal, une autre pour la justice de paix ; il y a en outre un logement pour le directeur de la poste aux lettres et un pour le commissaire de police.

L'ingratitude du sol fait que les habitants, ne pouvant être agricoles, ont recours à des moyens industriels pour se faire une existence. Sans parler des bûcherons qui y sont nombreux, à cause de la vaste étendue de forêts qui entoure Gorze et des marchands de bois en gros qui font des envois considérables pour Metz, on peut citer comme branche d'industrie les tanneries qui occupent une partie du canal de l'ancien aqueduc encore très-bien conservé, étant alimenté par des eaux de sources vives et fraîches, et son courant étant tel qu'il le faut pour le lavage des cuirs. Les eaux qui ont servi aux fosses des tanneries vont encore faire mouvoir un moulin à tan situé à l'extrémité. Une autre branche de commerce assez forte, et à laquelle on ne fait peut-être pas attention, est la broderie à l'aiguille.

Quoiqu'on ne puisse pas dire que la politesse soit le partage des gens de Gorze, ils ne manquent cependant pas d'une certaine aménité ; ils sont

généralement d'une constitution robuste et saine,
et aimant le travail autant par goût que par nécessité. Gorze se glorifie d'avoir fourni à l'État de
généreux défenseurs et de bons officiers; plusieurs
se sont rendus dignes de voir insérer au bulletin
des lois la mention honorable et publique d'avoir
bien mérité de la patrie.

Cette petite statistique serait imparfaite si nous
passions sous silence la description des environs
de Gorze; il faut connaître l'ancienne Grèce et ses
forêts sacrées, l'Italie et les Alpes, la Suisse, la
Savoie, et leurs vallées et leurs grottes, pour
bien saisir les beautés que présente ce petit coin de
terre qui, par l'aspect menaçant de ses roches,
la teinte sombre de ses bois et l'enfoncement de
ses vallons, ne paraît être d'abord qu'un séjour
affreux et seulement fréquenté des bêtes fauves.
Ce n'est pas que nous voulions comparer les sites
de Gorze aux beautés surprenantes de ces pays
favorisés du Créateur; mais nous ne pouvons
nous empêcher de les citer et de retracer l'émotion qu'ils ont causée sur l'âme de plus d'un
artiste. Des sites uniques et vraiment pittoresques
ont fait plusieurs fois l'admiration des étrangers
qui ont vu Gorze, plus judicieux que la plupart des Gorziens qui foulent aux pieds de véri-
tables beautés. Sans y apercevoir d'heureux ca-
prices de la nature, ils n'ont vu autre chose que
des pierres et des montagnes hideuses dans ces
grottes et ces coteaux couronnés d'antiques forêts

qui attirent sous leur ombrage l'homme silencieux, pour contempler dans ses œuvres mystérieuses le sage Formateur de l'univers. C'est aussi dans ces lieux que le jeune homme va réfléchir et tâche d'oublier les rigueurs que sa belle lui fait éprouver.

Nous sentons bien notre incapacité pour une telle entreprise ; le pinceau seul du peintre pourrait réussir à en tracer le tableau. Néanmoins, nous ne pouvons résister à l'envie d'en faire une esquisse, et nous avouerons que notre curiosité fut moins piquée par la recherche des événements les plus reculés du pays, qu'elle ne le fut en parcourant ces lieux dont la vue nous a toujours charmé.

Nous laisserons de côté cette longue chaîne de côtes parallèles et arides, appelée les *Garennes*, qui est souvent le lit d'un torrent large et impétueux, provenant de la fonte des neiges, ou d'une grande pluie ; et ce recoin boisé dit *Cugnot-Matin*, qui est assez intéressant à cause de sa position resserrée et solitaire qui est parallèle à la vallée de *Par-fond-de-val*, et ces deux grandes plaines arables avec leurs maisons rustiques de Labauville et Auconville, qui font un joli contraste avec l'autre partie de Gorze, et enfin ce bassin prolongé de sainte Catherine qui, avec son château et le ruisseau qui serpente dans la prairie, forme un point de vue assez remarquable. Nous pourrions parler de bien d'autres endroits non moins beaux, qui sont produits par l'effet d'un horizon rétréci, mais entrecoupé, et présentant des sites variés qui se renouvellent presque à chaque pas.

Nous ne nous arrêterons donc que sur les plus rares. Le premier lieu est, sans contredit, cette vallée profonde qui, à cause de son prolongement au milieu des bois, porte le nom de *Par-fond-de-val*. Qu'on se représente d'abord une entrée large et magnifique, bordée de deux rangs de collines tapissées de vignes, de moissons et de forêts, et d'où sort, en passant sous un pont, un ruisseau rapide bordé de saules, dont les eaux frémissantes et pures font naître le désir d'en découvrir la source. En suivant un sentier qui conduit dans la vallée, on pénètre dans l'intérieur. C'est alors que l'œil égaré et ravi aperçoit une prairie charmante, entourée d'un cercle majestueux de collines serrées, couvertes de bois sombres, dominées et parsemées de masses énormes de rochers. Ce bassin, que les citadins de Metz viennent quelquefois visiter pour en faire le théâtre de leurs festins et de leurs parties de plaisir, ne s'ouvre qu'au midi, du côté de l'entrée, pour laisser apercevoir un petit coin de l'horizon. C'est au centre que se trouve la source qui forme le ruisseau, et qui eut autrefois la gloire de contribuer à alimenter l'aqueduc romain. Il faut avoir perdu le sentiment du beau, pour ne pas être frappé de l'ensemble enchanteur que présente ce point de vue. Le peintre qui cherche les horizons étendus et les lointains ne pourrait les rendre suffisamment. L'étonnement redouble lorsqu'après avoir franchi une barrière formée par des bois épais et d'une fraîcheur extrême, on se trouve tout à coup dans une autre prairie, quoique moins riante que celle que l'on vient de quitter. Beaucoup d'amateurs la préfèrent à cause de sa solitude et du silence imposant qui y règne, et qui n'est interrompu que par le chant des oiseaux; à mesure qu'on avance, et surtout lorsqu'on quitte la prairie pour entrer dans la forêt qui est encore assez accessible, ce séjour commence à prendre une teinte sombre, qui se rembrunit toujours davantage à mesure que l'on s'enfonce dans la profondeur du vallon. Néanmoins, l'âme émue d'une terreur respectueuse est à chaque pas récréée par des roches mousseuses et bizarres, par des tapis de fleurs agréables qui mêlent leurs parfums à la fraîcheur délicieuse de l'air qu'on y respire, et semblent inviter à s'y rendre pour y jouir des douceurs d'un sommeil paisible; mais il est prudent de sonder le terrain, car, malgré la fraîcheur qu'on y trouve, même au temps des chaleurs brûlantes de la canicule, on pourrait se voir tout à coup réveillé par l'approche caressante d'un reptile qui, quoique sans intention hostile, pourrait bien causer une juste frayeur. Plusieurs espèces de reptiles plus ou moins dangereux habitent ordinairement les coteaux brûlants du pays.

Mais quittons cette vallée pour entrer dans une autre non moins belle, au midi de Gorze, qu'on appelle la *Gueule*. Ce petit vallon moins spacieux que l'autre, est comme lui placé entre deux collines parallèles qui forment entre elles une courbe d'un demi-quart de cercle, ce qui avec le fond de roche qui en forme la base, est sans doute la cause d'un écho qui se répète deux ou trois fois fois avec extension. Les beautés originales qu'offraient ces lieux avant leur dégradation sont trop intéressantes pour que nous puissions en omettre aucune. Nous devons le dire, nous avons vu avec peine le bûcheron impitoyable qui abattait cette antique forêt ombrageant de ses arbres mousseux les bords de la prairie. Toutes les personnes qui faisaient leurs délices de ces lieux charmants en ont gémi comme nous, car il faudrait encore attendre un siècle pour y retrouver les mêmes douceurs. Cette forêt majestueuse, que l'on aurait pu comparer à ces bois sacrés que la hache du payen respectait, n'avait plus, à cause de son ancienneté, que de gros arbres dont les branches graduées par la pente du terrain formaient surtout au bas de la colline de jolis éventails qui étendaient leur ombrage jusque sur le petit ruisseau qui le côtoie.

Ce ruisseau, dont les eaux pétrifient en assez peu de temps, prend sa source au fond de la vallée, où on le voit sortir de la roche même qui le produit. Plusieurs autres sources alimentent aussi ce ruisseau, dont une partie recueillie dans des bassins de pierre en transmettent les eaux par des canaux souterrains aux réservoirs qui distribuent l'eau dans le château de Gorze.

Les environs de cette fontaine sont ce que l'on peut trouver de plus satisfaisant. Le couvercle de bois antiques qui formaient une voûte épaisse que les rayons du soleil avaient peine à percer ; la limpidité et la fraîcheur des eaux de la fontaine, la verdure toujours naissante de la prairie, y attirent souvent pendant l'été des familles qui, comme les sobres spartiates, font leur table d'une pelouse de gazon, leur siège d'une pierre ou d'un tronc d'arbre, y prennent un repas où la frugalité et l'appétit sont bons cuisiniers.

Au dessus de Gorze, et dans les bois, deux roches singulières sont dignes aussi d'être remarquées. La première, qui a la forme d'une niche, est la grotte de *Belle-Vue*, nom qu'elle tire de sa position avantageuse. L'écho, pour ceux qui sont dans les rues de Gorze est surtout particulier. La deuxième, appelee communément *Roche-à-Pucelles*, est un carré d'une dimension énorme sur la plate-forme duquel on peut monter au moyen d'un escalier pratiqué derrière par la nature. Elle est isolée sur le fond d'une terrasse ouverte dans les bois et du côté de Gorze, d'où la vue porte sur tout le bassin où la ville est assise. La terrasse sur laquelle cette roche est placée, est un point de ralliement où la jeunesse se livre aux jeux de son âge. A l'opposite et à la pointe de la colline qui est vis-à-vis, est un autre rocher qui, à cause de sa forme, a reçu le nom de *Gros-Nez*; il couronne la montagne rapide et à pic, contre laquelle Gorze est adossé. L'étranger voyant pour la première fois cette masse suspendue et menaçante qui ne semble tenir à rien, ne peut s'empêcher de trembler pour Gorze. Mais veut-on jouir d'un spectacle ravissant, il faut gravir ce mont rapide, et aller s'asseoir sur sa cime élevée. De ce point, l'œil étonné et timide plane presque verticalement et avec liberté sur toute l'étendue occupée par Gorze, et l'on éprouve une émotion si singulière, qu'on se sent naître comme malgré soi le désir extravagant d'avoir des ailes : ce lieu pourrait bien tourner la tête à plus d'un Icare.

Parmi les choses qui sont à remarquer à l'extérieur, nous n'oublierons pas l'ermitage de Saint-Clément ni sa chapelle dont les toitures se couvrent déjà de mousse, ni les tombeaux de ces braves victimes de l'épidémie de 1813, ni la croix dite *Aux-Loups*, placée au dessus et dans les bois, à laquelle les fidèles vont faire des stations le jour du vendredi saint, ni même cet arc de pierre dressé à côté, qui porte pour millésime 1582, et sur lequel les anciens prétendent qu'on célébrait autrefois la messe d'où les lépreux l'entendaient sur le mont Saint-Blin qui est vis-à-vis.

Un autre ermitage non moins beau et plus riant est Saint-Thiébault. En sortant de Gorze,

on traverse pour s'y rendre cette jolie terrasse dite
la Croix-Blanche, ainsi appelée d'une croix qui
s'y trouvait encore avant la révolution. Cette terrasse forme une petite place qui est l'esplanade
de Gorze. Elle est entourée d'arbres et de siéges
en pierre; de cette plate-forme, qu'on descend
dans le fond d'une petite vallée plantée d'arbres en
quinconces, on jouit d'une promenade agréable
jusqu'à la chapelle Saint-Thiébault.

Le 1er juillet, fête du saint, on voit accourir
à Gorze une foule considérable de pélerins qui
viennent visiter les reliques et les faire toucher à
des malades et des infirmes, et même à ce qui
doit servir à les habiller. Cette affluence de monde
qui est considérable, a donné lieu à une foire ou
marché qui ne se tient que ce jour là. On ignore
l'époque de l'érection de la chapelle Saint-Thiébault; tout ce que l'on sait, c'est qu'elle était une
dépendance de l'ancienne abbaye, et qu'un chanoine nommé d'Auburtin en a été le restaurateur
vers les années 1677 à 1723. **M**. Cunche et **M**. Aubry, son gendre, qui en étaient propriétaires, l'ont
de nouveau fait restaurer en 1836; elle renferme
les tombeaux de cette famille. Ces particuliers, en
la faisant restaurer, ont trouvé les ruines d'un
ancien cacellum romain.

C'est entre Saint-Thiébault et Gorze qu'est l'emplacement où se trouvait l'abbaye; il n'en reste
plus de vestiges, si ce n'est un massif de maçonnerie en ruines qui apparemment faisait partie de

la grande muraille qui enfermait le monastère et qui se trouve dans le jardin de M. Collinet. Dans les jardins voisins, une partie de cette muraille sert de soutien aux terres. Plus bas, et dans le fond, sont *les bouillons* ou les belles sources qui fournissaient jadis le plus d'eau à l'aqueduc; leur réunion vient former près de Gorze une espèce d'étang dans lequel on a déjà essayé de mettre du poisson; mais il y dépérit, l'eau étant trop vive. On voit non loin de Gorze, dans le *Bois-des-Prê-tres*, près de l'endroit appelé *Cugnot-Matin*, dont nous avons déjà parlé, une caverne assez curieuse et qui mérite d'être visitée, c'est le *Trou-Robert-Fey;* elle a été autrefois l'objet de contes passablement ridicules. On disait, entre autres choses, qu'elle avait été, lors de la destruction de l'abbaye, creusée par les moines qui s'y étaient réfugiés avec toutes leurs richesses; qu'y étant restés comme ensevelis, ils y étaient morts, et que satan avec tous ses satellites s'était emparé des trésors et les gardait au milieu des tombeaux. On disait en outre que ce souterrain communiquait avec une grotte profonde qui se trouve au-dessus de la vallée de *la Gueule.* Cette fable qui, comme on le pense bien, n'était pas crue de tout le monde a tout à fait disparu depuis quelque temps. De fréquentes incursions dans la grotte, par des gens qui ne crurent pas même nécessaire d'emporter de l'eau bénite, étant à peu près sûrs de n'y pas rencontrer le malin esprit, ont démontré que cette caverne, formée dans un massif considérable de roches, n'était habitée que par des chauves-souris et était l'ouvrage de la nature et du temps, et non des hommes. Elle est au milieu des bois. La première entrée, à laquelle on arrive par un petit sentier, est à fleur de terre : son orifice, tout à fait horizontal, est circulaire. Il faut y descendre avec une échelle : cette entrée verticale a assez la forme d'une gourde et même d'un puits qui serait resserré par le milieu. Elle peut avoir vingt-cinq pieds de hauteur. Arrivé au fond de ce puits deux fois sphérique, on est seulement sur le point d'entrer dans la caverne. Dès-lors on a besoin de flambeaux pour suppléer à la lumière du jour; la deuxième entrée, c'est-à-dire celle qui conduit de plein pied à la caverne, forme une espèce de portique très-bas. Après l'avoir franchie, on entre dans une magnifique et longue allée dont la voûte et les côtés sont aussi réguliers que s'ils avaient été bâtis par la main des hommes. L'eau qui filtre au travers de ces roches les a blanchies entièrement et y a suspendu des espèces de stalactites. Le sol sur lequel on marche va en penchant, il est rude et même pierreux : ce sont des blocs de rochers renversés les uns sur les autres. Le fond de la caverne est presque circulaire et formerait une salle jolie et agréable, si l'abord n'en était rendu difficile par la nature argileuse du terrain.

La grotte de *la Gueule* que l'on prétendait correspondre avec celle-ci, ce qui est faux, est moins régulière et moins spacieuse, mais elle forme des détours si singuliers, qu'elle est en quelque sorte préférable. Nous pourrions signaler encore la grotte dite le *Trou-de-l'Hermite*, qui est le repaire des bêtes fauves, et bien d'autres raretés pittoresques dont Gorze pourrait s'énorgueillir.

CHÂTEAU DE GORZE.

STATISTIQUE HISTORIQUE

DU CANTON DE GORZE.

Ancy-sur-Moselle, situé à gauche de la Moselle, paroisse et mairie dont dépend le village de Dornot (situé sur le revers d'une côte aussi à gauche de la Moselle; population, 250 habitants), à 9 kil. de Gorze. Ce village est divisé en trois hameaux, savoir : celui du milieu, Narien ; celui du côté de Metz, Rongueville ; le troisième, le Chesne ; et le quatrième, Dornot. Population, 1,137 habitants.

Ce village offre les restes d'un ancien château encore ceint d'un large fossé ; il est dominé au sud par une montagne sur le front chauve de laquelle on planta un bois de sapins en 1811, et que, pour cette raison, on appela *le bois du roi de Rome*. Sur la crête de la montagne, entre deux vieux ormes, près de la route de Gorze, est un monument de pierres, surmonté d'une croix ; sur le piédestal se trouve l'inscription suivante :

A LA GLOIRE DE
DIEU
ET
A L'HONNEUR DE SAINT CLÉMENT,
APOTRE DES MESSINS,
QUI S'EST REPOSÉ ICI.

CETTE CROIX A ÉTÉ RELEVÉE
PAR LA COMMUNE D'ANCY
ET BÉNITE PAR M. BESSON,
ÉVÊQUE DE METZ,
LE 13 JUILLET 1820.

Ce monument, désigné dans le pays sous le nom de *Croix de Saint Clément*, est conservé religieusement, parce qu'à côté de l'emplacement qu'il occupe s'agenouilla saint Clément, lorsqu'il aperçut la ville de Metz, alors vouée aux ténèbres de l'idolâtrie et qu'il allait convertir à la foi. En regard du monument (côté de Gorze) se trouve la pierre bénite qui porte deux empreintes de genoux que la croyance populaire attribue à l'apôtre du pays messin. Les pélerins qui se rendent à Saint-Thiébault s'arrêtent tous à cet endroit pour y réciter des prières.

Le château fort dont il est parlé ci-dessus fut rançonné en 1434 par un partisan français nommé Pothon de Saintrailles, qui, avec 1,500 hommes, désolait le val de Metz; *Jean Legronais, citoyen de Metz*, en était alors possesseur en titre par le fait de Réné 1er, duc de Lorraine, qui venait de l'engager pour 600 francs. Il fut mis à sac et pris, en 1436, par le capitaine Joachim, gouverneur de Gorze au nom du roi de France Charles VII, alors en hostilité avec Conrad Bayer, évêque de Metz.

Au mois de juillet 1443, les Messins eurent une conférence à Ancy avec les seigneurs Désarmoises, dont ils avaient ravagé les terres et assiégé le château de Fléville avec 300 cavaliers et 600 hommes de pied, pour se venger de ce que les gens de Fléville et de Commercy étaient venus, dans le

mois de mars précédent, brûler Lorry, Woippy et Tignomont.
La paix se fit au mois de novembre, mais elle ne fut pas de
longue durée, car le 26 mars suivant, Colard Désarmoises
vint brûler Hagondange et les Tappes. Par représailles, les
Messins envoyèrent piller son château de Richard-Ménil.

En 1449, Joachim, gouverneur de Gorze pour Charles VII,
faisait des incursions sur les terres de l'évêché et dans le pays
messin. Dans une course que ses gens firent de nuit, contre
les lois de la guerre, ils prirent deux de leurs chefs, Jean de
Bar et le prévôt de Briey. L'évêque fit pendre celui-ci sur la
côte d'Ancy, l'autre fut pendu au gibet de Metz. Joachim
dissimule et offre la paix à l'évêque : on convient de s'assem-
bler devant l'abbaye de Saint-Clément, au Sablon. L'évêque,
sans défiance, s'y rend avec une faible escorte ; à peine il a
rencontré et salué le gouverneur, qu'il aperçoit sur le chemin
de Saint-Ladre un grand nombre de cavaliers qui viennent
à lui. Il se doute du piége, rompt brusquement l'entrevue,
s'enfuit à toute bride et rentre à Metz, sans que Joachim ait
pu l'atteindre. Honteux de n'avoir pu enlever l'évêque, ce
déloyal capitaine s'en vengea sur les habitants d'Ancy. Il
feignit, à son retour, d'avoir fait la paix avec le prélat ;
ces bonnes gens le crurent, lui ouvrirent leurs portes. Il
pilla le village et même l'église où ils avaient caché leurs
effets les plus précieux, et il emmena prisonniers à Gorze,
quarante des principaux habitants.

En 1461, des députés du comté de Bar et de la cité de
Metz, s'assemblèrent à Ancy, pour traiter de la paix. Le
comte avait imprudemment déclaré la guerre aux Messins,
qui le punirent de sa témérité en dévastant ses domaines.

M. l'abbé Perrin, curé d'Ancy, ecclésiastique fort distingué et savant numismate, est auteur d'une notice sur l'église
d'Ancy, dont le clocher polygonal séparé du corps de l'édifice
servait en même temps de tour de défense ; ses baies sont
toutes romanes. Cette église gothique, parfaitement restaurée,
présente une nef principale et deux collatéraux. Il n'y a
qu'une seule abside à cinq ouvertures ; les nervures qui

vont s'épanouir sous les voûtes de la nef sortent du fût des colonnes sans intermédiaires. Une rose qui décore le portail occidental est simple et d'un bon effet.

Jean Le Coullon d'Ancy, qui vivait au XVIe siècle, a laissé une chronique sur le pays, dont M. l'abbé Perrin prépare une édition.

Arry, sur une hauteur, à la droite de la Moselle et à la gauche de la route de Metz à Pont-à-Mousson ; paroisse et mairie qui ont pour annexes Voisage (ferme) et La Lobe, trois maisons isolées et bac sur la Moselle ; à 9 kil. S.-E. de Gorze. Population, 510 habitants.

On remarque à Arry le superbe château de feu M. le lieutenant Jacquinot, pair de France, grand'croix de la Légion-d'Honneur, ancien commandant de la 3e division militaire.

Ars-sur-Moselle, paroisse et mairie dont dépendent Mance et la Noue, dans une jolie vallée qui s'étend jusqu'au village de Gravelotte et qui s'ouvre sur la Moselle ; à 11 kil. N.-E. de Gorze. Population, 2,800 habitants.

On arrive à ce village en quittant, à Moulins-lès-Metz, la route de Paris, en traversant le pont qui est sur l'ancien lit de la Moselle, et en remontant par sa rive gauche. Son territoire offre une surface de vignobles plus grande que celle de toute autre commune du département.

On trouve dans un bois de la commune, nommé *Gerbéhaie*, ou *de la Citerne*, les ruines d'une ancienne construction que l'on dit être les restes d'un château de l'ordre des templiers ; mais il n'y a aucune donnée certaine à cet égard.

Dans la vallée de Mance, du minerai a été découvert, il

y a treize ans, par le sieur Pillot, qui a formé une demande en concession ; le banc de minerai est, dit-on, la continuation de celui des forges d'Hayange, et de la même qualité. D'après une ancienne tradition, les Romains avaient des forges dans la vallée de Mance, près des lieux où du minerai a été découvert.

Le 9 juillet 889, Arnould, empereur d'Allemagne, donna au médecin de la grande église de Metz, pour le récompenser des soins qu'il lui avait prodigués dans sa maladie, *huit menses* ou métairies dans le village d'*Arcs.;* le 25 avril 892, le même empereur assura à l'abbaye de Saint-Arnould la propriété de ces domaines, dont le médecin conserva la jouissance ou l'usufruit.

Dans la même année 889, l'empereur Arnould fit encore don à l'abbaye de Saint-Arnould de dix autres menses à Ars, pour le salut du roi Carloman, son père, et pour le sien, *nostrâque extremâ remuneratione.*

En 1440, les habitants d'Ars se révoltèrent contre l'évêque Raoul de Coucy qui vint attaquer ce village avec 300 cavaliers et 500 chariots. Il y fit un butin considérable, prit tout le vin qui s'y trouvait, brûla les maisons et emmena beaucoup de prisonniers.

Des Messins avaient poursuivi plusieurs habitants d'Ars pour des cens que ceux-ci refusaient de payer, à l'instigation du bailly de Saint-Michel. Condamnés à l'amende, ils invectivèrent contre la cité. L'un d'eux, *Jean Huart,* osa même insulter les Treize, qui le firent arrêter. Les gens d'Ars s'en vengèrent en enlevant, sur le chemin de Moulins, maître Petit-Jean, charpentier de la cathédrale, et ses deux compagnons, qu'ils enfermèrent dans la prison de l'église. Les Messins prennent aussitôt les armes, et, dans la nuit du 16 septembre 1505, ils s'acheminent vers Ars au nombre de 1,000 avec 1,500 soldoyeurs et de l'artillerie. A leur approche, tous les habitants avaient pris la fuite ; il n'était resté que les femmes et les enfants. Les Messins enfoncèrent les portes des maisons, cassèrent les vitres, enlevèrent les meubles et brisèrent ce qu'ils ne purent charger sur leurs voitures. De là, ils allèrent mettre le siége devant le *Moustier*, ou l'église ; mais la petite garnison, frappée de terreur, n'osa faire résistance ; elle rendit maître Petit-Jean que les Messins ramenèrent à Metz avec leur butin.

Ce village est la patrie de Conrad Bayer, suffragant du diocèse de Metz, évêque de Basilic, non moins distingué par son savoir que par sa piété. Il gouverna l'église de Metz avec beaucoup de sagesse, au milieu des dissensions religieuses. Ce vertueux prélat mourut en 1529, et fut enterré chez les grands carmes dont il avait pris l'habit.

Pendant le blocus de 1814, la garnison de Metz fit, le 22 mars, une sortie sur le village d'Ars, où était le quartier général des Russes, sous le commandement du général Youséfowitz. On se battit dans les vignes de Vaux et près de l'église d'Ars. Les Russes furent délogés de toutes leurs positions, et menés battant jusqu'au delà d'Arnaville. Elle eut, dans cette engagement, trente hommes tués et cinquante-quatre blessés. Les Russes perdirent près de deux cents hommes. L'adjudant-commandant Duchamel fut emporté par un boulet de canon, sur le pont de Moulins.

Pendant la seconde invasion, dans les premiers jours de juillet 1815, deux expéditions se dirigèrent sur Ars. Elles eurent l'une et l'autre un mauvais succès. La première fut poussée jusques Arnaville, où les troupes, en désordre, se fusillèrent entr'elles par méprise, et revinrent avec une perte de 40 hommes ; dans la seconde, elles furent ramenées d'Ars jusqu'aux portes de Metz. On leur enleva 80 hommes.

L'église d'Ars, brûlée en 1807, a été reconstruite en 1816 ; avant ce sinistre, c'était une basilique de grand ordre et sous laquelle était une prison ; avec l'incendie, elle a perdu ce qui lui attirait la visite et l'admiration des étrangers. Elle est bâtie au milieu d'une forteresse romaine, appelée autrefois *Ars-papo-Mosellane*.

Chambley, paroisse et mairie qui ont pour an-

nexes Buxières (hameau) et les Baraques (fermes);
à 8 kil. S.-O. de Gorze. Population, 564 habit[s].

Ce village était une châtelainie dont le seigneur faisait la
guerre en son nom ; il avait un château fort, où il entretenait
une nombreuse garnison. Verry de Chambley se ligua, en
1430, avec Charles II duc de Lorraine, pour attaquer la
cité de Metz.

En 1476, les gens du châtelain de Chambley vinrent piller
les faubourgs de Saint-Arnould et de Saint-Clément.

Châtel-Saint-Germain, situé au pied du mont
Saint-Germain, paroisse et mairie qui ont pour
annexes les fermes nommées La Folie, Longeau,
Moulins, la Cense-d'Envie, Cléry, Chahury,
Moscou et Leipsik (*), le Moulin-des-Oies et trois
autres nommés Moulin-Neuf, Haut et Petit-Moulin ; à 17 kil. N.-E. de Gorze. Population, 940 h.

A l'extrémité de ce village, est située la belle vallée de
Montvaux, lieu où les Messins vont l'été en partie de
plaisir.

Un monument druidique *(dolmen)* a été découvert près de
Châtel, par M. Victor Simon.

Ce village et son château fort, dont on voit encore quelques débris, notamment une de ses portes, appartenait aux
évêques de Metz. En 1231, Jean d'Apremont, Evêque de
Metz, se brouilla avec les habitants, à l'occasion du *Tonneu*
ou droit d'octroi affecté à l'entretien des murailles et des for-

---

(*) Ces deux dernières fermes bâties au milieu de vastes terrains communaux vendus en 1813, et auxquelles les habitants
de Châtel ont imposé ces deux noms, parcequ'ils rappellent
le souvenir des époques désastreuses qui ont entraîné l'alié-
nation de leurs biens communaux au profit de l'État.

tifications de la ville, droit que les ecclésiastiques refusaient de payer. Le prélat excommunia les magistrats, jeta un interdit sur la ville; mais ses menaces n'intimidèrent personne. On lui opposa d'autres armes : la guerre s'alluma, et les Messins commencèrent les hostilités en brûlant le village de Châtel Saint-Germain, rendez-vous de ceux qui épousaient le parti de l'évêque. Dans ces premiers mouvements, plusieurs ecclésiastiques furent maltraités, et l'on arracha même les yeux à l'un deux. Cet acte de barbarie fit sentir à l'évêque qu'il n'était plus en sûreté dans son palais; il sortit donc de la ville, et se retira dans le château de Saint-Germain, où il s'enferma avec le Paraige de Port-Sailly que les habitants avaient expulsé de la ville, parce que cette famille s'était déclarée pour l'évêque dont elle était l'alliée. Les Messins, assistés du comte de Bar, mirent le siége devant la forteresse de Châtel, où l'évêque fit, pendant trois ans, une vigoureuse défense. Il prit même, dans différentes sorties, plusieurs seigneurs, entr'autres, le prince de Linange, qui était alors au service de la cité. Enfin, il était réduit aux dernières extrémités, lorsque son frère amena des princes de l'Empire à son secours. Les Messins, de leur côté, venaient de faire alliance avec le duc de Lorraine, et renforcés de son armée, ils étaient près d'en venir aux mains avec les Allemands, qui avaient déjà passé la Moselle pour faire lever le siége de Châtel, lorsque l'évêque de Toul qui avait déjà offert sa médiation, fit encore de nouveaux efforts pour réconcilier les Messins avec leur prélat; il eut le bonheur d'y réussir. La paix fut conclue en 1234, et les Messins absous, par l'archevêque de Trèves, des censures ecclésiastiques.

Corny, situé sur la droite de la Moselle et sur la route de Metz à Besançon, paroisse et mairie qui ont pour annexes Béva (maison isolée) et le moulin d'Auché; à 6 kil. S.-E. de Gorze. Population, 928 habitants.

La seconde chaussée romaine de Reims à Metz, par Toul et Scarponne, passait à Corny et arrivait dans la ville par la porte Serpenoise.

La nouvelle porte Serpenoise, construite il y a un an, s'élève à peu près sur l'emplacement occupé par l'ancienne, qui remontait à une haute antiquité et était une des portes historiques de la ville de Metz.

L'ancienne porte Serpenoise, qui s'appelait d'abord Scarponaise, du nom de la première ville importante (Scarponne), qui se rencontrait en allant de Metz à Reims, fut rebâtie vers la fin du neuvième siècle dans de grandes proportions. Dans le cours du treizième siècle, ou peut-être du quatorzième, elle reçut des agrandissements conformes aux nouvelles règles de la défense; au commencement du seizième siècle, on la fortifia de nouveau du côté de la campagne et, dans les travaux, les ouvriers mirent au jour des murailles et des voûtes cachées sous le sol, et que l'on regarda comme les restes de l'ancienne porte: elles étaient construites de pierres taillées comme celles de l'aqueduc de Jouy et ornées de cordons de briques, à la manière des Romains. Elle disparut entièrement en 1563, lors de la construction de la citadelle. (*)

Scarponne était une ville considérable du pays de Leuquois, située dans une île de la Moselle, vis-à-vis de Dieulouard; elle a donné son nom à un comté, *Pagus Scarponnensis*, dont dépendait l'abbaye de Gorze, sous les rois de la première race. Ce n'est plus aujourd'hui qu'un petit village nommé Charpagne, où l'on trouve fréquemment des médailles, des vases, des inscriptions.

Le 4 février 1438, un capitaine des compagnies blanches, nommé Pannocel, vint avec 800 chevaux à Novéant, d'où il envoya des coureurs à Corny et à Jouy. Ils tuèrent un jeune homme de Corny. Les habitants, pour s'en venger, en arrêtèrent quatre et les conduisirent à Metz, en chemise, pieds nus,

---

(*) Metz et ses monuments 1 vol. in-12, 1852.

et les mains liées derrière le dos. Les Messins envoyèrent à la poursuite de ces bandits un détachement de soldoyeurs dans un bateau armé de couleuvrines. Ils les chassèrent de Novéant, et les délogèrent encore, cinq jours après, de Sainte-Marie et de Saint-Privat-la-Montagne où ils s'étaient retirés.

Dans le mois de février 1586, le duc de Lorraine avait ordonné aux protestants de Jouy, de Corny et de Marly, de se convertir à la religion catholique. Henri III écrivit, le 4 juin de la même année, au duc, pour lui objecter qu'il n'avait aucune juridiction sur ces trois villages, qu'il n'avait donc pas le droit d'y inquiéter les protestants. On voit, par cette lettre, que, dans les conférences tenues à Nomeny et à Gorze, il avait été reconnu que le magistrat de Metz était, de temps immémorial, *en possession de commander à ceux des dicts villaiges de venir aux corvées pour la fortification et réparation de la dicte ville et places du pays, et qu'ils seront contraints de garder les portes et marcher en armes, contre le duc de Lorraine, pour la défense du pays et la garde de la ville seulement.*

Dampvitoux, mairie et vicariat qui ont pour annexes Sorly (ferme), Marainbois (maison de maître avec sa ferme); à 13 kil. S.-O. de Gorze. Population, 294 habitants.

Cette commune était, avant la révolution de 1793, de la principauté de Gorze; son maire avait le droit de haute justice. En 1813, on lui avait retiré son administration particulière pour l'annexer à la commune de Hagéville; mais, en 1833, une ordonnance royale lui a rendu son titre de commune. Sous le rapport religieux, ce village était, avant 1789, une annexe de Dommartin, qui appartient maintenant au département de la Meurthe. Depuis 1802, il a été annexé à la succursale de Saint-Julien-lès-Gorze, et en 1827, il a obtenu un titre de chapelle vicariale. Marainbois était, avant 1789, la résidence d'un petit seigneur qui se disait même seigneur de Dampvitoux, parce qu'il recevait de chaque habitant de ce dernier village une poule tous les ans. Son église a été bâtie en 1790 ; elle n'a rien de remarquable.

Gravelotte, situé à droite de la route de Paris à Sarrebruck, paroisse et mairie ; à 9 kil. de Gorze. Population, 622 habitants.

La maison de poste est sur la route, à quelque distance au nord-ouest de Gravelotte, à l'endroit où s'embranchent la route de Paris à Sarrebruck et celle de Metz à Sedan. Ce fut dans la grange de cette maison qu'un détachement de cavalerie russe fut surpris, dans la nuit du 9 au 10 juillet 1815, par un détachement du 96e régiment de ligne, commandé par le capitaine Métivier, en garnison à Metz, d'où il était sorti sous la conduite d'un officier en retraite à Gravelotte, et qui était venu à la ville dénoncer ce poste.

Quarante hommes furent tués ou pris ; on ramena dans la place trente-deux chevaux, un officier et quelques soldats. les alliés se vengèrent sur le village, qui fut pillé, et sur le maire qui, quoique innocent, faillit périr sous les coups.

En 1845, on a trouvé dans les bois de Gravelotte, à peu de profondeur de terre, une très grande quantité de monnaies romaines à l'effigie de plusieurs empereurs, notamment de *Vitellius* et de *Constantin*. On y a trouvé des médailles gauloises en assez grand nombre, ainsi que des monnaies encore récentes de Charles IV, duc de Lorraine, de Louis XIII et de Louis XV, rois de France, et les vestiges de deux voies romaines qui s'embranchaient sur le territoire de Gravelotte. La ligne principale se dirigeait de l'ouest à l'est, allant sur Metz, et l'autre ligne, qui faisait jonction avec celle-ci, se dirigeait du sud-est, au nord-ouest, vers les bois de Vernéville. Dans les mêmes bois, on découvre encore, en plusieurs endroits, des fondations de maisons sur une étendue assez considérable, ce qui indique qu'un village y a jadis existé.

La couche de terre végétale qui les recouvre est d'une épaisseur de trois à quatre décimètres : c'est précisément dans ces lieux que se trouve le plus grand nombre de médailles et de ferrements rongés par la rouille. En essartant ces bois, on a remarqué que, dans l'antiquité, ce terrain n'était pas boisé, mais qu'il était en culture ; on a observé sur les pierres du sol les marques faites avec le soc de la charrue en le cultivant dans cette époque reculée.

Au nord de Gravelotte, au canton bois Bagnieu, on rencontre les vestiges d'un château fort. Ce territoire a dû être parsemé de maisons, car on en découvre les débris et les fondations en creusant à une profondeur de trente à cinquante centimètres. Vers l'année 1842, on a trouvé, sur le territoire de Gravelotte, plusieurs tombeaux en pierre de taille où reposaient, avec leurs armes rongées de la rouille, des individus d'une taille gigantesque.

Hagéville, paroisse et mairie qui ont pour annexe Champ ; à 11 kil. de Gorze. Population, 336 habitants.

Jouy-aux-Arches, à la droite de la Moselle, sur la route de Metz à Nancy, paroisse et mairie qui ont pour annexes les maisons isolées de Luzerailles et de Belle-Vue ; à 10 kil. N.-E. de Gorze. Population, 892 habitants.

Dom Calmet, dans son histoire de Lorraine, donne sur l'aqueduc romain, des détails que nous avons reproduits dans la première partie de cet ouvrage. Ces détails, bien que très-exacts à l'époque où écrivait cet historien, ne sont plus adaptés à l'état actuel du monument.

Aujourd'hui, il ne reste plus de ce magnifique aqueduc, que dix-sept arches dans le village de Jouy, (rive droite), lesquelles sont très bien conservées, et cinq arches sur la rive gauche de la Moselle.

L'arche sous laquelle passe à Jouy la route de Nancy, a 18 mètres 52 cent. de haut , 5 m. 68 au diamètre de la voûte et 4 m. 71 c. sur chaque face.

Ce village, du temps d'Ortelius , en 1584 , offrait déjà ses arches dans le même état qu'aujourd'hui :

« Pagus est, Jouy vulgò dictus , inter montium radices et Mosellam , ubi quantacunque est inter montes utrosque, qui rupes ambiunt distantia aquœductum antiquitatis fuisse indicant ejusdem quœ adhuc exstant reliquiæ, eâ figurâ quali arcum , eorum enim adhuc restant plurimi , suntque ex albo lapide ; referebant incolœ superiorem arcuum partem planam omninò esse cœmento rubei coloris inductam , et in ejus medio domunculam non ità multis ab hinc annis adhuc fuisse. »

« Il y a en ce lieu une bourgade appelée vulgairement Jouy , assise entre les rives de la Moselle et la base des montagnes voisines , et quelle que soit la distance qui existe entre ces montagnes que joint cette étonnante construction , il n'en est pas moins vrai que ces restes, qui existent encore aujourd'hui , prouvent assez que c'était un ancien aqueduc ; il en reste encore plusieurs , semblables à des arches de pont, qui rappellent cette forme. Les habitants disaient qu'elles étaient construites de pierres blanches , et que le dessus de ces arches était complètement cimenté de terre cuite (briques) , et qu'il n'y a pas encore bien longtemps qu'il y avait intérieurement une petite habitation. »

Engelram , célèbre évêque de Metz , donna en 777 à l'abbaye de Gorze , le village de Jouy en Woivre, *Gaudiacum in page Walbrine* , lequel consiste en châteaux, terres et vignes, etc. Conformément à l'usage qui a subsisté jusqu'à la fin du XIIIe siècle , ce prélat se dit seulement , dans son acte de donation , institué *par la grâce de Dieu* , et il déclare ne faire sa donation que pour engager les moines à prier pour le roi et pour l'affermissement de la monarchie française.

En 1363, Jouy et Corny furent ravagés par l'une des grandes compagnies ou *compagnies Blanches* qui , après la paix de Bretigny, s'étaient formées sous les ordres d'Arnand de Cervole, surnommé l'Archiprêtre. Elles commirent des cruautés inouïes dans ces deux villages, et désolèrent, pendant deux ans, les bords de la Moselle et du Rhin. Ces brigands avaient porté la terreur jusque dans le Comtat d'Avignon, au point que le pape les excommunia et fit prêcher une croisade contre eux, où il promit l'absolution des péchés à quiconque en tuerait. Le Connétable Du Guesclin emmena ces compagnies en Espagne où elles firent, sous ses ordres, des prodiges de valeur contre Pierre-le-Cruel.

Un jeune homme de Metz, habillé en prêtre, avait dit la messe et volé les vases sacrés dans plusieurs églises des contrées voisines. De retour dans son pays, il se maria et s'établit à Jouy. Ses crimes découverts, les gens de justice de Jouy lui firent son procès; il eut le poing coupé et fut brûlé vif dans le village même, le 18 novembre 1493.

Le duc de Suffolk, premier amant de Marie d'Angleterre, femme de Louis XII, et la plus belle personne de son temps, avait suivi cette princesse en France, où après la mort du Roi, il l'avait épousée secrètement. Retiré à Metz, en attendant que son mariage fût reconnu par Henry VIII, il y menait une vie aussi dissipée que galante. Il avait séduit la femme d'un orfèvre en Fournirue, pour laquelle il avait acheté une maison de plaisance à Jouy. Le mari informé de cette intrigue, s'en plaignit à la justice; la femme s'enfuit de sa maison et se réfugia dans la rue de la Haute-Pierre, chez le duc qui refusa de la rendre. Il s'ensuivit une rixe où le duc pensa tuer l'orfèvre d'un coup de dague. Le peuple s'ameuta; le duc fut obligé de se retirer à Toul; l'orfèvre ne voulut plus rester dans une ville où il avait reçu tant d'affronts; la femme fut enfermée à la conciergerie, mais elle trouva moyen de s'évader et d'aller rejoindre son amant, déguisée en vendangeuse. Les nommés Maugenot, tailleur à Metz, Jean Xaillet, tailleur à Jouy, qui avaient favorisé leurs amours, furent bannis à perpétuité, par une sentence du mois d'octobre 1519.

En 1557, les débris des légions Picardes et Champenoises qui s'étaient révoltées à Metz, s'étant enfuis par la porte Saint-Thiébault, furent atteints auprès des arches de Jouy et taillés en pièces au nombre de cent. Treize filles, qui les avaient suivis, périrent avec eux.

Julien-lès-Gorze (Saint), situé sur les confins de la Meurthe, près du département de la Meuse, et du ruisseau de Mad, paroisse et mairie; à 8 kil. N.-O. de Gorze. Population, 361 habitants.

Ce village est bâti sur le penchant et au bas d'une colline; il regarde une plaine très-étendue à l'ouest et au nord. Les maisons n'y sont pas très-solides, parce que l'on n'a pas tous les matériaux nécessaires. On y trouve bien quantité de carrières, de moellons et de pierres de taille, mais le grain en est trop tendre et craint les injures du temps. La chaux et le sable manquent absolument, ce qui fait que l'on ne s'en sert que pour enduire l'extérieur des murs, encore tous les habitants ne le font pas; à l'intérieur, ils ne sont garnis que de terre.

On ne peut se procurer de l'eau que par le moyen des puits; pas une seule fontaine, pas une seule source d'eau jaillissante; dans les temps de sécheresse les habitants sont obligés, pour abreuver les bestiaux et les chevaux, de les conduire aux sources de Soiron, situées à 2 kil. du village. Ces sources, demeurées jusqu'à présent presque dans leur état naturel, vont être couvertes et disposées d'une manière plus commode; elles sont très-abondantes et forment un ruisseau nommé le Mad, qui se jette dans le Rupt-de-Mad après avoir arrosé une vallée d'une étendue de 2 kil. environ; son cours, quoique petit, est assez fort pour alimenter deux moulins de la commune de Waville. La vallée profonde, resserrée, et boisée sur ses deux versants, les deux moulins qu'alimente le Mad, en font une agréable promenade dans la belle saison.

Les habitants de cette commune sont très-laborieux, toujours occupés dans les champs et dans les bois; ils trouvent à peu près tous dans le travail de quoi suffire à leurs besoins.

L'église ne présente rien de remarquable : elle a été bâtie en 1763, et a succédé à une autre plus ancienne qui se trouvait un peu plus au midi.

Jussy, sur une hauteur, mairie, annexe de la paroisse de Vaux; à 15 kil. N.-E. de Gorze. Population, 229 habitants.

Par une charte datée de Metz, en 870, Charles-le-Chauve donna à l'abbaye de Saint-Arnould les revenus de la chapelle de Saint-Hilaire, à Jussy, pour la fourniture du luminaire et du vin dans les saints sacrifices et pour la rémission de ses péchés, *ad luminaria in hibi contimanda et vinum sacrificio ministrandum, pro nostrorum absolutione peccaminum largiri.*

Le 22 septembre 1448, on y brûla une sorcière.

Lessy, sur le revers de la côte Saint-Quentin, paroisse et mairie; à 17 kil. N.-E. de Gorze. Population, 439 habitants.

Ce village possède de belles maisons de plaisance; on remarque celles de MM. Baudesson et Thivas, et surtout la propriété de M. Billaudel, ancien préfet, ses jardins, sa grotte, son souterrain. Il a fait construire en 1848, sur la côte, un chalet remarquable entouré de plantations; de ce lieu la vue s'étend sur le bassin de la Moselle, sur la vallée de Montvaux et sur les villages situés à près de 30 kil. de Lessy.

En l'année 1523, survint, dit la chronique, ung grand huttin et desbat entre les bons hommes de la ville de Scey devant Mets, en l'encontre ceux de Lessey.

L'année précédente, la commune de Lessy, qui ressortissait de l'évêché de Metz, avait obtenu du chapitre la jouissance, pendant quatre-vingt-dix-neuf ans, du grand bois en *Fourais*,

au-dessus de Lessy, entre Lorry et Châtel-Saint-Germain, contenant environ huit cents jours de terre, lequel, avant cette
concession, n'avait été d'aucun rapport, et était fourragé par
les habitants des environs. Les gens de Lessy se mirent alors
en devoir de le garder et d'en faire leur profit, au grand mé-
contentement des gens de Scy qui, depuis un temps infini, y
allaient couper du *mai* pour parer leur église le premier
jour des Rogations, et en couvrir les rues du village le jour de
la Fête-Dieu. Or, l'an 1523, les habitants de Lessy s'oppo-
sèrent à cet état de choses, ce qui donna lieu à un soulèvement
dont les bestiaux et les propriétés eurent à souffrir. Le village
de Scy déclara que la veille de la Fête-Dieu se passerait de
la manière accoutumée, c'est-à-dire qu'en dépit de la défense,
ils iraient couper du *mai* audit bois, en telle quantité qu'il
leur conviendrait. A cette déclaration, les habitants de Lessy
furent grandement courroucés, et jurèrent qu'ils tomberaient
sus aux contrevenants. En effet, ils s'armèrent de fourches,
d'arbalètes, de dards, de couleuvrines, d'arcs, de picus et de
massues, et se ruèrent sur ceux de Scy dont les seules armes
apparentes étaient des bâtons et des serpes, et qui, prévoyant
le cas, s'étaient munis de pierres, qu'ils avaient cachées sous
leurs pourpoints, et s'étaient fait escorter de deux sergents de
Metz, et d'un notaire, pour attester les violences qui leur seraient faites. Cette précaution n'avait pu empêcher l'orage,
qui depuis longtemps menaçait. Le 3 juin, veille de la Fête-
Dieu, dans l'après-midi, les gens de Scy étant venus couper
le *mai*, rencontrèrent ceux du village de Lessy, et après
quelques paroles, les parties en vinrent aux mains et laissèrent, chacun de leur côté, dix-huit ou vingt blessés sur la
place. Sur ces entrefaites, accoururent des femmes de Lessy,
avec des cendres dans leurs girons, pour les jeter aux visages
des gens de Scy. Après quoi, les combattants se retirèrent
prétendant avoir chacun le droit de leur côté, et ils s'en re-
tournèrent chacun au logis, emportant leurs blessés, dont
quelques-uns eurent grande peine à supporter le transport.

Depuis lors, une hostilité très-vive exista entre les deux villages, d'où il résulta encore des batteries et des querelles, les seigneurs étant restés neutres dans cette affaire.

Longeau (ferme), annexe de Châtel-St.-Germain ; distance, 1 kil.

Anciennement, un capucin monté sur un tonneau prêchait le jour du vendredi saint devant cette ferme. Cet usage a cessé à la révolution de 1793.

La maison de Dieu de Longeau avait été fondée et dotée au 7e siècle par douze chefs de famille du val de Metz, pour soigner les lépreux. En 1660, les biens de cette maison furent consacrés à l'établissement d'un séminaire, dans la rue des Trois-Boulangers, à Metz, pour la conversion des hérétiques. M. de Bossuet, conseiller au parlement de Metz, fut un des principaux administrateurs de ce séminaire, dont la direction fut confiée au célèbre Bossuet son fils, alors grand doyen de la Cathédrale.

Luzerailles ou *Lezerailles* (maison de ferme), au pied de Châtel-Saint-Blaise, annexe de Jouy-aux-Arches ; distance, 1 kil.

Nous extrayons de l'exposé présenté au Conseil municipal de la ville de Metz (séance du 29 janvier 1853), par M. Vandernoot, ingénieur, à l'occasion du projet de distribution d'eau, les renseignements qui suivent :

« A une époque de l'occupation romaine, entre les années 375 et 395, c'est-à-dire un siècle environ avant le règne de Clovis, un aqueduc de très-grandes dimensions fut construit pour amener les eaux de Gorze à Metz. On attribue cette construction à une légion romaine cantonnée près de la ville, et la tradition désigne comme auteur et exécuteur du projet,

Drusus, père de Germanicus ; mais ce n'est là qu'une simple conjecture. La jouissance des eaux, amenées par ce monument, fut de peu de durée, une partie de l'aqueduc a dû être détruite en 451, lors du sac de Metz par les Huns, conduits par Attila ; d'un autre côté, un énorme déplacement de terrain sur les argiles de la partie de montagne entre Novéant et Ancy, et l'action détériorante des glaces contre les piles fondées dans la Moselle, amenèrent des coupures, des solutions de continuité qu'il n'était guère possible de réparer, à une époque surtout où on ne réparait rien ; au dixième siècle, Sigebert de Gemblours dit positivement que les arches étaient déjà à l'état de ruine : « *Donec sola vias rupit longæva vetustas, laudem structuræ retinent hodièque ruinæ.* » Si l'époque de 375 à 395 pouvait être considérée comme bien certaine, Metz aurait été doté plus tôt que Rome des avantages que pouvait procurer un aqueduc fournissant beaucoup d'eau. Il est probable qu'après la rupture de l'aqueduc de Gorze, les habitants de Metz furent obligés, pendant plusieurs siècles, de se contenter presqu'exclusivement des eaux de la Moselle, comme le font encore aujourd'hui nos voisins de Thionville.

« En 1679, les magistrats de Metz sentant le besoin *de pourvoir la ville d'eaux vives,* firent amener à Metz, par des tuyaux de bois, les sources de Luzerailles, situées au-dessus du village de Jouy-aux-Arches. Cette conduite traversait les vignes de Jouy, le bois d'Orly, suivait le chemin qui conduit de la ferme d'Orly à Metz, en passant derrière Montigny, faisait son entrée dans la ville par la citadelle, suivait les rues de la Vieille-Boucherie, du Plat-d'Etain et de Taison, jusqu'à la fontaine Sainte-Croix, qui fut construite à cette époque, ainsi que le réservoir situé sous la place. Cette conduite venant de Luzerailles était d'un entretien difficile et dispendieux à cause de la longueur du parcours ; aussi la ville en fit-elle l'abandon en 1705, c'est-à-dire vingt-six ans après sa construction. — On rechercha des sources plus à proximité. — Celles qui sont au-dessus de l'église de Plappeville, dans un pli du Saint-Quentin, ayant paru fournir des eaux de bonne qualité, la ville y fit construire un réservoir que l'on mit en communication avec celui de Sainte-Croix, au moyen d'une conduite en bois de chêne ; mais on reconnut bientôt que ces eaux se troublaient dans les temps de pluie, qu'elles charriaient des terres ; on fut donc obligé de les abandonner après que la ville eût fait l'acquisition des sources de Scy et de Lessy, en 1732 et 1734.

M. Vandernoot, après s'être étendu sur le choix des eaux et leur clarification, sur les sources voisines de Metz, annonce qu'il n'a rencontré qu'insuffisance dans les sources qu'il a visitées, puis il continue ainsi :

« Hâtons-nous donc d'arriver à Gorze ; là nous sommes sûrs de rencontrer quantité et qualité, puisque jadis les Romains, qui ne se trompaient guère dans leur choix, y ont été puiser les eaux dont ils avaient besoin pour la ville de Metz. Les eaux de Gorze prennent naissance à deux sources principales qui sont les Bouillons, en amont et à 500 mètres environ de la ville, et Parfond-Wal, dans une vallée en aval et à une distance de 900 mètres de la même ville. Dans son traité des eaux, M. Dupasquier dit que Metz a joui, pendant la période romaine, de plus de 40,000 mètres cubes d'eau : je ne sais où il a pris ce renseignement qui me paraît singulièrement exagéré. Si nous nous en rapportons à la hauteur d'eau faiblement indiquée par les traces de carbonate de chaux que l'on retrouve dans l'aqueduc souterrain, connaissant la largeur et la pente de cet aqueduc, nous trouvons que le volume qui a circulé assez longtemps pour laisser des traces de son passage, a dû être d'environ 27,200 mètres cubes par vingt-quatre heures. En 1757, au mois d'octobre, les eaux étant, disait-on, plus basses qu'on les eût jamais vues à la suite d'un été très-sec, M. Lebrun, professeur de mathémathiques à l'école d'artillerie de Metz, en fit le jaugeage en les réunissant dans le canal près de Sainte-Catherine, et il trouva que leur volume répondait à 684 pieds cubes par minute, soit 23 mètres cubes dans le même temps, ou 33,750 mètres cubes en vingt-quatre heures. Dix ans après, le 20 décembre 1767, le même M. Lebrun fit un autre jaugeage, et il trouva 1067 pieds cubes par minute, qui font en mètres cubes 3659, et par vingt-quatre heures, 52,689. Ces résultats constatés à une époque où on ne connaissait pas suffisamment les lois de l'écoulement de l'eau dans les canaux, indiquent des produits beaucoup trop forts, et doivent, par l'application des formules actuellement en usage, aux données fournies par M. Lebrun, se réduire :

Les premiers à............... 27,000 mètres cubes.
Et les seconds à............... 42,000   Id.

Ainsi réduits, ces volumes me paraissent encore trop forts et peuvent faire supposer des erreurs d'observations de la part de M. Lebrun. M. Bertrand a fait le jaugeage de ces mêmes sources dans les mois de septembre 1845 et 1846. Il a trouvé dans la première année qu'il nous a signalée comme très-humide :

Pour les Bouillons............ 15,900 mètres cubes,
Et pour Parfond-Wal.......... 6,879
                              ———————
          Ensemble...... 22,779

(C'est un volume qui approche de celui accusé par les sédiments calcaires.)

Et dans la deuxième année qu'il nous a signalée comme très-sèche :

Pour Parfond-Wal............ 2,954 mètres cubes.
Il ne nous donne pas ici le jaugeage
des Bouillons ; mais des documents recueillis ailleurs me portent à croire
qu'il a été d'environ............ 8,500
                              ———————
          Ensemble...... 11,454

Les jaugeages de 1850, année, comme on sait, d'une sécheresse exceptionnelle, m'ont donné:

Pour les Bouillons............. 5,400 mètres cubes.
Et pour Parfond-Wal............ 1,970

Total........ 7,370

D'autres jaugeages faits en mai dernier, c'est-à-dire après
un printemps sans pluie, ont indiqué:

Pour les Bouillons.... .... 11,500 mètres cubes.
Et pour Parfond-Wal 4,900

16,400

Enfin, un dernier jaugeage datant de cet automne, a ré-
vélé un volume de 14,824 mètres cubes, dont 12,096 fournis
par les Bouillons, et 2,728 fournis par Parfond-Wal.

Maintenant, si nous nous en rapportions aux dires des
meuniers sur la marche et la fabrication de leurs usines à
diverses époques, nous pourrions en conclure qu'à l'étiage
ordinaire, les sources fournissent encore 11,500 mètres cubes,
et que la plupart du temps les moulins peuvent disposer d'un
volume de près de 25,000 mètres. Du reste, les moulins sont
montés de manière à pouvoir utiliser 25 à 30,000 mètres
cubes d'eau.

Vous devez peut-être trouver que je viens de m'étendre
beaucoup sur les produits des sources de Gorze à diverses
époques ; mais, je tenais à vous faire connaître leur richesse
qui ne tombant, on pourrait dire jamais, au dessous de
7500 mètres, se maintient ordinairement à 11 ou 12,000
mètres aux époques de sécheresse habituelle, et s'élève la
plupart du temps à un volume de 20 ou 25,000 mètres. Si
les eaux de Gorze réunissent deux avantages bien précieux,
un volume considérable et une qualité réputée excellente,
malheureusement, par contre, elles présentent pour désavan-
tage une grande distance de Metz, et une faible élévation
au dessus du point culminant de notre ville. La source de
Parfond-Wal ne commande le plateau de Sainte-Croix que

de 11 mètres 60 cent., et celle des Bouillons que de 18. (*)
En élevant le réservoir dans la ville, seulement à une hauteur moyenne de 1 m. 50 c. au dessus du sol, et en comptant une perte de 0 m. 60 c. pour les bassins de recueillement, il ne nous restera qu'une charge disponible de 9 m. 50 c. On peut reconnaître immédiatement que cette disposition des lieux impose trois obligations: 1º de n'aller à Gorze que pour y puiser un volume d'eau considérable; 2º de ne l'amener que par le chemin le plus court; 3º d'employer une conduite libre de préférence à une conduite forcée, toutes les fois que le choix en sera possible. (**) »

M. Vandernoot termine ainsi son rapport :

« En définitif, messieurs, jai l'honneur de vous proposer, à l'occasion de la distribution projetée pour Metz : 1º de n'employer que des eaux de sources, parce qu'elles sont préférables à toute autre au point de vue hygiénique et qu'elles n'exigent l'emploi d'aucun moyen mécanique; 2º d'en amener un volume considérable, afin de pouvoir satisfaire largement aux services publics et aux besoins des habitants ; 3º de les prendre à Gorze, parce que là elles sont probablement meilleures et certainement plus abondantes qu'ailleurs. Si vous admettez ces propositions comme base d'un projet, je

---

(*) La surélévation de cette dernière source ne pourrait être profitable qu'autant qu'on renoncerait à Parfond-Wall, ou bien qu'on ferait deux conduites.

(**) On appelle conduite libre, une conduite dans laquelle l'eau s'écoule naturellement, sans compression; ainsi, un canal découvert, un aqueduc voûté dont le profil n'est pas rempli par l'eau, sont des conduites libres ; une conduite en métal ou autre dans laquelle l'eau se trouve pressée, ainsi que cela a lieu, par exemple, dans un syphon renversé, est une conduite forcée.

soumettrai à votre approbation le programme motivé suivant, que l'administration m'autorise à vous présenter:

« L'ingénieur de la ville fournira, dans le délai de trois mois, un projet définitif de distribution d'eau pour Metz. — Les eaux seront amenées de Gorze à la vallée de Mance, par la ligne la plus courte, au moyen d'un aqueduc souterrain jugé moins dispendieux qu'une conduite contournant les montagnes. — La conduite se prolongera jusqu'à Metz, au moyen de tuyaux de fonte, à moins qu'une étude géologique suffisante ne prouve qu'il y a avantage à continuer l'aqueduc souterrain sous Vaux, Jussy, Sainte-Ruffine et même dans le Saint-Quentin. — Les eaux seront reçues à Metz dans deux réservoirs concourant à un système de distribution annulaire pour mettre le service à l'abri de tout chômage. — Les diverses parties du projet seront disposées de telle sorte qu'un volume d'eau de 10,000 mètres cubes au moins, puisse être reçu et distribué avec facilité. — L'évaluation des dépenses de toutes natures, y compris les sommes à valoir pour travaux imprévus, ne devra pas dépasser le chiffre de deux millions. — Dans ce chiffre, toutefois, ne sont pas comprises des fontaines monumentales d'un travail artistique, dispendieux; l'essentiel, pour le moment, étant de s'occuper de l'utile et du nécessaire. Le conseil municipal ne pouvant s'entourer de trop de garanties dans une entreprise aussi considérable que celle dont il s'agit, le projet définitif sera soumis à l'appréciation du conseil général des ponts-et-chaussées, qui est le juge le plus compétent en pareille matière. La commission des finances est chargée de préparer, le plus tôt possible, un projet financier qui indique les voies et moyens par lesquels on pourra arriver à faire face aux dépenses. L'administration municipale est priée de faire, dès à présent, les démarches nécessaires pour que la ville soit autorisée à acquérir, soit à l'amiable, soit par voie d'expropriation, les propriétés ou parties des propriétés nécessaires à l'exécution du projet. La hausse qui se fait sentir dans le prix des métaux, indiquant qu'un ajournement ne peut être que désavantageux aux intérêts de la ville, l'administration est également priée de se faire autoriser à passer des marchés sur série des prix, de quantités indéterminées pour l'acquisition des fontes à employer dans les constructions. Ces marchés seront soumis à l'approbation de l'administration supérieure en même temps que le projet. Un crédit de 3,000 francs est ouvert à l'Ingénieur pour faire faire : 1º des extraits des parcellaires des communes que l'on aura à traverser avec les conduites d'eau ; 2º les tracés sur le terrain, nivellements et fouilles indispensables pour reconnaître les emplacements les plus convenables à l'établissement de ces conduites. (*) »

Mars-la-Tour, sur la route de Paris, traversé par un chemin de grande vicinalité, de Pont-à-Mousson à Briey et à Étain, paroisse et mairie qui ont pour annexes les villages de Puxieux et Tronville, et la ferme de Saulcy ; à 11 kil. N.-O. de Gorze. Population, 685 habitants.

Mars-la-Tour tire son non d'une *Tour* élevée au *Dieu Mars*, située dans un bois près de ce village (défriché en 1837).

Mars-la-Tour était autrefois une petite ville de guerre avec un château fort, dont les fossés ne sont pas encore tout à fait comblés ; elle avait une garnison de 600 hommes. Depuis 1317 jusqu'en 1500, les seigneurs de Mars-la-Tour ont reconnu les évêques de Metz pour leurs souverains, malgré les prétentions des ducs de Lorraine, qui en furent pourtant les maîtres, dit un écrivain de ce siècle, jusqu'en 1680.

En 1405, le peuple de Metz s'était soulevé contre ses magistrats, qu'il accusait d'incurie et de déprédations. Ces dis-

---

(*) Le Conseil municipal prenant en considération le rapport présenté par M. l'Ingénieur de la ville, en a voté à l'unanimité l'impression, et a accordé une somme de trois mille francs pour compléter les études de son projet.

cordes civiles avaient duré deux ans. Enfin l'ordre rétabli, les chefs des rebelles furent noyés ou bannis; un grand nombre d'entre eux s'étaient refugiés dans les états du comte de Bar, où ils formèrent le complot de livrer la ville à ce prince. Ils s'étaient avancés avec plusieurs seigneurs du Barrois jusqu'à Mars-la-Tour et Vaux; mais leur conjuration ayant été découverte, ils furent surpris par les Messins dans ces deux villages et mis à mort. La ville donna leurs biens au chapitre de la Cathédrale, et les seigneurs du duché de Bar n'obtinrent leur liberté qu'en payant une forte rançon.

En 1490, ce bourg (alors ville) fut brûlé par les Messins en représailles des excès commis par les Lorrains dans la plaine de la Moselle.

Lorsque le roi de France, Charles VII, vint assiéger Metz, le grand connétable, Arthur de Richemont, s'empara de Mars-la-Tour et de plus de trente châteaux autour de Metz.

En 1552, le maréchal de Vieilleville, conduit par le maire de Ville-sur-Iron, qui était très-dévoué aux Français, prit Mars-la-Tour dont la garnison était composée d'Italiens et d'Espagnols de l'armée de Charles-Quint; il en tua 600, fit 300 prisonniers et s'empara de 300 chariots de vivres, que le gouverneur de Mars-la-Tour envoyait à l'armée occupée alors au siége de Metz. Les Français gardèrent Mars-la-Tour, d'où ils firent de fréquentes incursions dans la Lorraine. En 1680, la chambre royale de Metz réunit à la France Mars-la-Tour, comme ancien domaine de l'évêché, et le duc Charles IV y renonça formellement par le traité de Vincennes.

En 1500, Gérard d'Avillers, seigneur de Mars-la-Tour, fit bâtir dans cette ville une église collégiale; il y fonda sept prébendes. Cette fondation fut approuvée par le cardinal de Sainte-Agathe, coadjuteur de monseigneur Henri de Lorraine, 79e évêque de Metz, et par le pape Jules III. (*) Deux

---

(*) Par le pape Alexandre VII selon Viville.

ans après, l'église fut achevée et bénite; les chanoines y furent installés et y firent l'office jusqu'en 1792, époque où la révolution les força d'aller chercher un asile hospitalier chez les nations étrangères. Il ne reste de cette belle collégiale, qu'une nef latérale, qui sert de grange. Le marteau du vandalisme a détruit les deux autres. On voit encore sur les murs et les piliers de la partie qui existe, des peintures à fresque très bien conservées.

L'église actuelle de Mars-la-Tour date de 1840; elle a une tour pour conserver l'étymologie du nom de la commune.

Novéant-sur-Moselle, village divisé en trois hameaux qui portent; le premier le nom de l'*Aître*, le deuxième de *Berceau*, et le troisième de *Cloître*, sur le ruisseau de Gorze, à la gauche de la Moselle, traversé par la route de Novéant à Mars-la-Tour, paroisse et mairie; à 6 kil. S.-E. de Gorze. Population, 1,078 habitants.

Ce village est de fondation romaine; c'était un chantier que Rome s'était créé pour la construction de l'aqueduc de Gorze, une nouvelle route (nova via) pour faciliter les communications. Vis-à-vis de ce village, se trouve un pont en fil de fer sur la Moselle, qui conduit au village de Corny; il a été construit en 1837 par la compagnie Séguin, et livré à la circulation le 17 juillet de la même année.

Il a fallu, pour percer la route qui conduit à Mars-la-Tour, briser avec peine soixante-quinze mètres du vieil aqueduc. Nos ingénieurs, saisis d'étonnement à l'aspect de cette immense artère souterraine, dressèrent une borne pour en protéger l'abord, avec cette inscription: *Rome*. On trouva dans l'aqueduc une assez grande quantité de pièces romaines, ressemblant, quant à la forme, à nos décimes.

En 858, Avence, évêque de Metz, affecta au luminaire des autels de la Vierge et de saint Gorgon, dans l'abbaye de Gorze, les biens donnés à cette abbaye dans le village de *Noviant, in villá Noriandum*, et une vigne à Arnaville, *in Ernadovillá vineolam unam*. Cette charte fut souscrite par Réginerre, abbé de Gorze, Valdrade, Atolio, Heldolfe et Bergorinime, prêtres attachés à l'abbaye.

En 1403, Jean de Lenoncourt, abbé de Gorze, fit emprisonner Guibérials Huels, maire de Novéant et *citain* de Metz, parcequ'il avait osé réclamer le remboursement d'une somme qu'il lui avait prêtée. La cité de Metz prend sa défense, exige de l'abbé qu'il fasse cesser cette injuste détention : il s'y refuse, et les Messins indignés courent aussitôt aux armes, montent à cheval et marchent en toute diligence sur Gorze. L'abbé, effrayé, leur envoie des députés qui les rencontrent à Ancy. Il se soumet à toutes les réparations qu'ils voudront demander, et il est forcé de livrer Gorze à discrétion. Les Messins y laissèrent une garnison pendant trois semaines. La ville ne souffrait jamais qu'aucun de ses citoyens fût impunément outragé ni opprimé.

Le 28 septembre 1490, les Messins et le gouverneur de la citadelle de Metz, conclurent à Novéant une trève de 15 mois avec le duc de Lorraine, qui avait embrassé le parti de la ligue.

Onville, situé sur le ruisseau de Mad, paroisse et mairie ; à 6 kil. S. de Gorze. Population, 486 habitants.

Onville (undœ villa, ville de l'onde) possédait en 1650 un relai de la poste d'Espagne, ainsi nommé à cause de la communication de la Franche-Comté avec le duché de Luxembourg qui appartenait à l'Espagne ; cette poste passait par Toul, Rosières-en-Haie etc ; puis allait vers Luxembourg et la Hollande. M. Ragot, dit le père Anastase, capucin, était maître de poste à Onville en 1790.

Il y eut dans ce village, en 1699, une grande fête : le duc de Lorraine y vint avec sa cour ; il s'agissait de déterminer les bornes du duché : le prince fixa les limites à la Grange, petite ferme à deux kilomètres du village; on y lit, d'un côté: *France*, et de l'autre, *Lorraine*. Louis XIV venait de rendre la Lorraine et le duché de Bar à ses légitimes possesseurs, et de donner en mariage au duc de cette province sa nièce, Melle d'Orléans ; tant de faveurs déterminèrent le duc de Lorraine à aller à Paris, rendre hommage au grand roi.

En 1700, Onville eut beaucoup à souffrir de la présence de nos soldats. On remarquait encore en 1837, à la corniche d'une maison sur la place, des têtes de guerriers, des casques d'une sculpture très ancienne et les restes d'une antique castel.

Puxieux, situé à droite de la route de Paris à Sarrebruck, annexe de la paroisse et mairie de Mars-la-Tour ; à 9 kil. S.-O. de Gorze. Population, 234 habitants

Dans un titre de 1051, ce village se nomme *Puteoli* ou Petit-Puits. On voit dans les chroniques du pays que les gens de Puxieux et de Mars-la-Tour firent, en 1443, des dégâts dans le val de Metz.

Rezonville, sur la route de Metz à Verdun, paroisse et mairie qui ont pour annexe le hameau de Flavigny ; à 6 kil. N. de Gorze. Population, 600 habitants.

Rozérieulles, situé entre deux côtes, à gauche de la route de Paris, paroisse et mairie qui ont pour annexes les fermes de Maison-Neuve, de Moscou, de Pampelune, de Saint-Hubert aux Geniveaux, les moulins de Longeau et de Bazin, la brasserie de la Maison-Neuve, située à l'embranchement de la route qui conduit à Briey ; à 12 kil. N.-E. de Gorze. Population, 624 habitants.

Est décédé dans ce village, le 30 juillet 1824, le général de brigade Guillaume Péduchelle, ancien commandant de Thionville, nommé le 22 septembre 1793, par le conseil exécutif provisoire ; ce général avait commandé une brigade d'infanterie à la prise de la forteresse de Luxembourg, la même année.

En 1408, Jean d'Autel, seigneur d'Aspremont, était propriétaire de Rozérieulles. Ce fief passa ensuite dans la famille des Beaudoche, seigneurs de Moulins en 1426. Les Desch en devinrent les seigneurs en 1434. Un Jehan Daix de *Rougérieulle* portait de champ d'azur à la croix échiquetée de sable et d'argent.

Le 23 décembre 1434, Poltron de Xaintrailles vint ravager la vallée de la Moselle ; il se jeta à la tête de ses pillards sur Vaux, Jussy, Rozérieulles, Châtel, Sainte-Ruffine, Moulins. Le 25 février 1441, de nouvelles bandes françaises attaquent les maisons fortes d'Ancy et d'Ars. Repoussées par les habitants de ces villages, réfugiés dans leurs églises-forteresses, ils se dirigent sur les vignobles de Rozérieulles et Lessy, brûlent échalas et cuves. La ville de Metz envoie à leur poursuite 1200 hommes qui s'enivrent et *reviennent tout gracieusement*, dit la chronique. Le lendemain, les Français faisaient le siége de l'église de Lessy ; tenus en échec par la résistance des habitants qui tuent dix d'entre eux, ils se retirent après avoir mis le feu au village. Rozérieulles et Sainte-Ruffine subirent le même sort. Lors du siége de Metz en 1444, les troupes des assiégeants logèrent à Rozérieulles. En 1445, Jean Beaudoche était seigneur de ce village.

Au mois d'octobre 1552, pendant que l'armée de Charles-Quint assiégeait Metz, le maréchal de Vieilleville, qui, parti de Verdun, s'était emparé d'Étain, de Conflans et de Mars-la-Tour, où sa troupe avait fait un riche butin, vint surprendre, pendant la nuit, un corps de troupes allemandes cantonées à Rozérieulles. Il en tua 700 dans le village, 120 sur les chemins, et prit 800 chevaux. Le reste se sauva au travers des bois de Novéant.

Au XVIIe siècle, un sieur Chavenel et les religieux de Saint-Vincent en étaient seigneurs. Vers la fin du siècle suivant, il y avait un prieuré dépendant de l'abbaye de Mouzon. La chapelle du prieuré, peinte à fresque, existe encore dans la propriété de M. V. Bompard. Dans le village, on voit des maisons du XVe siècle, avec armoiries et écussons. Il était anciennement fermé par cinq portes, avec des murs crénelés, dont il reste encore quelques vestiges.

Sainte-Ruffine, situé sur une hauteur, à gauche de la Moselle, vicariat, mairie qui a pour annexes les moulins du Goglot et de la Cueillerotte ; à 16 kil. N.-E. de Gorze. Population, 253 habitants.

Sainte-Ruffine s'appelait, sous la première révolution, *Anthoine-le-Mont* ; son nom lui a été donné sans doute par Théodwin, cardinal de Sainte-Ruffine, légat du pape, qui habitait Metz au XIIIe siècle. Au XVIIe siècle, la seigneurie en appartint aux abbayes de Sainte-Glossinde et de Saint-Symphorien de Metz. A mi-côte, se voit une sainte sculptée grossièrement ; elle est l'objet de pélerinages.

René II, duc de Lorraine, avait fait élire, en 1484, Henry, comte de Vaudoncourt, son oncle, à l'évêché de Metz, pour accomplir plus aisément les entreprises qu'il méditait contre la ville. N'osant lui déclarer ouvertement la guerre, il fit d'abord infester le pays messin par une troupe de Gascons à sa solde. Les habitans s'en plaignirent, et ne furent pas écoutés. Indignée de ces mauvais procédés, toute la cité prend les armes, use de représailles, et ravage la Lorraine. Alors, René marche sur Metz avec une puissante armée, et vient camper à *Sainte-Ruffine*. Trois fois il s'avance contre la ville pour lui livrer l'assaut ; trois fois il est repoussé avec une perte considérable. Désespérant de réussir par la force des armes, le duc de Lorraine eut recours à la trahison. Il parvint à corrompre Jean de Landremont, l'un des Treize, qui devait introduire les Lorrains à Metz, dans la nuit du 25 novembre 1490, par la porte du Pontiffroy. On dit que tous les habitants de tout sexe et de tout âge devaient être égorgés et la ville entièrement repeuplée de Lorrains. Charles de Quennelet, châtelain de la même porte et complice de Landremont, eut des remords, et révéla cet horrible complot aux magistrats. Landremont arrêté avoua son crime, et quoique le duc de Lorraine eût osé le réclamer comme son pensionnaire, il n'en fut pas moins condamné à mort le 5 janvier 1491.

Noël Journet, ancien soldat, maître d'école à Sainte-Ruffine, s'avisa de publier, sur les matières de religion, un livre qui fut censuré par la Sorbonne, le 17 mai 1582, *comme sentant les hérésies des Ébionistes, des Ariens, des Manichéens, des Albigeois, etc.* Les juges ecclésiastiques de Metz firent brûler le livre et l'auteur, le 29 juin de la même année.

Cet ouvrage, ayant eu les honneurs d'une réfutation qui fut jugée trop faible, l'évêque de Madame fit à ce sujet la réflexion suivante : « Ces matières ne souffrent point de discussions ; ce sont les premiers principes de la religion, lesquels il faut supposer et non pas prouver, et ceux qui les nient, doivent estre traictés plus tost à coups de baston que par raison. » (Hérésie de Metz, page 409.)

Sponville, situé sur deux ruisseaux, dont un prend sa source à l'étang de la chaussée, et l'autre est formé par les eaux des pluies, paroisse et mairie ; à 12 kil. N.-O. de Gorze. Population, 276 habitants.

Vaux, situé sur un petit ruisseau, dans un vallon, à gauche de la Moselle, paroisse et mairie ; à 14 kil. N.-E. de Gorze. Population, 478 hab.

Vaux est un village très-ancien; l'histoire rapporte que déjà en 716 on fait mention de l'église de Vaux. Ce village a été l'objet de diverses attaques: le 12 septembre 1444, 1,200 hommes écorcheurs arrivèrent à Vaux et firent tous leurs efforts pour enlever l'église et la tour qui n'étaient occupées que par 18 hommes. Rencontrant une resistance désespérée, les écorcheurs sommèrent les braves de se rendre; mais ceux-ci répondirent qu'ils étaient tous prêts à mourir plutôt que de trahir la foi qu'ils devaient à la cité. Les assaillants, alors leur offrirent de les laisser rentrer à Metz avec armes et bagages, s'ils voulaient rendre la place; cette capitulation fut acceptée et l'église remise entre leurs mains.

Le 1er octobre de la même année, des habitants de Bar voulant se livrer au pillage à la suite des écorcheurs, se portèrent sur Vaux; ils s'emparèrent des vins; mais les habitants étant tombés sur eux en tuèrent 13 et en saisirent 12 autres qu'ils emmenèrent à Metz; plus de 60 futailles furent défoncées en cette rencontre.

Vaux a été, en quelque sorte, fortifié; il y existe encore des vestiges de portes qui, probablement, étaient fermées toutes les nuits ou en cas d'attaque, et qui empêchaient les étrangers de pénétrer dans l'intérieur du village.

Vernéville, paroisse et mairie qui ont pour annexes les fermes de Chantrenne, de Bagnieux et de la Malmaison; à 13 kil. N. de Gorze. Population, 733 habitants.

Villecey-sur-Mad, situé sur le ruisseau de Mad, paroisse et mairie; à 8 kil. S. de Gorze. Population, 349 habitants.

Vionville, à droite de la route de Paris à Sarrebruck, paroisse et mairie qui ont pour annexe le hameau de Tantelainville; à 6 kil. N.-O. de Gorze. Population, 479 habitants.

Voisage, ferme, ancienne poste aux chevaux, situé à la droite de la Moselle, sur la route de Metz à Pont-à-Mousson; à 1 kil. d'Arry, annexe de cette mairie.

Cette ferme était, dans les XIVe et XVe siècles, une des maisons où devaient se juger les contestations élevées entre les sujets, les vassaux, les seigneurs et même les princes souverains d'états différents. Ces maisons s'appelaient *Marches d'Estault,* et les princes y envoyaient chacun trois ou quatre officiers ou prévôts, devant lesquels comparaissaient les parties assistées chacune d'un ou de deux notaires, pour rédiger la sentence arbitrale. Si les commissaires n'étaient pas d'accord, alors chaque partie nommait un arbitre qui s'appelait ewardeur, et ceux-ci s'en adjoignaient un troisième s'ils étaient encore en dissentiment.

Cette manière de procéder s'appelait: *Tenir journée de marche d'Estault, juger selon la coutume d'Estault.* La personne citée pouvait s'ajourner trois fois ; la partie qui poursuivait, une fois seulement, et les *éwardeurs,* une fois. Chaque ajournement était de quarante-cinq jours. Ainsi les délais pouvaient se prolonger pendant sept mois et demi. Voisage était marche d'Estault entre la cité de Metz, le comte de Bar et le duc de Lorraine.

La marche pour la Lorraine allemande était en deçà des arches de Luttange.

La cité avait ses marches avec le duc de Luxembourg, à Richemont, *Emmy-le-Pont,* sur l'Orne.

Avec l'archevêque de Trèves, à Katenheim.

Avec l'évêque de Verdun, à Nowerroy ou Norroy-le-Sec.

Avec l'évêque de Metz pour les Allemands, en deçà de Pont-à-Chaussy, et pour les Romains, c'est-à-dire pour ceux qui parlaient français, à Solgne et à Verny.

Waville, situé près du ruisseau de Mad, paroisse et mairie qui ont pour annexes les fermes de Buret et les moulins de Fleur-Moulin, de Mad, de Baulard et le Petit-Moulin; à 6 kil. S.-O. de Gorze. Population, 501 habitants.

Ce village est traversé par une route de grande communication qui le relie avec les routes de Thiaucourt, de Gorze, de Dampvitoux, de Mars-la-Tour, situé dans la charmante vallée du Rupt-de-Mad, entre deux coteaux entièrement tapissés de vignes.

L'église de Waville est de style gothique ogival; elle paraît devoir être une des sept églises bâties, selon la chronique, par le bon abbé Henry (Henricus), mort au XIe siècle (1093); elle a trois nefs à voûtes d'égale hauteur, une vaste tribune; le clocher est moderne et renferme la plus belle sonnerie des environs. Le portail est surmonté d'un relief représentant saint Hubert à la chasse, et rencontrant un cerf qui porte un Christ entre ses deux bois; ce relief, du même âge que l'église, est entouré d'un cordon dans l'ogive qui porte des figurines et des feuillages également sculptés.

M. Barthélemy, curé actuel, a découvert, il n'y a pas longtemps, sur les murs de cette église, de belles et grandes fresques qui paraissent remonter au XIIIe siècle, masquées derrière une multiple couche de badigeonnage de chaux; M. Barthélemy, curieux de rendre le jour à ces peintures précieuses qui intéressent la science, les a fait reparaître lui même.

Déjà M. Barthélemy, étant à Bettelainville, avait mis ses soins à recueillir différents objets d'antiquités et d'armes romaines qu'il a adressés à l'académie et qui figurent au musée de Metz.

Xonville ou *Chonville*, mairie, annexe de la paroisse de Chambley; à 10 kil. S.-O. de Gorze. Population, 227 habitants.

PARTICULARITÉS,

SOUVENIRS ET TRADITIONS

DU PAYS DE GORZE.

Les traditions sont des indices précieux pour les découvertes historiques ; on y puise les causes des mœurs et usages d'une localité, elles dévoilent l'état social, et marquent les époques. C'est ainsi que chaque contrée a sa physionomie particulière ; chaque ville, chaque bourg, ses prédilections et ses antiphaties, basées sur des croyances tellement enracinées, que toute la philosophie d'un siècle est insuffisante pour les détruire. La tâche de l'historien ne consiste pas, selon nous, à reproduire uniquement les faits positifs, acquis à la vérité et à la raison ; il doit, autant que possible, signaler les vieilles légendes populaires, les croyances naïves sur lesquelles s'appuyait la robuste religion de nos pères. N'est-ce point là un souvenir vivace, un élément nécessaire à l'intelligence de l'histoire, cette science si riche d'enseignements, si variée dans ses acceptions? La postérité retrouve, dans son étude intime, la peinure fidèle d'un passé que la relation des faits généraux ne saurait qu'ébaucher; peut-être, aussi, les contemporains sauront-ils gré à l'auteur d'avoir diversifié son œuvre, d'être entré dans quelques détails sur des matières accessibles à tous, et fait revivre des traditions qui reposaient vaguement dans leur mémoire, ce que d'habitude ne font point les écrivains qui s'occupent d'histoire locale.

Les particularités qui vont suivre, bien qu'elles soient d'une importance secondaire, répandent un nouveau jour sur les parties précédentes ; à ce titre, nous les recommandons à la bienveillante attention de nos lecteurs.

ABBAYE. On dit que les moines de l'abbaye de Gorze étaient tellement riches, qu'ils pouvaient voyager sans interruption sur leurs terres, jusqu'à Rome. M. Collinet, notaire, a établi, sur les ruines de l'abbaye même, de petites fabriques et des jardins assez agréables.

AUTELS (les). Les Autels sont des rochers escarpés situés au milieu des forêts sauvages, au dessus de la vallée de *Parfondeval*, où naissent ces belles eaux si fraîches et si limpides, qui servaient à alimenter l'aqueduc.

AUTEL DE SAINT-CLÉMENT. Il était situé à l'opposé du *mont Saint-Blin*, où était l'hôpital des lépreux. A côté de la chapelle Saint-Clément se voit une espèce d'autel surmonté d'un croissant. On dit que le prêtre célébrant donnait de là sa bénédiction aux lépreux, c'est-à-dire de la distance de toute la vallée, dans un éloignement d'environ un kilomètre. On peut conclure de cet indice combien la lèpre était contagieuse et redoutée, et combien étaient à plaindre les malheureux qui en étaient atteints, obligés qu'ils étaient de vivre séparés de la compagnie des hommes et parqués comme des bestiaux.

BELLEVUE. Propriété de M. Lorquet, dans les vastes jardins de laquelle cet homme d'esprit s'est plu à réaliser une belle décoration de théâtre, où les agréments de l'art le disputent à ceux de la nature. De distance à autre, sous des berceaux et des grottes, sont disposées des tables parfaitement servies, auxquelles il ne manque que les convives, et dont les mets en pierre offrent une perfide imitation aux explorateurs affriandés. On y remarque aussi une *sphère objective* sur laquelle vient se refléter le panorama de la ville de Gorze.

CARTULAIRE DE GORZE. Petit in-folio en parchemin, de 136 feuillets, et dont l'écriture paraît être de la fin du XIIᵉ siècle. On n'y voit aucune ponctuation sur les *i*, la conjonction *et* y est assez ordinairement marquée par ce signe 7, et la dernière syllabe des génitifs pluriels, surtout des pronoms possessifs, par cet autre *y*. Toutes les diphtongues *æ* y sont rendues par un *e* simple, et le concurrent se trouve dans toutes les dates. Il n'a ni intitulation, ni conclusion; il contient 217 titres, dont le premier, au verso du premier feuillet, est la charte de fondation de l'abbaye de Gorze. Les autres sont, pour la plupart, des donations, des échanges, des baux emphytéotiques, quelques diplômes des empereurs et rois, mais peu de ceux d'Austrasie; plusieurs bulles de confirmation de privilèges et d'exemptions. De toutes ces pièces, celle qui paraît mériter le plus d'attention, est la confirmation que Chrodegand obtint de la fondation de Gorze au concile de Compiègne, en 756. On y trouve aussi l'histoire de la réforme qu'y fit Adalbéron I, l'an 933. Il n'y a que trois chartes du temps du *Bienheureux Jean de Vandières;* la dernière surtout est remarquable en ce qu'elle est datée de 974.

Il existe plusieurs copies de ce cartulaire, dont une, à la bibliothèque de Metz, a été augmentée et contient 314 titres, qui vont jusqu'à l'année 1437 inclusivement.

CHAMP DES OEUFS (le). On appelle ainsi un terrain en plateforme situé au nord de l'ancienne abbaye, dont il était séparé par un enfoncement au fond duquel coule le ruisseau des Bouillons, et qui, selon toute apparence, servait de fossé à ses murailles. Durant un siége qu'eut à soutenir la ville de Gorze, la tradition rapporte que, la veille de Pâques, une batterie fut dressée sur cette plateforme, pour l'attaque de l'abbaye. Ce terme de *Champ des œufs* fait probablement allusion aux projectiles lancés de ce point.

CHAPELLE SAINT-JACQUES. Petite chapelle anciennement située au nord de Gorze, sur le chemin d'Ancy. Il existe encore, dans une maison de la ville, une pierre sur laquelle est sculpté un clocheton que l'on croit être une imitation de celui de Saint-Jacques. Ce monument porte le millésime 1588.

Testament du 22 mai 1647.

Je Messsir Etienne Chavais, natif de Gorze, prêtre et chanoine en l'église cathédrale de Saint-Estienne de Metz.........................

....

....

Item je donne à lad. chapelle de Saint-Jacques, proche Gorze, cinquante francs messins pour subvenir aux refections et ruines d'icelle faites par les soldats, et une chasuble blanche de camelot, la toison et croix de camelot bleu, et une aube que feu mon père, que Dieu absolve, a donnée, et veux que ceux ou celuy qui aura la chapelle Saint-Clément les ayent en main.............

CHOLÉRA. Maison isolée, bâtie lors du choléra en 1832, annexe de Sainte-Ruffine, arrond. de Metz, à 7 kil.; canton de Gorze, à 11 kil. Population, 3 individus.

Nous extrayons du rapport de M. le docteur A. Petitgand, sur l'épidémie de choléra qui a éclaté dans le canton de Gorze en 1849, d'importants détails géologiques et topographiques sur la ville de Gorze, et l'indication précise de ses causes d'insalubrité :

« L'épidémie de choléra qui vient de sévir dans le canton de Gorze a débuté par le chef-lieu, où elle a régné depuis le 8 août jusqu'au 30 octobre, c'est-à-dire trois mois environ. Elle s'est montrée à Ancy le 22 août, et elle y a duré jusqu'au 25 novembre. Quelques cas seulement ont apparu à Novéant, du 16 août au 6 septembre. Un cas de choléra a été noté à Gravelotte dès le 1er juillet, mais ce n'est réellement qu'un mois après que la maladie y a revêtu le caractère épidémique (du 5 au 25 octobre) ; vers cette dernière époque seulement, elle a éclaté à Ars, d'où elle n'a pas disparu avant le 28 décembre. Le choléra a été noté le 22 décembre à Rezonville, chez un seul individu ; chez deux à Jussy ; enfin quelques cas ont été signalés à Châtel-Saint-Germain, du 5 octobre au 25 décembre.

La maladie s'est déclarée à Gorze à la suite d'une pluie douce et prolongée, avec un vent d'ouest qui a continué à souffler durant les huit ou dix premiers jours de l'épidémie. Deux orages peu considérables ont éclaté pendant ce temps, bien que la température restât peu élevée. Pendant les huit premiers jours de septembre, l'air a été très-chaud et très-sec dans la journée, et très-frais pendant la nuit. Du 8 au 10 septembre, le baromètre a baissé de quinze millimètres ; cette subite variation n'a amené ni recrudescence ni diminution dans la maladie. Le reste du mois a été très-chaud, avec de grands vents d'est. Ce temps correspond à la période la moins meurtrière de l'épidémie ; mais les vents d'ouest ayant repris leur prédominance du 28 septembre au 20 octobre, et des pluies fréquentes ayant reparu presque quotidiennement, avec abaissement sensible de la température, le nombre des attaques et des décès, à Gorze principalement, n'a pas tardé à devenir plus considérable qu'à toute autre époque. C'est aussi pendant ce laps de temps que les communes d'Ancy et de Gravelotte ont été le plus maltraitées. La saison a commencé à devenir froide vers la fin d'octobre ; c'est alors que le village d'Ars a été envahi par le choléra ; le 5 décembre, le thermomètre a marqué 9° R., et ce jour là on a compté dans cette commune trois cas foudroyants, c'est-à-dire plus qu'aucun des autres jours.

Épidémie de Gorze.

Gorze ne présente aucune particularité remarquable sous le rapport de sa situation géologique. Les côtes qui le dominent sont constituées par des roches de calcaire grossier, à stratifications horizontales, superposées à des lits plus ou moins épais de fer calcaire. Il existe fréquemment des marnes et des dépôts argileux au dessous de la terre végétale, et à une profondeur variable. La vallée a sa principale direction d'est en ouest; très-étroite à Gorze même, elle s'élargit progressivement en allant vers Novéant; elle est traversée par un petit ruisseau dont les eaux sont assez limpides, malgré le peu de soin apporté au curage de leur lit; la côte méridionale est boisée, et celle qui tient au nord est nue ou couverte de vignes. Les maisons sont presque toutes profondes et très-étroites, peu éclairées, humides, malpropres; la plupart manquent de fosses d'aisances. Beaucoup de ménages qui ont peine à se loger trouvent moyen de nourrir une vache ou un porc, dont le fumier croupit quelquefois très-longtemps à l'écurie avant d'en être enlevé.

La principale rue suit à peu près dans toute sa longueur la direction du ruisseau; une autre s'en détache dans la direction d'Ancy; à l'extrémité opposée, deux autres rues coupent à angle droit la première, et montent parallèlement à la pente de la côte méridionale. Toutes sont d'ordinaire très-sales, excepté durant les sécheresses prolongées et pendant les gelées un peu fortes; cette malpropreté était bien plus grande il y a peu d'années, alors que ces rues n'avaient pas encore la largeur qu'elles ont acquises depuis.

Des fouilles considérables ont été faites l'année précédente, pour rechercher d'autres sources que celles qui alimentaient jusque là les fontaines, afin de pouvoir les distribuer dans les quartiers qui en manquaient. On n'a pas manqué d'attribuer l'irruption du choléra au bouleversement des terres, et surtout à l'altération manifeste que les eaux ont éprouvée par suite de ces travaux. On a remarqué que l'une de ces rues, où des travaux de ce genre n'ont pas été exécutés, n'a présenté que deux cas de choléra ; sa position et son élargissement la rendent, d'ailleurs, la plus saine de toutes.

La population de Gorze est de deux mille âmes y compris les deux cents individus admis au dépôt de mendicité. L'aisance des habitants est en général très-médiocre : beaucoup de familles sont à la charge du bureau de bienfaisance ; la majeure partie des hommes est composée de manouvriers, de bûcherons et de carriers. La broderie forme la principale occupation des femmes qui, aussi, s'emploient, et plus que les hommes, à la culture de la vigne.

Les nuits y sont habituellement fraîches ; la végétation du printemps y est ordinairement en retard de quinze jours sur celle de la Moselle ; les vents d'ouest sont les vents prédominants de toute l'année.

Malgré ces mauvaises conditions de salubrité, il est rare que des maladies s'y développent simultanément en grand nombre. Depuis le choléra de 1832, qui y a fait presqu'autant de ravages qu'en 1849, on n'y a observé qu'une épidémie peu meurtrière de dyssenterie et de variole, en 1842, et une légère influence de grippe, en 1847. »

Tableau des choléras observés à Gorze.

NOMBRE DES CAS.			DÉCÈS.
Vieillards au-dessus de 65 ans.	Hommes..	12	7
	Femmes..	19	16
Enfants de 2 jours à 13 ans.	Garçons..	14	11
	Filles. ...	6	3
Adultes au-dessous de 30 ans.	Hommes..	7	3
	Femmes..	21	13
Adultes au-dessus de 30 ans.	Hommes..	21	12
	Femmes..	23	18
Totaux.........		123	83

Et maintenant que l'on nous permette d'ajouter quelques observations basées sur les travaux de nos médecins.

En général, si l'on consulte la marche de l'épidémie de choléra dans le département de la Moselle, on s'aperçoit qu'elle a mis en évidence le rapport qui lie la mortalité aux conditions de vie des classes malheureuses. Dans le canton de Gorze, où l'épidémie s'est élevée à sa plus désastreuse puissance, la commission médicale constate des causes graves d'insalubrité, telles qu'habitations insuffisantes, généralement trop basses et rendues infectes par une sorte de cohabitation de l'homme et des animaux, alimentation insuffisante, excès de travail, etc, etc. L'épidémie de 1849, bien qu'elle témoigne des progrès accomplis dans un intervalle de dix-huit années, depuis la funeste apparition de l'épidémie de 1832, impose de nouveaux devoirs aux hommes en position de concourir au travail lent et difficile des améliorations sociales. Les travaux de la Société de médecine ont nettement tracé les limites où s'arrête la science et celles où commence la tâche de l'autorité ; c'est à elle qu'il appartient de prévenir, de combattre le fléau par les moyens d'hygiène que les ressources communales mettent à sa disposition.

M. le ministre de l'intérieur, pénétré de cette nécessité, a adressé à MM. les préfets une circulaire, en date du 2 octobre 1852, pour leur demander les mesures prises par les autorités municipales pour assainir les logements insalubres.

Les conseils municipaux ont dû être consultés depuis sur cette importante question, et ont eu à délibérer sur la part qu'il leur convenait de prendre dans les dépenses nécessitées pour ces améliorations. Nous profitons de cette humble publication pour appuyer de tous nos vœux la pensée généreuse qui a présidé à cette mesure.

DÉCOUVERTES ARCHÉOLOGIQUES. M. Collinet, notaire à Gorze, en faisant travailler dans sa propriété à l'emplacement de l'ancienne abbaye de ce lieu, fondée en 749, vit une muraille d'enceinte épaisse d'environ deux mètres, un fossé dans lequel se trouvaient encore quelques palissades, un souterrain ou plutôt un aqueduc de très-petite dimension qui s'enfonce horizontalement sous la montagne, et une pierre portant une partie d'inscription que j'attribue à Vala, 42e évêque de Metz, lequel mourut en combattant, le 3 avril 882, avec Adelard, comte de Metz, entre Sierck et Remich, pour préserver notre pays des fureurs des Normands (*).

La tradition disait que dans le chœur de l'église de Gorze on avait placé les restes d'Henry, surnommé Bon Abbé, son fondateur; mais jusqu'alors, rien ne confirmait cette tradition. L'été dernier, lorsqu'on fit quelques embellissements dans cette église, M. Verdenal, curé du lieu, aperçut, au-dessus des boiseries du chœur, quelques lettres qui étaient précédemment masquées par du badigeon; il fit faire une ouverture dans le mur et trouva un coffre contenant des ossements humains. (**)

Cette découverte, qui confirma la tradition, l'engagea à faire d'autres recherches, et il trouva à Saint-Clément, hermitage situé près de la ville, derrière un ancien reliquaire, un vieil écrit à peine lisible et même entièrement détruit dans quelques

---

(*) **Notice archéologique sur Metz et ses environs**, par M. **Victor Simon.** *(Mémoires de l'Académie, 1842.)*

(**) **Notice archéologique sur *Metz et ses environs*** par M. **Victor Simon.** *(Mémoires de l'Académie. 1841.)*

parties, donnant deux inscriptions, l'une concernant l'inhumation d'Henry Bon Abbé, et l'autre concernant la translation de ses cendres dans l'église de Gorze.

Au bas de l'inscription la plus ancienne on lisait :

« Figura crucis plumbeœ in sepulchro lapideo vene.^{mi} ac vitâ......... Domini Heinrici quondam abbatis Gorzien ... dignissimi, post quingentos tres annos ab ejus dormitione......... 7 maï 1596, quo die incidit divi protomartyris Stephani translationis festum, prope caput ejus reposita. Quo die festo ejusdem ossa........ Templi divi Petri in mon ^{rio} Gorz ... in ecc ^{am} parochial ... Sti Stephani, quœ una est ex 7 quas suis sumptibus elegantissimas, firmissimasq ... construxerat ecclesias, translata sunt. »

La plus ancienne inscription porte :

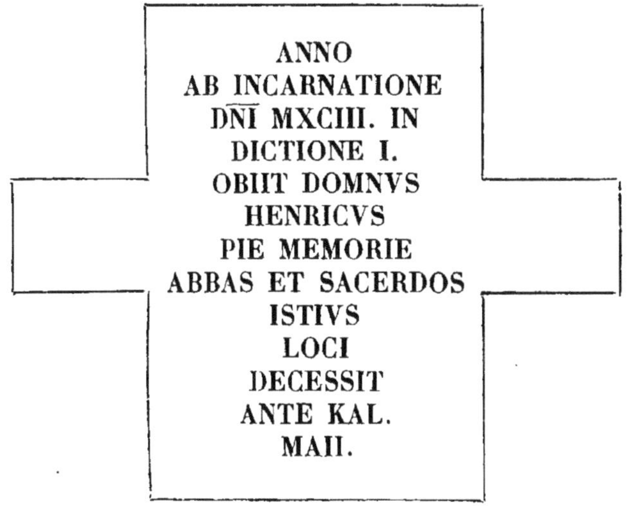

Celle qui est relative à la translation des cendres est conçue en ces termes :

ANNO AB ORTV
CHRISTIMDXCVI
NON MAI. FER
III. CLERVS
POPVLVS QVE
GORZIENSIS. MEMORIS ANIMI GRATIA
RELIQVIAS DÑI HEINRICI ABBATIS FELICIS
RECORDATIONIS ERVDETIS MONASTERII
ERVTAS TRANSTVLIT IN HANC
ECCLESIAM QVAE VNA EST EX SEPTEM
QVAS IPSE SVIS
SVMPTIBUS EX
STVERAT !

DROITS DU SEIGNEUR AU MOYEN-AGE. S'ensuient les drois de Monseigneur de Gorze et des prudomes de la ville d'Onville que se raportent par la justice du lieu quant les plais annals se tiennent illec (*).

Premier le ban, le trayns et le destrois est à monseigneur de Gorze sans portion daultruy. — Et fait monseigneur de Gorze la justice, c'est assavoir les vii eschevins et le doien, et messire le prévost fait le maire et doit faire. — Item les prudomes de la ville d'Onville doient à monsr. de Gorze les plais annalz iii fois sur an, c'est as-

---

(*) Cartulaire de Gorze, page 541.

savoir, le premier mardy après les xx jours de
Noël, le mardy après quasimodo après ensuiant,
et le mardy après la Trinité; c'est assavoir tous les
prudomes qui tiennent hostelz en ladite ville et
les doient tenir ausdits jours annalz si leur plait;
et en cas qu'ils ne les tanroient à leurs jours, ils
ne les puent tenir desdonc en avant, se dont n'est
que monsieur les fasse huchier par le doien deux
fois, et par la cloche une fois pour la tierce, et en
cas que li ung des prudomes ou plusieurs defaul-
roient aux dits plais annalz, ils seroient à l'amende
par rewart de justice. — Et doit monsr. au maire
et à la justice, ausdits annalz plais, à maingier
et à boire tel viande comme au jour apartient, et
vient li maire ausdits annalz plais et remet la
mairie en la main de messire le prévost, et messire le prévost la recommande à eux qui lui plait
et y la prent qui veult.   Et vous disons encore
monseigneur que le ban d'Onville entre les quatre
bonnes vous doit nuefz cherres de vin, la cheue
de deix meuds et demy et demystier. — Et vous
disons encore que les gros deismes de vin et de
blef sont à monsr. de Gorze sans portion d'aultruy.
— Et disons encor que monsr. doit aux prudomes d'Onville ung meud de vin panre.... (*) en la
censerie de mons., on court de vendenge, pour
boire le jour de Paisque après l'eucharistie. — Et
disons encore que monseigneur emporte le XIIIe,

(*) Cette lacune existe dans la pièce authentique.

et y demeure le XII.ᵉ tout franc aux prudomes de
vin et de blef pour raison des deismes. — Et disons
encore que mons. ou cui qu'il li plait peut dinrier
ou faire dinrier tous les porterriens du ban d'Onville, s'ils ont bien deismier, et on cas que les
porterriens dient par leur serement qu'ilz ont bien
deismier, ilz en doient estre quittes. — Et disons
encore monseigr. que tuitz li porterriens du ban
d'Onville doient pour chascun meud de vin deix
deniers et maille de chaptelz qui se paient le lundemain de la penthecoste. — Et disons encore que
monsr. doit retenir la neif du moustier des le-
chances jusques à la tour et seuignier le livre missel et une chasule pour faire l'office divin. — Et
vous disons encor que toutes haultes amendes
sunt à monsr., et toutes amendes de v.ˢ de fors sunt
à messire le prévost de Gorze. — Et disons encor
que li maire, qui que maire soit, doit chascun an
une corde en la cloche pour sonner les plais et le
doit messire le prévost. — Et disons que monsr.
doit soingnier ung franchar ferrey pour livrer les
blefz les bonnes gens qui veullent vendre ou acheter, et le doit garder le doien et rendre compe. —
Et disons encore que les menus dismes d'Onville
tant de berbis comme de mouchettes et autres
menus dismes sunt à messire le prévost la moitié,
et l'autre moitié est au chamberier de Gorze, et
doient soingnier lesdits deismeurs moutons pour
les berbis ; et disons encore que les agnelz se
doient deismier au treizime, c'est assavoir qu'il

demeure au prudome le xiie tout franc et le disme
le xiiie, et le buef maille doit ung fort, et la va-
chette une angevenne; et disons encor que les
dessusdits deismeurs doient recuillier leur deisme
le grant samedy vigile de paisque par le maire et
par la justice, et doit on deismier les laines au
tondeur ii fois l'an; et disons encor que deux ton-
dezons les deismeurs puellent retenir les berbix le
juedy avant de traire, le venredy pour le blon, et
doient les deismeurs gouverner le bergier; et toutes
ces choses se doient faire par justice, et doient
avoir le maire et li justice ung stier de vin pour
leur droit, à prenre sur ledit menus deisme. — Et
disons encor monsr. que li doien doit commander
an premiers annalz plais que chascun ayt destra-
pey en la ville où on doit cerchier et ainsi principallement an annalz plais de quasimodo que li
doien comande que chacun ayt destrapei aval les
champ et clous ou qu'il apartient où on doit cerchier. — Et disons que monsr. doit faire mener
son meud à Nouviant pour faire airer par ung
eschevin et par le doien tout au coustengez de
monsr. pour recuillier les cences et deismes d'Onville, et quant li eschevin et li doien viennent à
Nouviant, ilz requièrent au maire et à la justice
qu'il leur plaise de airer le meud de monsr., et la
justice de Nouviant leur délivrer le meudagreis tel
comme ilz le doient avoir, et a donc li maire et la
justice de Nouviant délivrent à l'eschevin le meud
et la paelle aireis et leur doit monsr. deux setiers

de vin pour leur droit; et a donc le maire et la justice chargent le meud et la paelle ausdit eschevin en comandant soubz son sairement qu'il n'y prengne ne ny meisse, et adonc li eschevin et li doien s'en retournent au lieu d'Onville et raportent le meud et la paielle au maire et à la justice d'Onville et le maire et la justice dinrent l'eschevin, par son sairement et par le sairement qu'il a fait à monsr, se le meud et la paelle sunt telz comme li maire et li justice de Nouviant li ont délivré, et li eschevin respont et dit par le sairement qu'il at à monsr. qu'ilz sunt telz comme li maire et li justice li ont chergié et délivré; et a donc li maire et li justice d'Onville font huchier par le doien aval la ville que se nul veult drecier nulles mesures, qu'il viengne sur la fontaine, et li maire et li justice sunt prest de faire ce qu'il appartient par tel que quiconque feçoit drecier ses mesures, il deveroit au maire et à la justice demy stier de vin, et li maire et les eschevins reçoyvent le meud et la paielle en plait pour recuillier les cences et deismes de monsr. — Et vous disons encore que li maire et ung eschevin et le doien doient estre au recuillier les cences et dismes, et se doit tenir ung eschevin la paelle pour recuillier, livrer et savoir assayer se le vin est bon et paiable pour monseigneur et pour les prudomes on cours de vendenge, tout au frais de monseigneur. — Et disons encor on cas que monsr. seroit de guerre pour le fait de l'église,

les prudommes de la ville d'Onville, s'il les requiert pour ost, ou pour chevauchier, sunt tenus
d'aller, tant comme danrée de pain leur puet
durer pour luy suir ; et disons encor que on cas
que monsr. nous vourroit mener plux loing ou
plux avant, se seroit au frais de monseigneur. —
Et disons encor que li maire et li justice envoient
ung eschevin à Veonville pour pourter le francoix
et li jalloix pour drecier le jour de la sainct Remy
et leur doit on six deniers pour chascun an ; et
en cas que li franchar seroit brisié ou rompus, le
maire et la justice de Beonville le doient drecier
et les gelloix principallement quant y seroient refais
parmy deux stier de vin pour leur droit — Et disons encor que le rowage de la ville d'Onville est
au pitancier de Gorze, la moitié ; et l'autre moitié
est au hoirs le salleis de Mets ; et disons encor que
dez la vendenge jusques à la sainct Martin, li chers
doit iiii^d, et la charette ii^d. et tantost le lundemain
de la sainct Martin, elle dechiet de la moitié, et
parmy ce les dessusdits doient scingnier meud
pour livrer les vins des bonnes gens, pour pourter
aval la ville. — Et disons encor monseigr. que ung
prebtre, ung cheveilier et une femme geisant, ne
doit point de conduit ne de rowaige pour leur boire
et pour boire en leur hostel, se donc n'estoit qu'ilz en
vendissent par pintes ou par quartes. — Et disons
encor monseigr. que le conduit de la ville d'Onville
est à monsr. de Lorrainne et doit avoir monsr. de
Lorrainne ung prudon jurey en la ville d'Onville

pour recuillier ledit conduit; et on cas qu'il avan-
roit que chers ou chérettes seroient retenus dedens
le conduit, monsr. de Lorrainne les doit faire revenir tout quittes parmy le droit paiant. — Et disons
encor monsr. que qui que tient cheval à Onville
et il fait traire roie aval, roie amont, il doit pour
chascun cheval ung denier de cornaige, et le doit
recuillier le maire et la justice le grant samedy de
Paisque, et le doit pourter le maire et ung eschevin au lieu de Gorze, le lundemain de Paisques,
et délivrer au sergent d'Aispremont, et se li sergent n'y estoit, on le doit présenter au maire et à
la justice de Gorze, affin qu'ilz en soient quittes,
et pour laquelle chose le maire et la justice
d'Onville y ont ung stier de vin pour leur droit.
— Et disons encor monseigneur que se ung ou
pluseurs laissoient leurs héritaiges embanis, et
ils vouloient revenir à leurs héritaiges, ilz de-
veroient à monsr. XII^s et demy, pour raison de
l'embanie et prennent li maire et li eschevin V^s.
de fors desdits XII^s. et demy pour leur droit.
— Et disons encor monsr, que li prudhommes
d'Onville doient passer au port de Joyex, et tous
les menans de ladite ville d'Onville parmy ce
qu'ilz doient chascun an, chascun conduit ung
gros messain en monnoie que le vaille et le doient
venir quérir les porterriens qui que porterriens
soient, au lieu d'Onville, le jour de la St-Estienne
le lundemain de Noel, et viennent enchier le maire
d'Onville, et le maire appelle la justice pour aller

aval la ville avec les porterriens et le doien avec
eulx, pour recuillier leur droit qu'ils ont en la
ville et les porterriens et la justice, leurs drois recueillies si comme il appartient, s'en viennent enchier le maire, et leur doit le maire à maingier et
à boire tel viande comme au jour appartient pour
le disney seulement, et quant lesdits porterriens
ont maingié et beu, et qu'ilz veullent départir, a
donc vait le maire à sa bourse et donne au maistre
porterrien xviii^d, et s'il plait au maitre porterrien,
il les donne à eux qu'il li plait, et s'il li plait, il
les emporte; et disons encor que monsr, doit les
xviii^d et le disney. — Et disons encor monsr, que
li maire et li justice et les prudhommes d'Onville
doient faire chascun en les follastriers, et ung
eschevin doit prenre le sairement desdits follastriers pour warder les biens des prudomes tant
pour le droit de monsr. comme pour le droit des
prudommes et parmey ce li maire et li justice leur
doient dresser leur stier et leur quarte droite; et
disons encor que le rapport desdits follastriers sunt
de cinq solz de fors et doient aů maire et à la justice demy m. de vin pour leurs drois. — Et disons
encor que tuitz li fourains doient rendre le dom-
maige fait on ban d'Onville, et doit on pourter les
wages enchier le maire jusques à tant que les
domaiges soient rendus et restaublis par rewar
de bonnes gens. — Et disons encor que quant les
follastriers prennent leurs bastons an verjus, ilz
ne les puellent ne doient mettre just, se ce n'est

par le maire et par la justice. — Et disons encor
que li maire et la justice puent lesdits follastriers
enjurer par le sairement qu'ilz ont fait au seigneur et aux prudommes et à tous annalz plais,
s'ilz ont trouvé ne beste, ne gens faisans dom-
maiges que facent à rapourter qu'ils le rapour-
toient. — Et disons encor que tous ceulx qui ac-
questent on ban d'Onville doient au maire et à la
justice ii stiers de vin pour leur droit, pour câuse
de vesture. — Et disons encor monsr. que les
menans et prudomes de la ville d'Onville sunt si
franctz qu'ils puellent prenre iii francs ent cours,
c'est assavoir le premier a Ars sur Muzelle desoub
monsr. de Mets, et l'autre après Dommartin que
muet des seigneurs d'Aispremont, et le tier à
Ronroy de soubs monsr. de Bar, et prent le franc
homme ung des trois entrecours, ou tuitz trois,
s'il li plait panre à l'une des mains et mettre jus à
l'autre pour lui aidier ou faire aidier ou que be-
soing lui seroit. — Et disons encore monsr. que
lidits menans et prudomes d'Onville sunt si frans
que monsr. de Gorze les doit soustenir contre
ceulx de Priney, à une journée au pont d'Onville,
on cas que tor nous vourroient faire. — Et disons encore monsr. que les menans et prudommes
d'Onville ont tel droit contre les maires joindans
au ban d'Onville, se aucuns de leurs soubgets
meffaisoit ou meffaisoient en aucune manière, les
maires et les justices doient accorder journée
pour faire raison pour un chascun entre lesdits

bans. - Et disons encor monseigneur que les menans et prudommes d'Onville sunt si frans, qu'ilz
puellent chargier leurs biens meubles de plain
midi pour aller demeurer ou qu'il leur plait et revenir quant il leur plait parmy leurs hostes paiant.
— Et disons encor monsr. que les menans et prudommes d'Onville sunt si francz qu'ils se puellent
marier en tous francz lieux où il leur plait. — Et
disons encor monsr. que li menans et prudomes
d'Onville sunt si francz qu'ilz puellent faire leur
troupelz de grosses bestes et de menues, et les
puellent faire garder par leur maisgnie ou par ung
verlet s'ils l'ont allans pasturans es bans joindans
d'Onville, parmy les domaiges rendant se point
en sont. — Et disons encor monsr. que li menans
et prudommes d'Onville sunt si frans que chascun
puet faire son foin, son columbier, son chancheux
et son moulin sur la rivière, chascun sur le sien,
sans faire à aultruy parmy ce que li musnier doit
avoir ung pougnet dreciei par le maire et par la
justice, et doit estre li pougnet les xxiiii. au Reix
doient faire le stier de froment, et pour le pougnet
à drecier, le maire et la justice doient avoir demy
stier de vin pour leur droit, et doit on airer le
pougnet du moulin ou de pluseurs molins s'ilz y
estoient chascun an, s'il plait au maire et à la
justice. — Et disons encor monsr. que si aucune
personne se fait atronchier en aucun lieu et il est
trouvée par le maire et par la justice qu'il ait tort
pour cause de l'atronchement, il doit ii stiers de

vin au maire et à la justice pour leur droit. — Et disons encor monsgr. que se aucun homme requiert au maire et à la justice ung recor de justice et lequel qui ayt tort doit au maire et à la justice ii stiers de vin pour leur droit, pour raison du recors à dire. — Et disons encor monsr. que se aucun homme requiert bonnes an maire et justice contre son voisin on ban d'Onville, deux bonnes au long et une au travers selle y eschiet, doit pour les bonnes ii quart. de vin au maire et à la justice, et doit autant celle an travers comme celle an long, et doit chascun la moitié — Et disons encor monseigneur que les menans et les prudomes sunt si francz qu'ils puellent tenir chieux et ayselz et chacier et haier on ban d'Onville et prenre grosses bestes et menues et faire tout ce qu'ilz leur plait. — Et disons encor monseigneur que les menans et les prudomes d'Onville sunt si francz qu'ilz puellent paxier en la rivière à hernoix dormant et à tous autres hernoix quelconques on ban d'Onville et en jusques au pont de Beonville et en jusques au pont de la Weille. — Et disons encor monseigneur se par aucune aventure avenoit à Onville que ung lairron ou une lairnesse ou ung murtreur ou une meurtresse fuit homme, fuit femme ehusse fait nul cas de crime, le maire et la justice le doient prenre, s'ils le puellent avoir nullement et amener au lieu de Gorze, à la porte de l'abbaie et délivrer à monseigneur, et le maire et la justice n'en ont plux à

faire jusques au jugier; et on cas que le maire et
la justice n'averoient assés force, le maire et la
justice doient requérir aux prudomes ayde pour
aidier à mener le malfaicteur, et s'il en y falloit
ung ou plusieurs que ny volsist venir, il seroit
ou seroient à l'amende par rewar de justice. —
Et disons encor monseigneur se par aucune aventure avenoit que a aucun prudomme ou menant
d'Onville on ehut aucune ehose desrobey ou prins
et on requéroit au maire et à la justice de mettre
la suche, la sarcheroient le maire et la justice,
la ville et le ban, et en feroient leur devoir de ce
qu'ilz pourroient bonnement. — Et disons encor
que le maire, qui que maire soit, et la justice
vous doient en rapourter au plais annalz toutes les
choses dessus dictes.

**ERMITES DE SAINT-THIEBAULT ET DE
SAINT-CLEMENT.** Le dernier ermite de *Saint-
Thiébault* qui, dans les prières qu'il faisait en
mendiant, attribuait à son saint la faculté de *guérir de tous maux*, prétendait que le diable venait
le trouver chaque soir. Il avait quelque chose de
dur et de sombre, ce qui prouvait que son séjour
dans cette chapelle isolée influait sur son esprit
d'une manière fàcheuse; bien différent de celui
qui était à *Saint-Clément*, où il recevait d'aima-
bles visiteurs. Le bon vin et de joyeuses causeries
au coin du feu charmaient les loisirs de ce dernier, dont les aventures romanesques trouveraient
encore un écho dans bien des cœurs.

ÉTOILES FILANTES. Liste des étoiles filantes observées à Gorze, les 10, 11 et 12 août 1842, par M. Chuine, curé de Gorze.

ÉTOILES OBSERVÉES LE 10 AOUT.

9^h 31^m (Troisième grandeur). De 10° ouest de la Lyre, à l'épaule gauche d'Ophiuchus, sans traînée lumineuse.

9 32 (Troisième grandeur). De la tête du Dragon à la Couronne boréale, sans traînée.

9 34 (Deuxième grandeur). Du Pôle à la troisième étoile de la queue de la grande Ourse, sans traînée.

LE 11 AOUT.

9 15 (Troisième grandeur). De Markab (du carré de Pégase) à 3° ouest de la tête d'Andromède.

9 25 (Troisième grandeur). Du Verseau à 10° de l'horizon au sud, traînée lumineuse.

9 59 (Deuxième grandeur). De Scheat, de Pégase au Dauphin, longue traînée de lumière.

10 9 (Troisième grandeur). De Cassiopée à Scheat, de Pégase.

10 18 (Troisième grandeur). De l'étoile la plus occidentale de Cassiopée à la polaire.

10 28 (Troisième grandeur). Entre Cassiopée et Céphée, une étoile paraît et s'éteint à la même place.

10 33 (Troisième grandeur). De Pégase aux épaules du Verseau, suivie à l'instant d'une seconde, (deuxième grandeur), plus brillante, avec traînée lumineuse, et dans la même direction.

10 38 (Troisième grandeur). Du milieu du carré de Pégase à la tête du Verseau, traînée.

10 59 (Deuxième grandeur). De 10° au-dessous de la polaire, à la première de la queue de l'Ourse; longue traînée de lumière.

11^h 5^m (Troisième grandeur). De la tête d'Andromède à travers tout le carré de Pégase, en allant au sud, traînée.

11 8 (Deuxième grandeur). Du Dragon au sud-ouest, traînée lumineuse.

11 16 (Deuxième grandeur). Du Poisson voisin du carré de Pégase à l'urne du Verseau, belle lumière.

LE 12 AOUT.

9 25 (Troisième grandeur). De la tête de Pégase, à l'est, jusque vers la tête d'Andromède.

9 29 (Troisième grandeur). De la tête de Pégase au Dauphin.

9 30 (Troisième grandeur). D'un pied au-dessous de la tête d'Andromède, jusqu'au milieu du carré, traînée lumineuse.

9 33 Du milieu d'Andromède à travers le Poisson inférieur.

9 37 De la partie est du Cygne à Cassiopée.

9 39 De Cassiopée au Dauphin, en parcourant les deux tiers de cette distance, faible.

9 41 (Deuxième grandeur). De l'étoile polaire à 25° au-dessous, dans la direction du nord, assez brillante.

9 49 De la tête de Pégase au Dauphin, traînée.

9 51 Entre le carré et le Verseau dans la direction sud-ouest, faible.

9 53 De l'urne du Verseau à la queue du Capricorne, faible.

10 1 (Troisième grandeur) De Cassiopée vers la tête d'Andromède, avec traînée.

10 2 A travers la partie occidentale de Persée, du nord au sud-ouest, faible.

10 4 (Quatrième et troisième grandeur). Des environs du Pôle vers les deux de la grande Ourse, qu'une ligne droite joint à la polaire suivie aussitôt de deux autres dans la même direction.

10ʰ 13ᵐ (Pemière grandeur). Du milieu du carré de Pégase au
    Verseau, longue traînée, lumière éclatante, la plus
    belle de toutes.

10   15 De la tête d'Andromède vers le Bélier, faible.

10   22 De la base au sommet du grand Triangle, faible.

10   23 (Deuxième grandeur). Des pieds d'Andromède à 10°
    au sud-est.

10   28 De Céphée vers la Chèvre, en parcourant la moitié de
    la distance.

10   36 (Deuxième grandeur). De 20° au-dessous du Pôle
    vers le carré de l'Ourse, traînée.

10   39 (Deuxième grandeur). Du milieu du carré de Pégase
    jusqu'à moitié de la distance au Verseau, traînée
    de lumière qui a duré une seconde après le passage
    du météore.

FONTAINE AUX ALLEMANDS. Cette fontaine, placée à 5 hect. de Gorze, donne de l'eau qui aurait, dit-on, la propriété de guérir la fièvre. Il paraît qu'on peut en donner impunément aux fébricitants: elle est très-douce et en même temps très-rafraîchissante.

FONTAINE DE PARFONDEVAL. On désigne ainsi le bassin qui est auprès de la source de ce nom. Quand on trempe la main dans cette eau, elle reste pendant quelque temps blanche comme la cire vierge, et bien que l'on éprouve une certaine fraîcheur, cette sensation n'a rien de saisissant ni de glacial.

FONTAINES (*les trois*). Il est une fontaine située entre Gorze et Novéant, laquelle sort par trois sources du grand rideau couronné des hautes forêts *du Bois-le-Prince*. On prétend qu'à minuit, *trois dames blanches* viennent barrer le passage aux voyageurs qui s'aventurent à cette heure dans le chemin qui conduit de Gorze à Arnaville. D'après cette vieille légende, ils subissent leur despotique empire, dès qu'ils arrivent aux abords des *Trois Fontaines*, et sont forcés de revenir sur leurs pas, quelquefois même sans avoir fait aucune rencontre.

Une origine qui n'est que très-naturelle est attribuée à cette apparition fantastique. Les contempteurs du merveilleux assurent que les *trois dames blanches* étaient de simples filles d'Eve qui, comme celles d'aujourd'hui, aimaient à *enchanter* les beaux cavaliers, et que, sous leur parure virginale, elles cachaient un voluptueux désir. Elles auraient un jour trouvé leur affaire, et l'heureux prisonnier aurait alors propagé un épouvantail, afin d'écarter les rivaux.

La version la plus ordinaire et la plus vraisemblable, c'est que la chasse est très-fréquente au *Bois-le-Prince*, et l'endroit des *Trois Fontaines* très-proprice pour les chasseurs, lesquels ont inventé une fable pour se livrer tranquillement à leur exercice.

GROS-NEZ. Rocher qui surplombe sur Gorze, et qui, vu de profil, ressemble à une tête humaine. Il ne peut être mieux comparé qu'à la roche tarpéienne. On éprouve de son sommet des vertiges que l'on ne saurait supporter longtemps sans en être incommodé. De cette hauteur, on domine sur tout le pays, et l'on voit à ses pieds un précipice qui dénature le plaisir de la surprise et de la contemplation du plus beau paysage de la contrée. Il n'y a pas encore eu de *Sapho* ni de téméraire assez obstiné pour résister aux premières atteintes du vertige.

GUEULE. (la) *La Gueule* est une belle vallée qui serpente à travers des montagnes escarpées couvertes de forêts sombres et silencieuses, et terminée par un jardin anglais assez agréable, appartenant à M. de Beauvant.

HABITANTS DE GORZE. Ils sont très patriotes comme tous les montagnards.

Les Russes ont manœuvré plus de quinze jours avant d'entrer à Gorze ; ils ont inséré dans leurs bulletins qu'ils l'avaient prise d'assaut. Il y avait alors dans la ville et aux environs quelques corps francs qu'ils craignaient beaucoup ; ils établirent un camp formidable, près du moulin de Habeau, le samedi de Pâques. La réunion des troupes à Gorze dans un seul jour et au même instant provenait de ce que, lors du passage du général en chef à Nancy, on lui avait indiqué Gorze comme étant une ville très populeuse à trois lieues de Metz, et ayant pour commumes très rapprochées Sainte-Catherine, Saint-Clément, Saint-Thiébault, Hauconville et Labauville. Le général, furieux de cette tromperie, fit passer sa mauvaise humeur sur les habitants, en les frappant de réquisitions et autorisant au pillage et à la dévastation des échalas de vigne ainsi que de la forêt dite *le Bois-le-Prince*, pour faire des tentes et des provisions de chauffage. Inutile d'ajouter que les troupes outrepassèrent le désir de leur chef. Les Russes avaient fini par se familiariser avec les habitants plus que les Prussiens, parce que ceux-ci avaient plus de représailles à exercer que les Russes, chez qui les Français n'avaient pas séjourné.

Les Gorziens aiment beaucoup à sortir de leur pays, pour s'instruire et s'approvisionner des récits qui doivent charmer leur foyer. La génération est tellement nombreuse, que Gorze a été appelé par certains voyageurs *une pépinière d'enfants*. Ils ont beaucoup d'intelligence et pourraient parvenir à de hauts emplois; mais ils ne peuvent généralement rester longtemps éloignés de leur pays, et font en sorte de concilier leurs goûts avec leur position. Il y a beaucoup d'ouvriers maçons qui, autrefois, n'allaient qu'à quelques kilomètres aux environs. Depuis que les chemins de fer ont rapproché les distances, ils émigrent pour Paris; mais, de même que les Auvergnats, après un certain temps, ils sentent fermenter en eux les regrets de la terre natale; un attrait invincible, le culte de la famille, le souvenir de leur belle contrée, les fait regagner leurs pénates.

JEUPTIENNE. *Une jeuptienne*, en patois du pays, signifie une jeune fille légère, volage, par corruption du mot égyptienne.

LANTERNOTTES. Les *lanternottes* ou feux follets sont des exhalaisons enflammées qui apparaissent le plus souvent dans les cimetières, et s'échappent du sein de la terre, échauffée par les ardeurs de l'été. Dans les longues nuits de l'Avent, ces flammes roulent quelquefois vers les lieux bas et les marécages. Olaüs Magnus dit que les voyageurs et les bergers de son temps rencontraient des esprits follets qui brûlaient tellement l'endroit où ils passaient, qu'on n'y voyait plus croître ni herbes, ni verdure.

Des bruits étranges circulent dans le pays sur ces lueurs fugitives qui se montrent fréquemment dans les parages du ruisseau *de la Gorzia*, entre Gorze et Novéant. Au dire des bonnes gens, ce sont autant d'esprits malins, de lutins et de farfadets qui tendent des piéges au voyageur égaré, ébloui par leur éclat, et qui, s'il prend pour guide leur lumière trompeuse, est entraîné dans les eaux, conduit au précipice, ou perdu dans les sombres détours des forêts. On les voit errer sur le ruisseau de *la Gorzia*, descendre et remonter capricieusement le courant, quitter la rive et courir la campagne pour revenir ensuite dans leur humide séjour.

On rapportait à ce sujet, il y a une vingtaine d'années, une aventure effroyable. Un jeune homme, revenant de Gorze, pendant une nuit bien noire, avait été surpris en chemin par un violent orage. Seul, sans abri sur une route fangeuse et mal famée, il conçut bientôt une terreur profonde, confirmée par l'événement. Dans le lointain, au fond des masses noires amoncelées devant lui, une lumière semblable à celle d'un vaste flambeau, et allant toujours grossissant, apparut au voyageur, qui entendit en même temps plusieurs voix éclater à sa gauche. Peu d'instants après, il distingua un char enflammé, accourant à lui et conduit par des bouviers qui lui crièrent à plusieurs reprises : *prends garde à toi !* Le jeune homme, épouvanté et confondu par ce prodige, prend la fuite, et tandis qu'il court à toutes jambes pensant ainsi échapper au péril, il se retourne pour examiner si l'objet de sa frayeur a disparu. Vain espoir ! plus il court, plus le char le serre de près. Enfin, après une heure de course, il arrive en se recommandant à Dieu de toutes ses forces, à la porte d'une église. En présence du lieu saint, le char infernal s'engloutit aussitôt dans la terre, au grand soulagement du voyageur, dont les cheveux hérissés et la pâleur mortelle attestaient encore, au lever de l'aurore, les transes de cette affreuse nuit. Cette vision était, selon quelques uns, le présage d'une grande peste : l'épidémie de choléra de 1832 qui, depuis, exerça ses ravages dans la contrée, les avait confirmés dans cet opinion.

Plus anciennement encore, c'était une famille éplorée dont le soutien gémissait dans les cachots de la Convention et attendait, d'un jour à l'autre, l'arrêt qui devait trancher le fil de ses jours. Le reste de cette famille se composait d'une mère et de sa fille, toutes deux réfugiées à Gorze. Un mois environ s'était écoulé depuis l'emprisonnement du père, lorsque ces deux personnes aperçurent, vers minuit, un follet qui courait et gambadait dans leur chambre. Cette lumière soudaine au milieu de profondes ténèbres les plongea dans une grande épouvante. Néanmoins, la mère eut assez de force pour se lever et allumer sa lampe. Aussitôt la chambre fut éclairée comme en plein midi, et cette merveilleuse clarté se prolongea pendant une heure entière. Après avoir passé la nuit dans des angoisses inexprimables, les deux affligées coururent confier la chose à un vénérable ecclésiastique qui, proscrit lui-même, habitait secrètement une modeste chaumière au village de Novéant, et était très-versé dans la science des *esprits*. L'abbé, après quelque réflexion et une courte prière, rassura les dames et leur annonça qu'à l'heure même le prisonnier était mis en liberté. Ce qui était vrai : le lendemain, le père de famille était rendu à leur tendresse, et la famille proscrite regagnait ses pénates.

En général, la croyance populaire veut que les follets annoncent le malheur aux gens heureux et le bonheur aux malheureux, ce qui donnerait alors quelque poids à cette maxime philosophique de Sénèque : « *Espère quand ta misère est au comble; tremble au faîte de la grandeur.* »

LEIPSICK. (Retraite de 1813). Il est mort considérablement de malades atteints du typhus, au dépôt de mendicité, alors converti en hôpital, à tel point qu'on était obligé de jeter les cadavres dans des fosses communes. Lors de l'invasion, le bruit a couru qu'un soldat étranger était allé se promener la nuit vers l'église Saint-Clément, à côté de laquelle étaient ces fosses, qu'il avait aperçu un lancier polonais en faction sur l'une d'elles, et que cette sentinelle funèbre avait aussitôt disparu à ses yeux épouvantés.

MAITRE - ÉCHEVIN. Ce magistrat suprême était élu chaque année selon la charte de l'évêque Bertram, le jour de la fête de saint Benoît, par cinq abbés de Bénédictins et par le princier de la cathédrale, chacun d'eux inscrivant un nom, et le sort se chargeant de décider entre ces noms. Faire élire le magistrat suprême d'une république par des abbés de Bénédictins est un système électoral comme un autre. On peut en trouver de pire, mais l'imagination peut cependant en concevoir de meilleur. Aussi, j'ai quelque peine à partager en entier l'enthousiasme de l'évêque de Madaure qui, arrivé à ce point de notre histoire, se prosterne devant cette conception et semble comme effrayé de sa grandeur. Voici, du reste, ses propres paroles dans toute leur pompe et leur magnificence :

« Si les Druides ont toujours été en singulière vénération parmi les Gaulois, les Gymnosophistes parmi les Indiens, les Mages parmi les Perses,

Solon parmi les Athéniens, Lycurgue parmi les Lacédémoniens, Minos parmi les Crètes, et les autres législateurs parmi les peuples qu'ils ont policés par les belles lois et ordonnances qu'ils leur ont données, l'évêque Bertram doit être parfaitement honoré des Messins. »

Mais n'en déplaise au grand législateur Bertram et à son admirateur Meurisse, un mode d'élection aussi restreint devait avoir de graves inconvénients et l'histoire en fait foi (*).

Ce qu'il y a même de singulier, c'est que ce droit d'élection paraît avoir été considéré sincèrement et de bonne foi comme un droit utile, final et pouvant être l'objet de transactions pécuniaires.

Ainsi, le 6 septembre 1409, Henry de Senoncourt, abbé de Gorze, dit dans une charte : « Faisons savoir et cognissance à tous, que pour les bons léaux et agréables services que dame Parrette, femme feu Jehan Le Hongre, l'eschevin, citain et aman de Mets, à qui Dieu pardoint ait fait à nous et à notre dit monastère en tems passé et peut encore faire en tems à venir, nous en recompensation d'iceux li avons donné et ottroié, donnons et ottroions, par ces présentes, notre coup du maitre échevin de ladite cité pour cette année, pour porter celui homme suffisant à qui

___

(*) Histoire sur les *échevins de Metz*, par M. de Saint-Vincent. (*Mémoires de l'Académie, 1848.)*

Dieu en donnera la grâce cui lidite dame Parrette ordonnerait. » Et après de longs détails pour bien spécifier la promesse, on ajoute qu'elle est faite « par la foi de notre corps sur ce corporellement donné et fiancé en la main de ladite damme Parrette et sur le vœu de notre religion bonnement et loyalement, sans aucun défaut, sous l'obligation de tous et quelconques son bien, et les biens de notre dit monastère, meubles et immeubles, présents et advenir, pour tout faire et pour tout prendre. »

En 1419, Jacques de Laval, par la patience de Dieu, abbé de Gorze, souscrit une pareille obligation au profit de Garciriat Hurel, ou de celui qu'il désignera ou qui sera porteur de l'obligation. Ce Garciriat Hurel me paraît avoir établi une sorte de commerce électoral, car nous le retrouvons revendant, par acte du 17 mars 1421, au fameux Nicolle Louve, une autre voix pour l'élection du maître-échevin, sous dédit de la somme de trente livres, dédit qui dut être payé, car ce fut Garciriat, le vendeur lui-même, qui fut élu en 1422. Au reste, il n'y avait là rien qui ne fût regardé comme naturel et très-autorisé, et nous avons encore de nombreux contrats semblables pour l'élection des Treize ou d'autres magistrats.

MÉJA (la côte). D'après les historiens, les Espagnols ont longtemps habité le pays de Gorze. Ce qui le ferait présumer, c'est le nom d'une côte (la côte Méja), la plus élevée et la plus rapide du pays, dont le sol paraît être celui d'un volcan éteint. On sait qu'il existe dans les environs de Madrid une côte appelée *la Méja;* les Espagnols auraient peut-être donné ce nom par analogie et en mémoire de leur patrie. Dans le patois du pays le *j* se prononce souvent comme le *iota* espagnol.

PARFONDEVAL. Vallée profonde et tortueuse, parcourue par le ruisseau qui donne de si belles eaux, et au fond de laquelle on peut s'isoler comme dans la plus belle Thébaïde. A l'ombre de ses bosquets, une jeune fille en robe blanche produit le contraste le plus frappant entre la nature déserte et l'humanité dans toute sa splendeur, contraste charmant pour les âmes poétiques.

PELERINAGE DE SAINT-THIEBAULT. Saint-Thiébault (Sanctus Theobaldus), dont le nom est devenu très-célèbre dans l'Eglise depuis l'établissement de son culte en France et en Italie, était fils du comte Arnould et de Gisle ou de Guille son épouse, laquelle était aussi de famille noble. Il naquit à Provins, en Brie, vers l'an 1017. Voici ce que rapportent de sa vie les écrivains ecclésiastiques :

Pendant sa jeunesse il ne prit point de part aux divertissements du siècle. Il trouvait dans la maison de son père tout ce qui pouvait flatter les sens, mais il mit un frein à ses penchants, et s'imposa volontairement toutes sortes de mortifications. Le désir de suivre les maîtres de la vie solitaire lui fit prendre la résolution d'aller consulter un ermite nommé *Burchard*, qui vivait retiré dans une petite île de la Seine, et lui fit part du dessein qu'il avait de quitter ses parents et son pays pour embrasser ce genre de vie. L'ermite le retint quelque temps pour l'exercer dans les pratiques austères, et lui donner quelques avis sur ses dispositions, après quoi il le congédia dans sa famille. Thiébault y resta encore quelques années jusqu'à ce qu'enfin il se détermina à quitter le pays avec un gentilhomme de ses amis, nommé Gauthier. N'ayant chacun que leur écuyer pour toute compagnie, ils s'en allèrent à Rheims, logèrent dans l'abbaye de Saint-Remi, et sous prétexte de vouloir converser plus librement avec l'abbé et les religieux, ils envoyèrent leur équipage à l'hôtellerie avec leurs écuyers. La nuit suivante, ils sortirent à pied de la ville, changèrent d'habits avec deux pauvres pèlerins qu'ils rencontrèrent, et gagnèrent l'Allemagne. Ils s'arrêtèrent en un lieu nommé Pitingen, où ils commencèrent à vivre solitaires. Ne voulant vivre que du travail de leurs mains, ils allaient par les villages et les hameaux voisins, porter des pierres et du mortier en qualité de manœuvres, travailler aux prés sous les faucheurs, aider à décharger les chariots sous les voituriers, nettoyer les étables et les écuries sous les valets de ferme. Ils employaient ce qu'ils recevaient de leur travail à l'acquisition de gros pains bis, qui constituaient toute la provision de leur ermitage, où il se fit bientôt un grand concours de visiteurs, ce qui les détermina à changer de résidence. Ayant amassé une petite somme par leur travail, ils entreprirent des pèlerinages de long cours, qui étaient la dévotion commune de ces temps. Ils partirent ensemble pour le voyage de Saint-Jacques de Compostelle en Galice, qu'ils firent les pieds nus, endurant toutes les injures de l'air et les fatigues du chemin avec une entière résignation. Après avoir passé plusieurs jours auprès du tombeau du Saint, (que l'on faisait passer pour l'un des douze apôtres du Christ), ils revinrent en France, où leur teint basané, leur visage maigre et décharné, leur extérieur de mendiant les avait rendus méconnaissables à tout le monde; en sorte que Thiébault ne fut point reconnu de son père même, qu'il rencontra à Trèves. Quant à lui, il se sentit les en-

trailles émues en l'apercevant, et pour vaincre le sentiment
de la nature, il résolut de ne pas demeurer davantage dans
le voisinage de son pays. Nos deux pénitents reprirent le
dessein des voyages de long cours, et allèrent à Rome visiter
le tombeau des apôtres et les autres lieux consacrés par le
sang des martyrs. Après plusieurs voyages de dévotion accomplis en Italie, ils arrivèrent à un lieu couvert de bois, appelé
Salamgo, près de la ville de Vicence dans la seigneurie de
Venise. Ils y trouvèrent une vieille chapelle ruinée, écartée
des routes publiques et du grand commerce, et la jugèrent
propre à la retraite pour le reste de leurs jours. L'ayant obtenue du seigneur du lieu, ils y bâtirent deux petites cel-
lules où ils restèrent deux ans, après lesquels mourut Gauthier. Cette perte n'abattit point le Saint, qui ne fit que redoubler ses macérations, s'interdit la viande, les œufs et le
laitage, ne but que de l'eau, et ne mangea plus que du pain
d'orge. Il s'endurcit même de telle sorte dans la suite que
s'étant accoutumé peu à peu aux fruits et aux racines de son
ermitage, il se passa entièrement de pain et de toute boisson
pendant quelques années. Dans les commencements, son lit
était un coffre de bois, puis une simple planche; son chevet,
un tronc d'arbre; mais dans les cinq dernières années, il
n'eut plus d'autre lit qu'un siége de bois, sur lequel il avait
coutume de s'asseoir. Ce fut alors que l'évêque de Vicence
(Sindeker) crut devoir le faire entrer dans les ordres, le fit
passer par les différents degrés ecclésiastiques, et enfin lui
conféra la prêtrise; c'est à partir de cette époque qu'on lui
attribue le don des miracles. La réputation de Saint-Thiébault
amena à sa cellule plusieurs disciples qu'il reçut sous sa discipline. Sa retraite fut bientôt connue en Brie, où ses père
et mère vivaient encore. Transportés de joie en apprenant que
celui dont ils avaient pleuré la mort était vivant, ils partirent
pour l'aller voir et se réjouir avec lui. A la vue de leur fils
desséché par les austérités de la pénitence, et couvert d'un
habit grossier, ils ne purent s'empêcher de verser des larmes
en l'embrassant, et sa mère pria instamment le comte son

mari de la laisser mourir auprès de son fils. Arnould y ayant consenti, Thiébault la logea dans une cellule à quelque distance de la sienne, et prit d'elle un soin très-particulier. Enfin, après une vie de jeûnes et de longues privations, il fut atteint d'une maladie qui couvrit tellement son corps de pustules et d'ulcères, qu'il ne lui resta pas un membre dont il eût l'usage libre. Thiébault sentant ses forces épuisées, fit venir son ami Pierre, abbé de Vangadice de l'ordre des Camaldules, qui depuis un an lui avait donné l'habit de son institut. Il lui recommanda ses disciples et sa mère, reçut le viatique et quelque temps après expira dans un grand calme le dernier jour du mois de juin de l'an 1066. Trois jours avant sa mort, il s'était fait un grand tremblement de terre, dont la cellule reçut cinq secousses, qui furent suivies de son agonie.

Ce fut un curé d'Hagéville qui fit construire la chapelle *Saint-Thiébault*, devenue depuis un pélerinage et y transporta les reliques du Saint, on ne sait en quelle année. Cette petite chapelle depuis sa fondation jusqu'en l'année 1729 se trouvait isolée, mais à partir de cette époque on remarque quelques constructions particulières dans ses environs. Elle était interdite à cause de sa vétusté; le 27 mars 1738, lorsqu'on voulut obtenir la levée de l'interdit, l'évêque de Metz la refusa comme étant une chose impossible. Deux habitants de Gorze ont acheté cette chapelle et l'ont fait restaurer depuis plusieurs années.

On estime à environ dix mille les personnes qui viennent en pélerinage à *Saint-Thiébault*, le 1ᵉʳ juillet de chaque année. Cette procession commence à quatre heures du matin et finit à dix heures. On prétend qu'on y vient de Luxembourg, de toute la Lorraine allemande, et surtout de la Seille.

Ces pélerins viennent par groupes de village, ou plus souvent de famille. L'amitié et les habitudes d'enfance y réunissent aussi les jeunes filles, dont les visages tantôt gais, tantôt mélancoliques et les simples parures forment un ensemble des plus gracieux. Les chemins qui aboutissent à *Saint-Thiébault* deviennent alors autant de parterres fleuris, par la diversité de toutes ces robes bariolées, de ces costumes villageois qui, dans notre vieille Lorraine, diffèrent d'un canton à l'autre, et portent, pour ainsi dire, l'enseigne du village dans leur bigarrure et leur ajustement. Une admirable cordialité ne cesse de régner jusqu'au terme du pélerinage ; devant la nécessité du moment les rangs se confondent. Les pélerins se rendent une foule de petits services réciproques ; et, souvent, une main calleuse répare la toilette de la grande dame devenue humble et confiante. Cette réciprocité d'égards et de soins s'arrête au seuil de la chapelle. Là les groupes se séparent, les classes se retrouvent. Il y a dans l'âme du peuple des campagnes un instinct particulier qui lui révèle les distances et les exceptions au milieu desquelles il vit. Personne mieux que le villageois ne sait reconnaître le rang et distinguer l'homme du monde de celui qui ne l'est pas. Aussi, voyez comme il se fait petit et va gagner quelque coin pour laisser un libre accès au monde élégant, qui en un clin d'œil garnit le chœur et ses abords. Les derniers rangs sont refoulés au dehors et attendent patiemment leur tour pour accomplir le pélerinage.

Pourquoi faut-il que la froide hiérarchie mondaine vienne jeter son masque de plomb sur la physionomie de cette fête traditionnelle. Là, une riche parure fait ressortir les avantages d'une beauté qui devrait s'ignorer; ailleurs, le citadin, posé fièrement en face du Saint, promène un regard dédaigneux sur l'assistance et sourit de pitié à l'aspect des bonnes femmes qui débitent avec volubilité des oraisons et font glisser entre leurs doigts tremblants les grains du chapelet bénit. Ici, dans un recoin, une pauvre fille au regard voilé, dont les vêtements dénotent la misère; son humble prestance, sa ferveur indiquent assez qu'elle vient implorer du secours pour la mère qui se meurt, ou un frère estropié. Tandis que d'autres pélerins passeront gaiement ensemble le reste de la journée, elle partira seule après la prière, reprendra sa longue route et ira porter plus loin sa douleur mêlée d'espérance. Tous ces groupes ont leurs affinités distinctes, leurs invocations particulières, leur attitude et leur degré de croyance. Pour les uns, ce pélerinage est une promenade d'agrément, une habitude, une mesure d'hygiène; pour les autres, c'est un voyage solennel et sacré, accompli avec toutes sortes de privations et les plus humbles pratiques de la dévotion. Le pélerinage est leur dernier espoir.

Il n'y a guère qu'un dixième d'hommes, et si les domestiques de ferme et les faucheurs y sont en grand nombre, c'est surtout parce qu'ils viennent acheter des faux pour la fenaison dont l'époque, comme on le sait, est très-rapprochée de la fête du Saint.

Tout ce peuple de pélerins est à jeun comme pour la communion, ce qui donne à ces visages éclairés par un soleil chaud du matin, une certaine teinte rosée qui charme la vue et produit une émotion indéfinissable. Après avoir accompli leur pélerinage (qui consiste à faire toucher à la statue de *saint Thiébault* un objet de vêtement ayant appartenu au malade que l'on veut guérir) et fait une légère offrande au tronc de la chapelle du Saint, les pélerins sortent, vont acheter un panier d'osier et des cerises fraîches ; et après s'être assis quelque temps sur l'herbe, ils repartent pour leur village.

Voilà pour ce qui est de la partie fondamentale et populaire des pélerins. Une partie minime, composée de demoiselles, de fermiers riches, de bourgeois des villes et de demoiselles de campagne qui comptent sur leurs connaissances dans l'endroit, ou qui ont des voitures, reste jusqu'à deux et trois heures. A midi, ces gens quittent la chapelle et vont collationner chez quelques amis avec le vin et le gâteau.

Il est une autre portion des plus intimes, composée généralement de demoiselles invitées d'avance par les habitants de Gorze. Celles-ci déjeûnent, retournent à *Saint-Thiébault*, et se font acheter par leurs galants, des faveurs roses, blanches et bleues, auxquelles pendent de petits sifflets en plomb. Le soir, au crépuscule, il y a un bal champêtre sous l'orme pour toutes ces demoiselles, sans distinction de classe; enfin, pour la nuit, il se fait encore un triage et il ne reste plus pour le bal de l'hôtel-de-ville (*) que les demoiselles portant la classique robe blanche et coiffées en cheveux. Il résulte souvent de ces différentes phases de la journée d'une demoiselle, des fiançailles ou des noces, des souvenirs qui font longtemps vibrer une fibre secrète du cœur et laissent de même dans la mémoire des jeunes gens des empreintes ineffaçables.

Mais voici le revers de la médaille : jusqu'en 1845, époque où fut rendu l'arrêté du préfet Germeau sur l'extinction de la mendicité, il venait à Gorze de bien loin une vingtaine de mendiants plus hideux les uns que les autres, et qui étalaient leur nudité d'une manière indécente. C'était un démenti formel donné à la mission médiatrice de saint Thiébault, mais ils trouvaient moyen d'extorquer ainsi aux âmes charitables un argent considérable, qui ne profitait à personne. Le cham-

---

18

pagne opérait alors des miracles que le saint n'avait pu faire. Car ces misérables n'étaient jamais estropiés que le matin; le soir, ils mettaient leurs béquilles de côté, non pour boiter, mais pour décrire les méandres de l'ivresse.

PIERRE AU JO (la). Selon quelques étymologistes, le nom de cet endroit serait tiré de *petra Jovis*, pierre de Jupiter. La *Pierre au Jô* est une montagne située en avant du rideau de *la Méja* et des collines de la *Gueule;* arrondie par son sommet, elle ressemble beaucoup à une tête humaine, et elle est hérissée de forêts qui imitent assez la chevelure du *Père-Eternel*, tel que les peintres le représentent. Serait-ce peut-être cette ressemblance qui aurait amené la dénomination de *Petra Jovis*, *Pierre au Jô*, c'est ce que nous ne pouvons affirmer.

PONT DU DIABLE (*).

(FRAGMENT).

Ce charmant village que vous venez de traverser, on l'appelle Jouy-aux-Arches; les superbes ruines qui le terminent sont celles d'un aqueduc immense, qui conduisait de Gorze à Metz les eaux d'une fontaine jaillissante, située dans la première de ces villes, et que l'on nomme dans le pays la Fontaine-des-Bouillons. L'aqueduc unis-

---

(*) Lettre sur Metz, par M. Blanc.
(Mémoires de l'Académie, 1831).

sait deux coteaux séparés par la Moselle, coulant dans le creux d'une vallée d'environ 500 toises de large, et il ne devait guère avoir moins de 120 arches pareilles aux 17 qui nous restent. Il devait d'ailleurs, vers le milieu de la vallée, présenter à peu près l'aspect du magnifique pont du Gard, que les ans ont respecté davantage, c'est-à-dire se composer d'un second rang d'arches, servant de soubassement à celui dont vous voyez les restes. Quant à sa construction :

> Maint villageois, mainte béguine,
> Qui la croit une œuvre d'enfer,
> Vous dira qu'aux longs soirs d'hiver
> On en conte ainsi l'origine :
>
> Rassemblés des pays voisins,
> Une nuit, sorciers et sorcières,
> Fantômes, démons et lutins,
> Ont, au sabbat, taillé ces pierres.
> Sans outils, de leurs doigts crochus,
> Ils coupaient ces voûtes hardies,
> Et pour en lier les parties,
> Crachaient tout bonnement dessus,
> Puis en consolidaient la masse
> En faisant certaine grimace.
> Ce diabolique monument
> Qui fut l'ouvrage d'un instant,
> Devint l'effroi de maint fidèle,
> Et pour traverser la Moselle,
> Jamais on ne vit un croyant
> Risquer là la vie éternelle.

Mais souvent la nuit sombre au pâtre du vallon
Apporte du sabbat l'épouvantable son.

Il voit encor danser sur les hautes arcades,
Des monstres infernaux les tristes myriades.
L'écho redit au loin le bruit sourd et confus
Des réprouvés pleurant le bonheur des élus,
Et la lune, parfois, aux lueurs fantastiques,
Epouvante le sol de leurs ombres magiques,
Le voyageur troublé ne fixe qu'en tremblant
Son œil observateur sur le haut monument.
Le nom s'en dit tout bas, comme un nom redoutable,
Et l'on se signe encor au nom du *Pont du diable !*..

> Mais le temps, toujours le plus fort,
> Triomphe aussi de la grand'chasse !
> Encore un siècle, et, sur ce bord,
> Les fils de la timide race
> Qu'un aqueduc troubla si fort,
> En fouleront gaîment la place ! !

C'est, Madame, ce que fait augurer l'état de vétusté où se trouvent aujourd'hui les arches de Jouy, non moins que le petit nombre de gens qui, de nos jours, rêvent aux sorciers. Des hommes qui n'y croient guère pensent que cet important travail fut, sous l'empire d'Octavien, entrepris par Drusus, son lieutenant, qui résida quelque temps sur cette frontière des Gaules, et que la huitième légion romaine y fut employée. D'autres veulent que les grandes constructions qui signalèrent dans notre contrée la puissance romaine, n'aient eu lieu que sous l'empire de Dioclétien et Maximien, et c'est à cette époque qu'ils rapportent la fondation de l'aqueduc. Les uns et les autres donnent ensuite, à l'appui de leur opinion, des preuves qu'ils disent les plus plausibles du

monde, mais sur lesquelles je m'abstiendrai de
me prononcer : je craindrais fort de renouveler
l'histoire de ce procès qui vous fit tant rire :

> Chacun des plaideurs ignorait
> Au juste ce qu'il demandait ;
> Leur avocat parlait, parlait,
> Et le juge point n'entendait,
> Mais cependant toujours jugeait
> La cause dont il s'agissait.

Contentons nous, Madame, d'attribuer aux romains, qui, avec leur domination, portaient dans
des pays encore peu civilisés leurs arts et leur
orgueilleuse tyrannie, l'érection de cet aqueduc.
Ne disputons pas, si vous m'en croyez, sur quelques siècles de plus ou de moins ; mais revendi-
quons pour nos aïeux la part qui leur revient
dans cet immense travail :

> Du peuple roi nous connaissons les œuvres :
> Il avait des sujets, mais n'avait point d'égaux,
> Et nos pères jadis à ces maçons royaux
>   Servaient sans doute de manœuvres.
> Quel destin plus affreux ! esclave impatient,
> Le malheur levait-il sa tête frémissante,
> Du fouet des vainqueurs la lanière insultante
> Imprimait sans pitié son stigmate sanglant.
> Il fallait en silence endurer l'esclavage,
> Au proconsul avide abandonner son or,
> Ne vivre que d'affronts, et, pour dernier outrage,
> Ce pouvoir oppresseur le respecter encor ! ! !
> O temps, hâte ton vol ! que les arches dernières
> S'effacent à jamais sous ton soufle puissant !
>   Je ne vois là qu'un monument
> Cimenté des sueurs et du sang de nos pères !

ROCHE A BELLE VUE. Roche creusée par les mains de la nature, d'où l'on découvre toute la vallée de la *Gorzia*, et sous laquelle on peut se mettre à l'abri comme dans une grotte. On y fait des collations rendues délicieuses par une charmante perspective et un air des plus réconfortants.

ROCHE A PUCELLE. Bloc granitique et régulièrement cubique, qui domine le château. Isolé sur une plate-forme et régulièrement penché, il rappelle très-bien *les pierres qui tournent* des Gaulois. De même que nos ancêtres, des gens du pays attribuaient à cette pierre, il n'y a pas bien longtemps encore, une faculté précieuse, celle de désigner les filles vierges, qui la faisaient tourner, dès qu'elles montaient sur son sommet.

On dit que maintenant elle tourne très-peu, lors des expériences de ce genre. Nous nous plaisons à penser, dans l'intérêt des beautés gorziennes, que l'inertie obstinée de la fameuse pierre indiquerait, tout simplement, un défaut de mouvement et non de vertu.

Ce bloc de roche, qui repose sur deux autres, pourrait être pris, d'après l'avis de M. Victor Simon, pour un de ces *dolmens* naturels dont les prêtres gaulois se servaient comme de chaire pour leurs enseignements.

SENTE A L'ANE (la). La tradition rapporte que le sentier ou *sente*, situé entre le mont *St-Blin* où était la ladrerie des lépreux, et la fontaine ou les sources de *Parfondeval*, était journellement parcouru par un âne, que ces malheureux étaient parvenus à dresser pour le service de la maison, et qui portait une rare intelligence dans l'exercice de ses fonctions. Il venait à la source avec des vases sur son bât, et s'arrêtait court devant le premier passant qu'il rencontrait aux abords de la fontaine. Celui-ci était obligé, sous peine d'une amende très-forte, de puiser à même l'eau de la source et d'en charger la bête, qui reprenait alors le chemin de la ladrerie.

TETTIN (la grand'mère). Il est de tradition chez les enfants que *la grand'mère Tettin* parcourt constamment l'aqueduc romain qui passe dans l'intérieur des maisons. Ce dictum a sans doute été mis en usage pour empêcher les enfants d'aller regarder dans cet aqueduc, où l'eau est rapide et dangereuse.

TROU ROBERTFEY OU ROBINFEY. C'est un souterrain qui a son orifice dans le *Bois-des-Prêtres* et s'étend vers l'emplacement de l'ancienne abbaye. On rapporte que les moines s'étaient ménagé ce souterrain pour s'échapper en cas d'attaque ou de surprise; qu'ils s'y étaient réfugiés lors de la destruction de l'abbaye avec toutes leurs richesses, et qu'étant restés comme ensevelis, ils auraient trouvé la mort dans cette sorte de caverne. Satan, avec tous ses satellites, se serait alors emparé des trésors et en aurait pris la garde au milieu des tombeaux.

En descendant dans le souterrain, on s'avance

au milieu des stalactites jusque vers une espèce de chambre assez régulière; de là on voit un passage fermé qui paraît conduire directement à l'abbaye; mais ce qui rendrait difficile cette hypothèse, c'est qu'entre ce passage et l'abbaye, il existe une vallée bien au-dessous du niveau de ce souterrain.

TROU DE LA GUEULE. Il existe au côté opposé du *Trou Robert-Fey* une autre anfractuosité dans les forêts du *Bois-le-Prince*. Il paraîtrait que c'est une fissure formée naturellement dans les rochers. On cite un jeune homme qui serait tombé malade en jetant une pierre sur le bord. Il est de fait que lorsqu'on jette des pierres dans ces profondeurs, le bruit qu'elles font en rebondissant d'aspérité en aspérité produit sur le cerveau une sensation semblable à celle que l'on éprouve en plongeant le regard dans un puits profond ou du haut d'une tour.

TROU-DE-L'ERMITE. Grotte située entre Gorze et Tronville, au fond *des Garennes*, dans la forêt dite *le Bois-des-Prêtres*. Pendant l'été, lorsque le feuillage intercepte les rayons du soleil, cette grotte prend un aspect des plus sombres et des plus sauvages, ce qui a fait croire qu'elle est le repaire des bêtes fauves.

VIN DE GORZE. Mlle de Pramiral était propriétaire d'une grande partie du canton appelé *Chauterne*, lorsque Louis XV vint à Metz et qu'il y tomba malade. On dit que pendant sa convalescence on lui prescrivit d'un vin de ce canton, comme étant léger, stomachique et très-balsamique.

VIVIER. Le vivier est un réservoir d'eau qui est à la tête du moulin de Gorze. On affirme que les habitants de Vionville étaient obligés de fournir chaque soir des hommes de corvée pour venir battre les eaux du Vivier, afin d'empêcher les grenouilles de croasser, et favoriser ainsi le repos des moines. Il se seraient, dit-on, rachetés de cette corvée en abandonnant à l'abbaye un bois qu'ils possédaient près de son enceinte, et qui, depuis, aurait pris le nom de *Bois-des-Prêtres.*

BIOGRAPHIE.

CHEVREAU (Joseph-Louis de), était originaire de Tours, en Tourraine. Lorsqu'il eut terminé ses études au séminaire de Strasbourg, son oncle, M. Thorel, qui était alors doyen du chapitre de Gorze, le fit venir chez lui, l'établit vicaire de la collégiale et ne tarda pas à résigner en sa faveur. M. de Chevreau fut donc nommé doyen du chapitre et curé de Gorze en 1761. Le nonce Doria ayant obtenu le bénéfice de l'abbaye, le choisit pour son grand vicaire, lui conféra l'administration de ses domaines et le droit de nomination aux charges qui en dépendaient; il lui donna pour résidence le château de Gorze, muni de tout l'ameublement nécessaire. M. de Chevreau y demeura jusqu'à la révolution, époque où il fut obligé d'émigrer. Lorsqu'il fut rentré en France en 1802, on voulut lui donner la cure de Gorze, mais il la refusa pour accepter celle de l'église Ste-Ségolène de Metz; il fut ensuite nommé chanoine de la Cathédrale, et mourut à Metz, le 21 janvier 1821.

Conformément à ses dernières volontés, il fut enterré à Gorze, et, malgré l'interdiction de la sépulture dans les églises, ses restes furent déposés dans le chœur. Il paraîtrait que cette faveur lui fut accordée en considération de son legs de 36,000 fr. à la fabrique de cette paroisse.

L'abbé de Chevreau possédait une haute érudition, un caractère sérieux, parfois un peu sévère, ce qui ne l'empêchait point de développer une certaine affabilité dans la société, où il était fort répandu. Son épitaphe, qui figure en lettres d'or sur le pilier de droite du chœur, est conçue en ces termes :

D. O. M.

ICI REPOSE

Mre-JOSEPH-LOUIS DE CHEVREAU,

ANCIEN ET Dr DOYEN — CURÉ DE GORZE

DÉCÉDÉ A METZ CH^{ne} DE LA CATHÉDRALE

LE XXIV JANVIER MDCCCXXI

A LA LXXXVIIIe ANNÉE DE SON AGE.

ESPRIT, SAVOIR, PIÉTÉ, SAGESSE

BRILLOIENT EN LUI.

PAR SON ZÈLE, SES VERTUS

IL GAGNA NOTRE CONFIANCE,

PAR SES BIENFAITS

NOS COEURS.

LA DÉCORATION DE CE TEMPLE,

LE SOULAGEMENT DES PAUVRES,

L'INSTRUCTION DES FILLES,

L'ENTRETIEN D'UN VICAIRE

SONT L'OEUVRE DURABLE

DE SON AMOUR

POUR NOUS.

PRIEZ POUR LUI.

CHRODEGAND, 37e évêque de Metz, fut enterré à Gorze, lieu du monastère qu'il avait fondé.

Ce prélat était référendaire ou garde-des-sceaux de Charles Martel, et il fut décoré du titre d'archevêque. Il était fort instruit, mais il s'est surtout rendu célèbre par la règle qu'il établit pour ses chanoines. Il voulait rendre à un clergé corrompu par l'abondance et le luxe, la pureté des premiers siècles, et il y parvint en leur prescrivant de vivre en communauté comme des cénobites. Cet ordre a subsisté parmi les chanoines de Metz jusqu'à la fin du XIe siècle. Nombre d'évêques adoptèrent la règle de Chrodegand ; elle fut même portée en Angleterre.

DUDOT (Théodore), né à Gorze, le 10 mars 1769, vicaire général du diocèse de Metz, décédé le 5 mars 1834, à l'âge de soixante-cinq ans, était au séminaire Saint-Simon quand éclata la révolution de 1793 ; obligé alors de renoncer à sa vocation ou à sa patrie, il se réfugia à Luxembourg, puis à Trèves, où il reçut les saints ordres. Arrêté par les armées françaises et condamné à mort par les tribunaux révolutionnaires, il fut amené à Metz pour monter à l'échafaud : heureusement les papiers qui le concernaient se trouvèrent égarés et on l'oublia dans les prisons, où il passa quatre ans et demi. Après le règne de la terreur, l'abbé Dudot rentra en France : il exerça à Metz les fonctions de son ministère, puis fut chargé de la paroisse de Fleury qu'il desservit à l'hospice Saint-Nicolas. Appelé ensuite à l'hospice Saint-Nicolas de Metz, en qualité de chapelain, il sut se faire aimer et respecter des pauvres ; à l'époque du typhus, il mérita l'admiration publique. En 1824, l'évêque de Metz, en prenant possession de son siége, l'appela aux fonctions de vicaire général. Sa modestie lui fit refuser une charge qu'il trouvait au-dessus de ses forces, mais bientôt l'obéissance triompha. Placé sur un plus haut théâtre, il montra plus de vertus. Prodigue de ce qui lui appartenait, et industrieux à exciter la générosité des riches, c'est à lui que l'on doit les sœurs de charité qui vont à domicile porter des secours aux malades de la ville. La maison des orphelins le regarde comme un de ses principaux bienfaiteurs. Nulle occasion de faire le bien ne se présenta jamais sans qu'il ne la saisît aussitôt. Ses derniers jours ont été pleins de bonnes œuvres, et avant de mourir, il s'est dépouillé de tout ce qu'il possédait.

Après cette esquisse de la carrière de l'abbé Dudot, nous ne pouvons terminer sans donner aussi quelques mots à la mémoire de ses deux jeunes cousins, Médard et Esther Dudot, enrôlés dans un régiment par M. de Marionnelz, et qui émigrèrent avec leurs compagnons d'arme. Ils rentrèrent ensuite en France avec le roi de Prusse, qui les envoya à Gorze pour chercher leur frère l'ecclésiastique. On les arrêta en chemin et on les conduisit en prison à Metz, où ils restèrent environ vingt-deux mois. Jugés et condamnés à mort, on les amena à Gorze, la guillotine devant eux, et on les exécuta sur la place du château, devant la maison de leur mère. L'aîné avait alors vingt-trois ans et le plus jeune vingt et un ans ; M. de Malancourt, comme parrain du premier, avait été contraint d'assister à l'exécution.

Quand on vint leur annoncer dans la prison l'arrêt de mort prononcé contre eux, ils demandèrent l'assistance d'un prêtre, ce qui leur fut refusé. Mais, la nuit, le feu prit dans leur prison, et on les conduisit dans une autre où était enfermé M. l'abbé Thibiat, qui leur administra les derniers sacrements. L'aîné des deux frères voulut que le plus jeune mourût avant lui, et il s'écria, montant sur l'échafaud : « *Je meurs pour mon Dieu et pour mon Roi !* Vive le Roi ! »

JEAN DE GORZE (dit le Bienheureux). L'un des hommes les plus connus du Xe siècle, par ses talents, était abbé de l'illustre monastère fondé par Chrodegand. L'empereur Othon-le-Grand le tira de sa solitude pour l'envoyer en ambassade près d'Abdérame, roi de Cordoue. Jean revint ensuite avec joie dans sa retraite et y mourut le 27 février 973.

Les religieux de Gorze et les séculiers avaient en lui, dit Dom Calmet, un père, un maître et un modèle de vertus. Zélé pour la régularité, il enchérissait sur les mortifications prescrites par la règle. Son zèle pour le maintien du bon ordre et pour la pratique de toutes les vertus, lui mérita l'estime et la confiance des princes, des évêques, et de tous ceux dont il était connu.

Jean de Gorze était né à Vandières, près de Pont-à-Mousson.

LA HIÈRE (Simon). Nous empruntons à M. Prost l'extrait suivant de son excellente notice publiée dans les mémoires de l'Académie de Metz (1850-1851).

Les annales dites de La Hière sont consignées dans un volumineux manuscrit de la bibliothèque d'Epinal dont nous avons en outre deux copies dues à la plume infatigable du laborieux Dom Robert. L'une de ces copies est à la bibliothèque de Metz (m. s. n° 29) ; l'autre, qui était dans la collection de M. Emmery, a été vendue par sa famille. Le manuscrit original qui se trouve à Epinal, vient de Paul Ferry ; il a été acquis en 1773 par D. Jean-François, est passé à l'abbaye de Senones, et de là dans la bibliothèque où il est aujourd'hui. Il comprend 1,246 pages, parmi lesquelles beaucoup sont restées blanches, et il est composé d'un certain nombre de cahiers marqués au millésime des années, sur lesquels on devait rapporter les faits d'après toute espèce de sources, à mesure qu'ils se présentaient.

Sur le premier folio, Paul Ferry a écrit le titre suivant, qui explique comment l'ouvrage a été composé : « Annales de Metz tirées des escripts de feu le sieur Simon La Hière, et qu'il avait recueillies de divers autheurs et par luy adjoustées en quelques endroits sur..... anciens roolles des Euesques et maistres escheuins de Metz, accrues de ce qui se trouvera adjousté de ma main, de luy mesme et d'autres. »

De ces indications, il résulte que le rédacteur de ces annales y a réuni des travaux du même genre, faits par Simon La Hière, d'après diverses sources, et que Paul Ferry y a ajouté plusieurs choses qu'il a empruntées aux écrits du même La Hière et à d'autres. En effet, le manuscrit d'E-pinal contient quelques passages de l'écriture de Paul Ferry.

Le soin que l'écrivain a eu d'indiquer, surtout dans la première moitié du volume, les auteurs auxquels il faisait des emprunts, nous permet de nous faire une idée plus complète de son ouvrage. Parmi ces auteurs nous remarquons : Tacite, Cru-sius, Sigebert de Gemblours, Petrus de Natalibus, Tritheim, la Chronique de Cologne, Abbas Us-pergensis, Flodoart, Munster, Kyriander, Baro-nius, Wassebourg, Rozières, Chartier, Aubrion, Vigneulles, Praillon, Craye, et surtout les recueils de Simon La Hière.

Nous ne savons, malheureusement, pas grand chose de ce Simon La Hière ; et ses recueils, qui semblent avoir été fort précieux, sont depuis long-temps perdus.

Simon La Hière était contemporain et ami de Paul Ferry. Une note de M. Emmery, que j'ai vue parmi ses papiers, nous apprend qu'il avait écrit des vers à la louange du célèbre ministre, sur un exemplaire d'un ouvrage de controverse de ce dernier, qui le lui avait adressé avec la dédicace suivante : « Doctissimo jurisque peritissimo viro domino Simoni La Hière Reipubl. mediom. consiliario dignissimo atque integerrimo, hœc ut studiorum suorum segmenta sint et amoris honorisque argumenta. DD. Paulus Ferrius author. »

Nous voyons, par là, que Simon La Hière exerçait une charge municipale à Metz au commencement du dix-septième siècle. Ajoutons l'indication suivante que Paul Ferry a placée dans ses observations séculaires (XVIᵉ s. 564) : « Le sieur Simon La Hière, dit Simonin de Gorze, parce qu'il en estoit, fils de la femme du sieur Jean Humbert, dit le Bonhomme et de son premier mary. » Cette note est écrite en marge de l'extrait d'un compte de paiements, faits de 1589 à 1601, pour ledit Simon par son beau-père Jean-le-Bonhomme. Ce dernier est mentionné en 1570, avec la qualification de marchand, fils de Jean Humbert, dit le Bonhomme, le boucher de porte Muzelle, et d'autres renseignements donnent lieu de croire qu'il était protestant.

Simon La Hière, adressant des vers à Paul Ferry, qui lui envoie ses livres en le saluant du titre de savant, devait être un homme d'un esprit cultivé. Ce que nous trouvons çà et là de renseignements sur ses recueils, prouve qu'ils formaient une riche collection composée de copies et d'originaux, rangés non pas chronologiquement, mais probablement dans l'ordre où l'acquisition en était faite, et classés au moyen d'un système de pagination générale que Paul Ferry, dans les nombreux emprunts qu'il lui a faits, cite en donnant des chiffres quelquefois très-élevés, comme page 3152, page 4099, etc.

On peut inférer de là, que la collection était considérable. Les mêmes indications montrent que sa composition était très-variée. Les pièces qu'elle comprenait sont tirées des archives de la cité et de celles des particuliers ; ce sont des lettres et messages politiques, des instructions pour les ambassadeurs, des traités, des réglements, des pièces de comptabilité, des conventions particulières, des actes d'amans, des généalogies, etc. Je trouve une note de la main de Paul Ferry, en tête d'un petit travail généalogique sur la famille de Gournais, ainsi conçue: « De la maison des Gournais, tiré des mémoires de La Hière en sa chronicq. mss. des maistres escheuins sur l'an 1230. » Peut-on conclure, de là, que La Hière ne se bornait pas à réunir des pièces, mais qu'il les étudiait et qu'il écrivait des mémoires ? Nous avons déjà vu, tout à l'heure, qu'il avait fait des extraits de divers auteurs, pour en composer des annales.

Pour achever de dire tout ce que nous avons

pu réunir sur ce personnage oublié, nous ajouterons qu'il paraît avoir été quelque peu l'aîné de Paul Ferry, puisque son beau-père faisait déjà des paiements pour lui en 1589. Il mourut aussi avant lui, et il semble que c'est entre les mains de ses héritiers que le savant ministre a trouvé, vers 1650, ses manuscrits, quand il les a consultés. En plusieurs endroits, il les signale par des notes analogues aux deux suivantes que j'ai re-recueillies, parce qu'en même temps elles nous fournissent quelques nouveaux renseignements sur la famille de La Hière. Paul Ferry dit quelque part : « Copié sur l'original qui est ez recueils du sieur Simon La Hière, depuis la page 4063 jusqu'à la page 4098 incluse, qui sont entre les mains du sieur Daniel-le-Bonhomme, frère dudit La Hière. » Ailleurs il a écrit : « Au roolle des maistres escheuins de Metz, escrit de la main du sieur Simon La Hière qui est en ses recueils ou mémoires (qui m'ont esté prestés par le sieur Paul Periet laisné, aduoscat, petit fils de la sœur dudit La Hière.)..... »

Voici donc, en résumé, ce que nous savons de Simon La Hière. Il était originaire de Gorze, et devait à cette circonstance le surnom de Simonin de Gorze. Avant 1589 il avait perdu son père et avait vu sa mère épouser, en secondes noces, Jean Humbert dit le Bonhomme, le marchand, fils d'un boucher de Metz. Il était sans doute encore fort jeune alors, puisque jusqu'en 1601 c'était son beau père qui s'occupait de la gestion de ses affaires. Il y a lieu de penser qu'il était protestant ainsi que le reste de sa famille qui, sans doute, tenait un rang distingué dans la bourgeoisie messine. Quant à lui, il devait jouir d'une certaine considération ; il connaissait le droit et passait pour savant. Au commencement du dix-septième siècle, il portait un des offices municipaux de la cité. Il figure parmi les membres de l'assemblée du grand conseil qui, en 1613, ordonna l'impression de la coutume de Metz ; en 1617 il est encore de l'assemblée qui s'occupe de sa révision. Sa mère lui avait donné un frère du second lit, qui lui survécut. Il avait aussi une sœur qui avait épousé un Feriet. L'époque de sa mort nous est inconnue, mais elle doit être probablement antérieure à 1650 ; elle a précédé ainsi d'environ vingt annés celle de Paul Ferry, avec qui il avait noué de bonne heure des rapports d'amitié.

LEDUCHAT (Jacob), naquit à Metz, en 1658. Il était fils d'un commissaire des guerres ; sa famille a donné à Metz et à Gorze des hommes de mérite et d'un caractère très-honorable.

Leduchat professait la religion protestante. Lors de la révocation de l'édit de Nantes, il quitta le barreau qu'il suivait à Metz comme avocat, avec la plus grande distinction, et il alla chercher une retraite à Paris. Quoiqu'il fut demeuré entièrement étranger aux discussions religieuses, on le força, en 1700, de sortir de France. Berlin devint sa patrie adoptive. Son mérite y fut apprécié et récompensé par un emploi éminent dans la magistrature, et par une place à l'Académie des sciences.

Il était en relations littéraires et d'amitié avec Bayle, qui reçut de lui beaucoup de matériaux pour son dictionnaire. On lui doit des éditions de Rabelais, de la Satyre ménippée, et d'autres ouvrages qui décèlent de grandes connaissances philologiques.

Leduchat est mort à Berlin, le 25 juillet 1735.

MALHERBE (Pierre-Antoine de) naquit en 1745, dans la rue des Capucins à Metz. Il fit ses études en cette ville, et fut nommé chanoine de Gorze en 1761.

Lorsque la révolution de 93 éclata en France, il fut forcé de chercher un asile en Allemagne, où, pendant plusieurs années, il supporta les plus dures privations. Ce ne fut qu'en 1800 qu'il eut le bonheur de revoir sa patrie. Il alla se fixer à Gorze, sa ville de prédilection, où, par son esprit tolérant, son caractère bon et charitable, il sut gagner l'estime et l'affection de chacun. De l'aveu de tous ceux qui l'ont connu, il avait la candeur d'un enfant, une extrême simplicité de mœurs, une admirable uniformité de conduite qu'il apportait dans les moindres détails de sa vie intérieure. Quoique sans fortune, il trouvait le moyen de faire des bonnes œuvres, et son revenu, très-médiocre, était devenu le patrimoine des pauvres.

Chaque année, aux foires de mai, il faisait un voyage à Metz pour ses emplettes, et ne renouvelait sa garde-robe qu'à cette seule époque, s'abstenant rigoureusement, d'une année à l'autre, de tout ce qui ne lui était pas indispensable. Il tenait un registre sur lequel il inscrivait ses moindres dépenses ; un second registre renfermait ses mémoires, pièce fort curieuse et dont la reproduction n'eût pas été sans intérêt pour l'histoire du pays. Malheureusement on ignore entre quelles mains sont tombés ces documents qui, probablement, ne seront jamais mis au jour. On n'a pu recueillir que quelques traditions de famille qui révèlent le fond de cette nature généreuse et candide.

L'anniversaire de sa naissance était le signal d'une petite fête, à laquelle il invitait tous les membres de sa famille. Le festin, préparé de longue main, était égayé par les saillies spirituelles du vénérable chanoine qui hazardait, *inter pocula*, une chanson de table. On se séparait avec les souhaits du cœur et de joyeuses embrassades ; le lendemain, M. de Malherbe reprenait ses habitudes claustrales et son ignorance des choses de la vie. Parmi quelques aventures oubliées, nous en citerons une assez piquante.

Un certain soir, à une heure très-avancée, l'abbé de Malherbe se rendait à son domicile, voisin du cimetière ; chemin faisant, il aperçut une lueur qui voltigeait sur l'asile des morts et semblait sortir des tombes. Un profond silence régnait sur la ville, la solitude était complète ; pas le moindre bruissement dans l'air, un ciel sans étoiles, et toujours cette lumière qui répandait de capricieuses clartés dans l'espace noir. A mesure qu'il avance, il s'aperçoit que les ondulations lumineuses avaient un foyer fixe dans la direction d'une fosse fraîchement ouverte, et dont il ignorait la destination. Son étonnement redouble au bruit d'une pioche dont les coups secs et monotones devenaient de plus en plus saccadés et rapides, et troublaient le silence du lieu. Arrivé à l'endroit d'où partent ces coups, il trouve un fallot : c'était le luminaire dont les reflets avaient attiré son attention ; sur le bord d'une fosse, le corps d'un enfant ; au fond, l'un de ses paroissiens qui, sans rien voir autour de lui, continuait sa besogne avec ardeur. Le mystère est aussitôt expliqué. Le fossoyeur improvisé n'était autre qu'un père de famille à qui le trépas venait d'enlever son enfant, et qui, pour éviter les frais d'enterrement ou un spectacle affligeant, voulait s'en débarrasser au plus vite, et avait jugé bon de l'inhumer secrètement et sans cérémonie. A cette vue, le cœur du vénérable ecclésiastique déborde d'indignation ; il adresse au délinquant une admonestation sévère, lui remontrant l'imprudence qu'il a commise de s'exposer ainsi à la rigueur des lois ; puis il s'empare de l'enfant, entraîne le père et ne le quitte qu'après avoir déposé, lui même, le corps sur le lit mortuaire.

M. l'abbé de Malherbe était le dernier chanoine survivant du chapitre de Gorze, et, l'un des ecclésiastiques les plus populaires et les plus vénérés de son temps. Son tombeau, modeste comme celui dont il recouvre la dépouille mortelle, s'élève sur la place de l'église de Gorze, avec cette simple épitaphe :

D. O. M.
CI-GIT
PIERRE-ANTOINE MALHERBE PRÊTRE
ANCIEN CHANOINE DE GORZE
PAUVRE PÉCHEUR
DÉCÉDÉ LE 6 AVRIL 1834
A L'AGE DE 89 ANS.
PRIEZ DIEU POUR SON AME.

MARIONNELZ (Joseph-Louis-Anne de) né à Gorze le 23 mai 1771, était fils de Joseph-François de Marionnelz et de Catherine Dieudonnée de Chevreau. Admis élève sous lieutenant le 1er septembre 1786, il fut reconnu, le 1er septembre 1789, susceptible d'être attaché comme lieutenant en second à l'école de Metz ; mais cet emploi ne put alors lui être conféré, faute de vacance. Ce ne fut que le 1er avril 1791 qu'il fut nommé lieutenant en second dans le corps des mineurs, et lieutenant en premier le 6 février 1792. Emigré en 1792, il continua son service à l'armée des princes et figura dans les affaires de Quiberon, en France et en Hollande pendant l'année 1794, à l'armée royale de Bretagne pendant l'année 1795. En 1796, 1797, 1798, 1799, 1800, 1801, 1802, il prit part aux guerres du Portugal et fit quatre campagnes.

Rendu à sa patrie et rentré dans la vie civile, il consacra son intelligente activité aux intérêts de sa ville natale, où il fonda un collége pour l'enseignement de la jeunesse, lequel, présentant toutes les garanties de moralité et d'instruction, causa de vives réclamations lorsqu'il s'agit de le dissoudre. Il avait obtenu par décret impérial du mois de juin 1813, une attestation fort honorable de son caractère et de son aptitude comme administrateur. Il y est dit: « *NAPOLÉON, Empereur des Français, Roi d'Italie, Protecteur de la confédération du Rhin, Médiateur de la confédération Suisse, etc. etc. Sur le compte qui nous a été rendu de la capacité du sieur Marionnelz, maire, de ses bonnes mœurs, de son attachement à l'état et à notre personne, et de ses services dans l'ordre administratif, nous l'avons nommé, par ces présentes, pour présider, jusqu'au premier janvier mil huit cent dix-huit, l'assemblée du canton de Gorze.*

La restauration vint remettre M. de Marionnelz en faveur, lui rendit ses anciennes prérogatives et son épée, et son avenir militaire brilla d'un nouveau lustre. Nommé chevalier de la Légion d'honneur le 15 octobre 1814, chevalier de Saint-Louis le 27 mars 1816, il fut réintégré le 25 avril de cette année sur le tableau des officiers d'artillerie en qualité de capitaine au régiment de Metz (artillerie à pied), et demeura 8 ans et 5 mois dans ce grade. Il devint ensuite capitaine en premier, aide de camp de M. le lieutenant général comte d'Anthouard, chef de bataillon major le 19 janvier 1820 au 3e régiment d'artillerie, passa au commandement de l'artillerie de Toul par décision ministérielle du 9 février 1827, fut rayé des contrôles le 27 mars de la même année, mis en disponibilité et autorisé à se retirer dans ses foyers le 12 septembre 1830. Par décision royale du 1er septembre 1832, il fut admis à jouir, en attendant que sa position fût régularisée, de la demi solde de son grade, restant néanmoins hors des cadres.

M. de Marionnelz est décédé à Arnaville (Meurthe) le 21 avril 1852, à l'âge de 81 ans ; la ville de Gorze doit à cet administrateur éclairé et bienfaisant, une grande partie de ses embellissements, ses chemins vicinaux, ses plantations d'agrément, et le défrichement de ses terrains incultes.

PANCRÉ (Joseph), né à Gorze, le 29 mai 1770, était fils de Jean Pancré et de Marguerite Suisse. Il se fit remarquer par ses heureuses dispositions pour les sciences exactes, embrassa la profession d'horloger mécanicien et produisit, aux expositions départementales de 1823 et 1828, plusieurs mécanismes de son invention qui lui valurent des distinctions honorables et une certaine célébrité.

Cet artiste honnête et laborieux eut une existence modeste et paisible ; lorsqu'il eut satisfait à l'obligation du service militaire, il ne cessa d'habiter sa ville natale, où son caractère aimable et désintéressé lui attira l'affection et l'estime générales. Il mourut à Gorze, le 17 février 1847, emportant les regrets de ses concitoyens.

PRAMIRAL D'INGUINBERT. (Marie de) Vers le milieu du 18e siècle, M. d'Inguinbert de Pramiral, lieutenant-colonel du régiment de Penthièvre (infanterie), acquit à Gorze des biens assez considérables et vint s'y établir. Il avait trois filles: l'une se fit religieuse, la seconde épousa M. François Frédéric Leduchat, capitaine au régiment de Languedoc, à l'époque où cet officier était de retour du Canada, où il avait fait la guerre pendant douze ans.

La troisième des filles de M. d'Inguinbert, Marie de Pramiral, vécut à Gorze, où les anciens de cette localité se souviennent encore de l'avoir connue sous la dénomination de *la demoiselle*. Elle employa sa fortune à soulager les pauvres et les malheureux que des persécutions obligeaient à se cacher dans les environs. Une grande partie de son bien fut absorbé de cette manière, ce qui m'empêcha pas qu'à l'époque de la terreur une autre portion ne fût aliénée, par le peu d'habitude qu'elle avait des affaires ; les tourments de de toute nature qu'elle éprouva la firent mourir prématurément dans un état voisin de la gêne, en 1793. Ses neveux et nièces, enfants de **M.** Frédéric Leduchat, sont devenus ses héritiers et n'ont pas quitté Gorze.

Sa sœur la religieuse, expulsée du couvent des carmélites à Metz, était aussi venue mourir à Gorze quelque temps après.

REGINALD (Mathieu), naquit à Gorze, en l'année 1610, et se distingua dans les sciences. Il fut nommé bachelier de Sorbonne, docteur en droit et professeur d'éloquence à Angers. Parmi ses productions littéraires, on remarque un discours prononcé à Angers, pour la rentrée des classes, le 3 décembre 1610, le panégyrique de saint Lézin, évêque d'Angers, des odes distinguées et un poème grec sur le même sujet. Ces ouvrages ont été imprimés en 1614. Dom Pierron a dit de Reginald :

> Ille diù blando facundæ munere linguæ
> Et culto Andegavos recreavit carmine fines.

« Il enchanta longtemps les peuples de l'Anjou par les grâces de son éloquence et des beautés de sa poésie. »

ROBINET (Jean-Nicolas), né à Gorze, le 11 novembre 1804, d'honnêtes gens sans fortune, montra dès son enfance qu'il était doué du plus heureux caractère ; gai, affable, animé des sentiments les plus généreux ; dès qu'il entendait le récit de quelque action honorable, sa physionomie prenait une animation qui peignait sa belle âme.

Avec une telle organisation, et doué d'une grande intelligence, il ne pouvait qu'être aimé des personnes avec lesquelles il était en relation , et plus d'une fois son esprit dut s'exalter au récit que son brave père lui faisait des campagnes auxquelles il prit part , dans les guerres que la France eut à soutenir.

Robinet ayant été désigné par le sort , en 1824 , pour faire partie de l'armée française , entra , en 1825 , comme soldat , dans le 3ᵉ régiment d'infanterie de la garde royale; bientôt ses bonnes qualités furent justement appréciées ; il fut , en 1827 nommé caporal et en 1830 sergent.

Après la révolution de juillet , il fut incorporé dans le 53ᵉ régiment d'infanterie de ligne , et promu , en 1832 , au grade de tambour-major.

Peu de temps après les événements de 1839 à Paris , il fut nommé chevalier de la Légion d'hon., et en 1840 , élevé au grade de sous-lieutenant.

Il manquait à Robinet de s'être jusqu'alors associé à la gloire de notre armée d'Afrique ; il s'embarqua pour ce pays , avec son régiment , le 19 juin 1840 , et y resta jusqu'au 24 avril 1848. Dans toutes les actions auxquelles il prit part , il se comporta en brave et loyal militaire , et M. le gouverneur-général de l'Algérie , dans son rapport en date du 10 mars 1843 , le cita comme s'étant particulièrement distingué dans plusieurs combats livrés dans la tribu des Beni-Manasser ; aussi fut-il promu au grade de lieutenant , le 9 avril 1843 , et le 29 avril 1848 , à celui de capitaine.

Le gouvernement ayant résolu , en 1849 , d'envoyer un corps expéditionnaire en Italie, pour réintégrer le Pape dans ses états, il débarqua avec son regiment à Civita-Vecchia, le 3 juin 1849,

Cette terre où tant de faits héroïques ont eu lieu, allait bientôt offrir de grandes scènes, où notre héros devait se montrer digne de ses anté-cédents. En effet, le 30 juin, lors du siége de Rome, il eut le commandement d'une compagnie de gre-nadiers, et fut désigné pour la conduire à l'assaut. A peine fut-il arrivé sur la crête de la brèche, qu'il courut au-devant de l'ennemi et engagea le combat à la baïonnette ; il se montra, dans cette action si périlleuse, d'une résolution inébranlable. Ayant été gravement blessé au bras droit, il saisit son sabre de la main gauche et continua de donner l'exemple du courage le plus invincible. Mais une balle l'atteignit à l'abdomen, et mit en peu de temps un terme à son existence. Dans ce moment fatal, il pouvait dire aussi : *Non omnis moriar*, car la mort le frappait le 6 juillet 1849, et un décret du 12 du même mois, le nommait officier de la Lé-gion d'honneur.

A son dévouement sans bornes à son pays, à ses autres excellentes qualités, Robinet, ainsi que l'écrivait un des officiers de son régiment, le 24 août 1850, « réunissait aussi le mérite de n'avoir pas cessé un instant de jouir de l'estime de ses supérieurs et de ses subordonnés, et de l'amitié de ses égaux ; il devait tout cela à sa belle conduite, à son caractère plein de noblesse, à son zèle, à sa franchise, à son dévouement sans bornes et à sa bravoure. »

Cet éloge seul peindrait dignement le caractère de notre compatriote ; mais lisons encore les paroles prononcées par un de ses frères d'armes, lorsqu'à Rome ses restes et ceux de deux autres officiers, allaient se confondre avec les cendres de tant de héros de l'antiquité :

« Et Robinet, le brave parmi les braves ; qui de nous ne se rappelle ce caractère antique, cette âme vigoureuse et magnanime toute pleine d'ardeur, de feu, d'enthousiasme où l'amour du service ne prit pourtant jamais la part du cœur, des bonnes relations, de la camaraderie la plus franche et la plus loyale ; qui de nous n'a été témoin de ses élans énergiques toutes les fois qu'on prononçait devant lui les mots d'honneur et de patrie ; qui de nous ne l'a vu dans quelques-unes de nos journées d'Afrique, journées dans lesquelles il était si grand et si beau quand il s'agissait de défendre le drapeau de la France devant l'ennemi ? La fin chez lui a été digne du commencement ; blessé de la manière la plus grave dès le commencement de l'assaut, le 30 juin au matin, il fallut une deuxième balle mortelle pour forcer Robinet à abandonner le combat.

« Ah ! Messieurs, l'honneur, la bravoure et la noblesse du cœur ne sont pas, Dieu merci, des vertus rares dans l'armée française ; mais s'il en fut jamais un type rayonnant et sublime, et s'il fut jamais un nom digne de personnifier triplement ces vertus, c'était assurément celui de Robinet. »

Ajoutons à cet éloge que ce brave ne dut ses grades qu'à son mérite personnel, et que, malgré la distance qui le séparait depuis longtemps de sa famille, malgré les obligations et les relations que son changement de position lui avait fait contracter, il ne cessa un seul instant de se montrer excellent fils. Dès qu'il fut nommé chevalier de la Légion d'honneur, il s'empressa d'associer ses respectables parents à cette honorable distinction, en se dessaisissant en leur faveur du traitement attaché à cette décoration, et il s'estima heureux de pouvoir, par ce moyen, assurer l'existence des auteurs de ses jours.

De tant de bonnes qualités, de tant de dévouement, il ne reste que de glorieux, mais pénibles souvenirs, et le regret de ne point voir la dépouille mortelle de ce vertueux militaire rendue à sa terre natale; car les hommes aiment à s'inspirer des grands sentiments que fait naître la tombe d'un citoyen illustre, et les familles sont fières de pouvoir montrer à leurs descendants le lieu où repose un personnage qui a honoré leur nom.

Cependant, quoique Robinet repose sur une terre étrangère, ses compatriotes lui ont rendu les honneurs dus à sa mémoire; ils rediront encore longtemps son nom; sa famille s'honorera toujours de ce héros *sans peur et sans reproche*, et notre pays, dans des circonstances difficiles, ré-

veillerait le patriotisme de ses enfants en leur rap-
pelant les vertus, le courage et le dévouement sans
bornes du brave Robinet.

THYBOUREL (François), chirurgien habile et
professeur de mathématiques à l'université de
Pont-à-Mousson, naquit à Gorze à la fin du XVIe
siècle. En 1620, il publia, conjointement avec Jean
Appier, graveur et imprimeur, un volume in-4°
intitulé : *Recueil de plusieurs machines militaires
et feux artificiels pour la guerre et la récréation.*
Ce même ouvrage contient une élégie contre Berthold Schwartz, inventeur de la poudre à canon;
une dissertation sur la polygraphie de l'abbé Tri-
thème, et sur les moyens d'écrire la nuit à son
ami et d'en recevoir une réponse.

- WIGERIC, 44e évêque de Metz, issu d'une maison seigneuriale du pays messin, est né vers le
milieu du 9e siècle. Il vécut d'abord à Gorze dans
l'exercice des vertus religieuses, devint prieur,
puis abbé de ce monastère, et conserva ce titre,
même après sa promotion à l'épiscopat arrivée en
917. L'affaire de Soissons, dans laquelle Raoul,
duc de Bourgogne, que les seigneurs français
avaient proclamé roi, venait de battre Henri l'Oiseleur, ayant obligé la Lorraine à subir les lois
du vainqueur, Wigeric profita du séjour de Raoul
à Mousson pour se ranger au nombre de ses vassaux, à la seule condition que ce prince repren-
drait sur le parti de l'empereur le château de Saverne, et qu'il le rendrait à l'évêché de Metz.

Raoul, fidèle à ses engagements, assiégea cette forteresse pendant tout l'automne, s'en rendit maître, et la remit entre les mains de Wigeric qui la fit raser, dans la crainte que les Allemands ne vinssent à l'occuper de nouveau. Mais ces précautions furent inutiles. Quelque temps après, Henri l'Oiseleur passa le Rhin, mit le siége devant Metz, avec l'archevêque de Trèves et le duc Gislebert, s'empara de cette ville, malgré la ténacité courageuse et le dévouement patriotique de Wigeric, et força ce dernier à le reconnaître pour souverain.

Wigeric ne survécut pas longtemps à cette catastrophe. Il mourut le 19 février 927, après dix ans et un mois d'épiscopat, laissant son diocèse en proie à la peste, à la famine, aux misères inséparables d'un long siége et d'un état d'hostilité presque perpétuel entre des princes puissants qui choisissaient nos provinces pour vider leurs querelles.

O quæ virtutum timida sub fronte coronâ
Fulgebat ! Prudens, rigidi servator honesti,
Mitis et affatu bonus, omni dignus amore.
Cur tantum variis pastorem assultibus urges,
Sors injusta ? Lues exhaurit civibus urbem ;
Torret anhelantes malesana Canicula campos ;
Hungarus hosque ferox ferro populatur et igni.
Nil ità sed cruciat quam quòd, Germania, cogis
Ferre jugum.....

Templ. met. sacr.

« Que de vertus l'on voyait briller en lui, malgré le voile

dont sa modestie tâchait de les couvrir! Quel discernement, quelle prudence, pour proportionner la nourriture spirituelle à la force ou à la faiblesse de son peuple! Comme il alliait avec la plus rigide observance de ses devoirs, la plus grande douceur et la plus engageante affabilité! Il était bien digne d'être chéri de tous nos concitoyens..... Pourquoi donc la fortune injuste livre-t-elle au cœur de ce prélat sensible de si vifs assauts? Les Hongrois mettent ce pays à feu et à sang; nos campagnes sont désolées par une sécheresse extraordinaire, et la peste rend cette ville déserte. Wigéric ressentit vivement ces maux; mais le chagrin plus cuisant encore pour lui fut de voir la patrie asservie aux princes allemands. »

FIN.

1. Sceau de l'abbaye de Gorze, appendu à un titre en parchemin de 1300. Il représente un chevalier armé, la lance en arrêt, monté sur un cheval bardé de fer; le casque qui protège la tête du chevalier est très singulier; au-dessus est écrit, en minuscules gothiques, S. GORGONIVS, c'est-à-dire saint Gorgon, qui était le patron de l'abbaye; la légende porte SIGILLVM * CAPITVLI * GORZIENSIS (1).

2. Sceau du chapitre de Gorze. Le contre-scel était un héliotrope ou tournesol, avec ces mots pour légende : SIGILLI * FIDES *.

3. Sceau d'Adam, abbé de Gorze au XIVe siècle, représentant un petit écusson à trois pales, au chef chargé de deux étoiles.

4. Monnaie de Charles de Lorraine, fils naturel du duc Charles III. CAR. A LOTH. D. ET S. S. G. SVPR. D. NS GO. A. *(Carolus à lotharingiá Dei et sanctæ sedis gratiá Supremus Gorziæ Abbas.)* Revers: MONETA NOVA GORZEII CVSA.

5. CAROLVS A LOTH. ABBAS GORZIENSIS. Revers: HOC ME SIBI TEMPERAT ASTRVM. 1612. D'un côté les armes de Lorraine pleines, avec la barre. (Il existe trois variétés de ce jeton.)

---

(1) Nous devons à l'obligeance de M. Abel, avocat à Metz, le dessin et la description du sceau de l'abbaye de Gorze, extrait d'un travail qu'il se propose de publier, intitulé : *Histoire des sceaux des Abbayes du département de la Moselle.*

TABLE DES MATIÈRES.

Liste des abbés de Gorze.

FIN DE LA TABLE

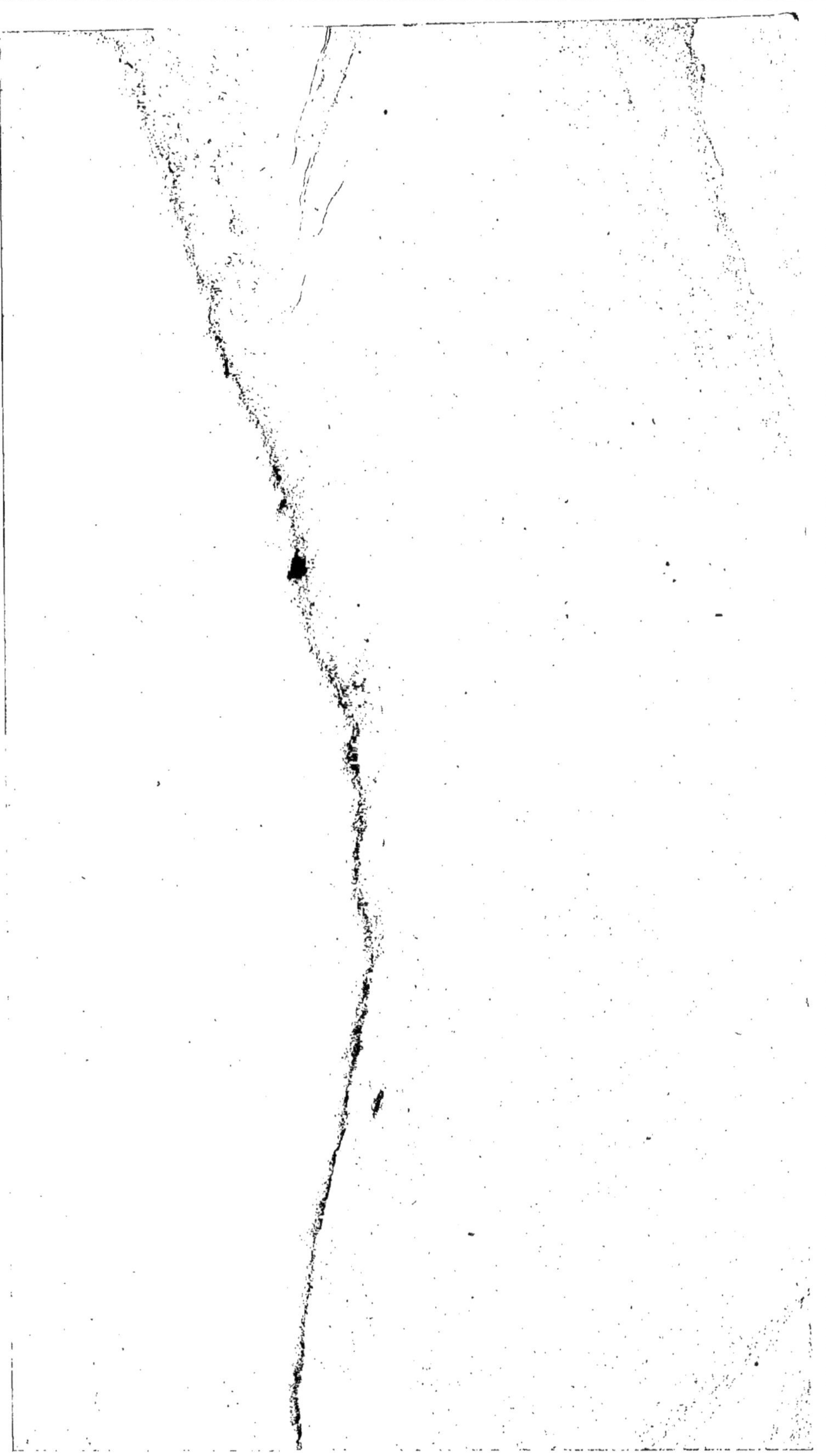